中国律师实训经典·高端业务系列

证据分析与组织
问题、案例与方法

张南宁 曾妤婕 ◎ 著

中国人民大学出版社
·北京·

序　言

2008年，我在中国政法大学做博士后研究期间，参加了合作导师张保生教授的国家自然科学基金项目——"对抗式事实认定模式下的证据管理研究"，并受该项目的资助，以访问学者身份前往伦敦大学学院（University College London），跟随英国证据法学家特文宁（William Twining）教授学习证据学。当时，特文宁教授给学生们授课使用的教材就是他的《证据分析》（*Analysis of Evidence*）一书。该书致力于在"学生作为律师进入实践领域或涉足实践推理的其他活动领域之前，使其能够打好基础并将基本技能提高到一个更高水平"。特文宁教授擅长运用事实、逻辑和证据分析问题，这让我萌生了把"证据分析"方法运用于中国经验性事实的一种想法。

党的十八大后，我国加快了司法改革的步伐。其中以审判为中心的改革是司法改革中最为关键的一环。而法庭审判的核心是证据的审查和事实的认定。然而，长期以来，我国法学院的课程中并没有设置教授学生如何认定事实的课程（有些学校甚至连证据法课程都没有开设）。据我所知，美国法学院经常以案例的形式让学生参与讨论，并将之作为基本训练。例如，哈佛大学法学院前院长兰德尔认为，"法律条文的意义在几个世纪以来的案例中得到扩展。这种发展大体上可以通过一系列的案例来追寻"。英美证据法的教材，不管是威格摩尔的、麦考密克的，还是艾伦的，都大篇幅地引述案例、分析案例。英美法国家法学院的学生，早已习惯了教授拿着一堆卷宗复印件，给他们布置证据分析的作业。特文宁教授的《证据分析》一书认为，"分析和整理证据的技能，以及对有关事实争议问题的论证进行建构、批评和评价的技能，是可以而且应当在法学院实际和有效传授的知识性技能。它们像关于法律问题的法律分析和法律推理一样，构成了'法学方法'（legal method）的基本成分"。但是在我国众多的法学院系中，本该普及的证据分析训练，成了小众的课程。尽管从2017年开始，国家已经将"证据法"和其他法律实务课程纳入法学院的必修课，但冰冻三尺非一日之寒，我国司法实践中法律从业人员在证据审查和事实认定上的陈旧观念短期内难以改变。

另外，尽管最高人民法院曾经出台过关于民事诉讼和行政诉讼方面的证据规定，但至今都没有出台关于刑事诉讼方面的证据规定，更不用说统一的诉讼证据规定了。这势必造成司法实践中出现证据使用、审查和事实认定方面的混乱局面。在统一的诉讼证据规定还没有出台的情况下，加强对证据的分析和组织，有利于证据的有效利用和对案件事实真相的准确查明。我了解到，很多一线办案的司法工作人员，无论是法官、检察官，还是执业律师，在证据分析方面均没有经过系统训练，多依靠法律文本、政策意见和个人经验，而且不同职业之间还缺乏沟通。这也是一些从法学院毕业的学生，很难在短期内适应司法实践的原因。学术界将之称为"书本上的法"与"行动中的法"固有的鸿沟，但这更多地体现了我们的证据法理论研究长期与实践脱钩，满足于"应然式"的自我陶醉，甚至单纯以理论来批评实践。实践中的一些成功的诉讼律师基于真实案例而获得证据分析经验，却没有得到系统的总结，沦为个人体验而已。许多年轻律师茫无头绪，不知道如何分析和组织证据。这势必成为他们执业中的最大障碍。值得庆幸的是，我曾经参与了由中国政法大学证据科学研究院牵头，最高人民法院研究室和中国应用法学研究所联合组织的国家社会科学基金重大项目"诉讼证据规定研究"（11&ZD175）。这给我从事法律实务，尤其是对案件证据的分析、组织与运用，提供了一种与众不同的理论视角。

正是基于上述现状，本书从证据学的基本理论入手，结合我们承办过的真实案例，提出法律实务当中常见的关于证据方面的问题，并结合我们的经验，介绍解决问题的方法。本书中介绍的一些理论和技巧，比如证据伦理、事后补救措施等不得用于证明过错、交叉询问技巧、传闻证据排除等，尽管在目前我国的立法和司法实践中并没有得到明确规定和使用，但据我所知，法律从业人员并不反对使用这些理论和方法。这反映了法律从业人员的观念有了很大变化。这也为我们能在本书中向读者系统地介绍现代证据法理念提供了前提条件。

本书的特点主要有三个：一是本书的案例具有真实性。本书使用的全是我们自己承办过的案例，因为只有对自己承办过的案件，才能掌握最全面的证据。尽管网络上确实有一些不错的案例，尤其是热点案例，但由于不能掌握全案证据，仅凭网络上的新闻报道，难以保证证据分析的客观性和准确性。二是本书的证据理论具有前瞻性。本书在论述证据的相关问题时，结合我国的国情，辩证地吸收了现代法治国家，尤其是英美法国家，先进的证据理念。三是本书具有集合性，即既有理论研究也有实务分析，是一本集理论与实务于一体的读物。因此，它既可以为理论研究者提供一定参考，也可以为法律实务工作者提供操作上的指引。需要说明的是，出于职业伦理的要求，我们对案例中的当事人信息做了一些技术处理，但保留了案件原有的证据和事实。

  本书主要是从律师的角度来展开写作的。我希望经过几年后，随着承办案件的不断增加，可以进一步完善本书，让本书就像国外经典的证据法教材一样，每隔几年修订一次，历久弥新。

  是为序。

张南宁

2022 年 9 月 6 日于长沙

目　　录

第一章　证据及其规则 ·· 1
　　第一节　证　据 ·· 1
　　第二节　证据规则 ··· 11
　　第三节　证据的审查和判断 ··· 19

第二章　事实及其认定的模式与方法 ··· 35
　　第一节　事　实 ·· 35
　　第二节　事实认定的模式与方法 ··· 46

第三章　证据分析的内容与方法 ·· 71
　　第一节　证据的相关性分析 ··· 71
　　第二节　证据的合法性分析 ··· 83
　　第三节　证据的可信性分析 ··· 90
　　第四节　证据的证明力分析 ·· 114

第四章　证据组织 ··· 124
　　第一节　证据组织的模式 ··· 124
　　第二节　举证程序中的证据组织 ··· 144
　　第三节　质证程序中的证据组织 ··· 161

第五章　证据分析与组织的限制 ·· 184
　　第一节　非法证据排除规则限制 ··· 184

第二节　传闻证据规则限制 …………………………………… 199
　　第三节　品格证据规则限制 …………………………………… 205
　　第四节　意见证据规则限制 …………………………………… 209
　　第五节　不能用以证明过错或责任的规则限制 ……………… 218

第六章　证据分析与组织的伦理 …………………………………… 225
　　第一节　证据伦理概述 ………………………………………… 225
　　第二节　证据伦理的内容 ……………………………………… 236

参考文献 ……………………………………………………………… 259
关键词索引 …………………………………………………………… 271
案例索引 ……………………………………………………………… 276
后　记 ………………………………………………………………… 278

第一章　证据及其规则

第一节　证　据

一、证据的概念

【案例1.1】　　　　　　　张某等人涉嫌寻衅滋事案

2017年9月21日晚，张某、刘某与陈某辉等人在欢唱KTV唱歌娱乐，结账时与收银员刘甲及KTV老板黄某梁发生口角。张某遂打电话通知其好友于某、张某利带人来KTV。于某等人见张某与黄某梁发生言语冲突，便一拥而上对黄某梁及劝架的黄某拳打脚踢。张某仍不解恨，喊道"给我把KTV砸了"。于某等人遂拿起木棍等物品将KTV的玻璃茶几、玻璃门砸坏，导致KTV停业。案发后，司法机关以寻衅滋事罪对张某等人提起公诉。

公安机关侦查取得的证据如下：

1. 刘甲提供的欢唱KTV被损毁物品清单；
2. 人民医院出具的黄某病历资料；
3. 证人任某、刘某、陈某等人的证言；
4. 被害人黄某梁、黄某、刘甲的陈述；
5. 犯罪嫌疑人张某、于某、张某利等人的供述和辩解；
6. 某某价格评估事务所对KTV财产损失的价格评估报告；
7. 公安局物证鉴定所出具的黄某所受人体损伤程度鉴定书；
8. 欢唱KTV现场照片。

(一) 证据的定义

从汉语词源上考察，繁体字"證"有"凭据、证据"的含义。《大戴礼记·文王官人》载："平心去私，慎用六证。"《晋书》载："时更营新庙，博求辟雍明堂之制，宁据经传奏上，皆有典证。"[1] 关于"证据"的概念，学术界有众多学说，如"事实说"、"根据说"、"统一说"、"定案证据说"（又称为"狭义说"）、"两义说"（又称为"事实和材料说""双重含义说"）、"材料说"（又称为"广义证据说"）、"方法说"（又称为"手段说"）、"结果说"、"原因说"、"证明说"、"反映说"、"信息说"、"综合说（事实和方法说）"、"多义说"，等等。[2] 张保生教授在坚持"统一说"的基础上提出如下定义：证据是与案件事实相关的，用于证明所主张事实之存在可能性的信息。[3] 他认为，证据是信息与载体的统一，任何信息都不能脱离载体而存在，也不能和载体相互分离。因此，证据是内容和形式的统一。对于这个定义，可以从三个方面来理解。

（1）证据的信息表征特性。"信息是同世界的物质过程、能量过程紧密联系在一起的普遍现象，它是系统内部和系统之间通过相互联系而实现和保留的某一事物形态、结构、属性和含义的表征。"[4] "表征"作为信息的特性，也为证据所具备。已经发生的事实总要留下某些自己曾经存在过的痕迹，因此，证据是事实发生过的痕迹。在证据身上保留着某一事实发生或存在的形态、结构、属性和含义，例如从犯罪现场取获的血斧子，就保留着凶杀事实发生的信息。[5]

（2）证据是与案件事实相关的信息。证据所表征的信息必须与案件事实相

---

[1] 汉语大字典：缩印本.武汉：湖北辞书出版社，成都：四川辞书出版社，1992：1674.

[2] 高家伟，邵明，王万华.证据法原理.北京：中国人民大学出版社，2004：3.

[3] 张保生.证据法学.2版.北京：中国政法大学出版社，2014：8-9.

[4] 李秀林，王于，李淮春.辩证唯物主义和历史唯物主义原理.3版.北京：中国人民大学出版社，1990：250.

[5] 证据的信息表征特性，在证据概念的汉语词源中也得到佐证。根据郑禄教授考证，《增修互注礼部韵略》称"證与徵通"。在"徵"这个汉字的组成部分中，"壬"字音挺，其形状像有物出土而挺上，上是挺出之形，下是一个土字，所以"壬"的本意是闻达挺誊于外。而微字，意为渺小，隐行藏匿。由"壬"和微省组成的"徵"字，其意义则是言行隐微，但必闻达挺誊于外。言行隐微，是说言行在客观上已经存在，只是因其隐微在常规下而不易被发现。闻达挺誊于外，是说无论多么隐微，只要有其言行，言行自己就必然会留下被人认知、被人掌握的信息。[郑禄.证据概念素说.证据科学，2008（5）.] 在英文中，证据（evidence）一词来自拉丁文，西塞罗第一次引入了 evidentia 这个术语，这一拉丁语译自希腊文 aiegraue，意思是显见的性质。对于作为某个结论的证据的事物而言，该事物必须比结论本身更为显见。[David A. Shum. 关于证据科学的思考. 王进喜，译. 证据科学，2009（1）.] 在这里，显见与表征具有同样的含义，都表明在证据中保留了事实发生的信息。

关，否则，就实现不了证明案件事实的目的。证据的相关性（或关联性）是指信息的相关性，信息包含事物之间相互联系的"密码"，"我们依据与这个世界相关联的密码来理解这个世界"①。证据的相关性不是哲学意义上的普遍联系，而是一种经验意义上的特殊联系，因此，不能用普遍联系的哲学观点推测特定证据与事实之间的相关性或关联的可能性，而应当用信息论关于保真度的观点（"信息在通过中间环节传输的过程中，信息量会衰减，信息本身也会发生变形和失真"②）来具体考察证据与事实之间的实际联系，包括可信性、可靠性、真实性和证明力等等。"我们的相关性规则旨在向事实裁判者展现将有助于作出决定的全部信息。对不相关证据的排除也遵从于发现事实真相的价值，因为它使事实认定者的注意力集中于适当的信息，且仅仅集中于适当的信息。另外，这些规则还排除对事实裁判者裁断实质问题没有帮助的信息。"③

（3）证据是证明所主张事实之存在可能性的信息。证据中保留着事实发生和存在的信息，因此，证据提出者可以提供证据来主张某种事实，这是一个运用证据的证明过程；对方则可以提供相反的证据来证伪某种事实主张，这是一个运用证据的反驳证明过程；而事实认定者，又称"事实裁判者"或"事实发现者"，可以通过对双方证据的认证来认定事实，这是一个运用证据的推论证明过程。在这个多元主体参与的复杂的证明过程中，有三个问题需要予以澄清。

首先，证据因为有表征特性而具有证明作用，但不一定用于证明活动，如果其不用于证明什么，它就不能被称为证据，只是潜在的证据。比如，一把斧子，一双手套，如果不在法庭上展示它们以证明某种事实主张，它们就是日常生活用品，而不是证据。

其次，证据所证明的是一种事实主张，而不是事实本身。在审判中，诉讼双方往往用不同的证据来证明自己主张的案件事实，从而形成对立的事实主张。比如，一场械斗发生后，双方对械斗发生的原因和过程等会提出不同的证据来证明自己的事实主张。

最后，诉讼双方提供的证据有真伪之分。因为事实只有一个，所以双方通过

---

① 欧文·拉兹洛. 系统、结构和经验. 李创同, 译. 上海: 上海译文出版社, 1987: 69.
② 李秀林, 王于, 李淮春. 辩证唯物主义和历史唯物主义原理. 3版. 北京: 中国人民大学出版社, 1990: 251.
③ David P. Bergland. Value Analysis in the Law of Evidence. Western State Law Review, 1973: 162-184.

证据所证明的对立的事实主张，必有一假。在审判中，控辩双方都试图提出"看似可信的"所有证据来说服事实认定者，但事实认定者会依自己的判断、思考来作出决定。在双方证据真伪难辨的情况下，事实认定者只能对双方证据支持其所主张事实存在的可能性作出评估判断。因此，证明是一个概率推论问题。

（二）证据的属性

证据的属性，又称证据的基本特征，是证据的本质特征。[1] 传统理论认为，证据有三个基本属性：相关性、客观性与合法性。

证据的相关性是指证据与待证事实之间的关联程度。相关证据，是指对案件事实的认定具有证明力、有助于事实认定者判断或评价要件事实存在可能性的证据。也就是说，可以用于证明案件事实的材料，都具有相关性。相关性是证据的根本属性，反映的是证据与待证事实之间逻辑上的特殊联系。美国《联邦证据规则》第401条规定："'相关证据'是指使任何事实的存在具有任何趋向性的证据，即对于诉讼裁判的结果来说，若有此证据将比缺乏此证据时更有可能或更无可能。"证据与证明对象或特定证据与待证事实之间必须具有一种逻辑关联性。

证据的客观性，是指证据反映的必须是伴随着案件的发生、发展的过程而遗留下来的，不以人们的主观意志为转移而存在的事实。证据的客观性是由案件本身的客观性决定的。任何一种行为都是在一定的时间和空间内发生的，只要有行为的发生，就必然要留下各种痕迹和影像。这是不以人们的意志为转移的客观存在。证据是客观存在的事实。对于客观存在的事实，任何人都无法改变。所以，客观性是证据最基本的因素和特征。不具备客观性的东西就不能被视为证据。值得注意的是，证据在表现形式上无疑具有客观性，但证据内容是主观认识的反映，不存在所谓客观性判断问题。因此，主流观点主张以证据的真实性来替代客观性。

证据的合法性特征从本质上说不是证据本身具有的特性，而是法律为了满足某种价值观念的需要从外部赋予证据的特征，这是一个价值判断或正当性问题。一般认为，证据的合法性是指证据从形式与来源上合乎法律规定，不涉及证据可采的实质理由。我国现行法律中，证据的合法性主要表现为证据必须具有法律规

---

[1] 关于证据一般属性的具体分析将在本书第三章中详细论述。

定的形式和由法定的人员依照法定的程序收集、查证和运用，主要表现在以下几个方面：(1) 证据必须由法定人员依照合法的程序和方法收集或提供。(2) 证据必须具有法律规定的形式。(3) 证据必须有合法的来源。(4) 证据必须经法定程序查证属实。与此相对应的一个概念就是非法证据。按照现代法治的基本原则，非法证据应当被排除，不能作为认定事实的依据。至于哪些是非法证据，各国的法律规定有差别。

然而，证据传统意义上的"三性"正受到越来越多的证据法学者的批评。例如，张保生教授提出了"新三性说"，即认为证据具有相关性、可采性（证据能力）和证明力。[1] 本书认为，证据的属性除传统意义上的"三性"外，至少还有一个重要属性，即"证明性"。证明性又可以称作证明力（probative value, probative force）、证明价值或证据力，是指证据对待证事实存在的可能性具有的证明作用及其程度。也有学者认为，所谓证明力是指证据对于案件事实所具有的证明作用和效力，即证据对于案件事实的存在与否有没有以及在多大程度上有证明作用。[2] 证明力通常由一些量词来描述，比如"很大"、"有些"或"微乎其微"，其被用于测量概率的影响强度。

张保生教授认为，可以从以下两个方面来理解证明力：第一，证明力是一种以相关性为基础的说服力。[3] 相关性和证明力是两个相互紧密联系的概念。首先，相关性决定了潜在的证明力，或有无证明力。相关性是指一种逻辑上的证明力，"相关性涉及的是某项信息在支持或否定某事实结论（待证事实）的存在方面的证明潜力。相关性概念表达的思想是，一项证据是通过逻辑和经验联系而与待证命题相联结的"[4]。换句话说，证据由于具有相关性而具有证明力，因而有助于事实认定者审查判断案件事实存在的可能性；不相关的证据没有证明力。其次，相关性和证明力的区别仅仅在于，前者意味着证据与待证事实之间有无逻辑联系，后者意味着这种逻辑联系的程度。"相关性概念的任务不是要揭示这种联结的强度——那属于证明力的问题。证据的相关性和相关的程度是两个相互联系密切但又截然不同的概念，前者只依赖于信息的认知可能性，而后者还依赖于信

---

[1] 张保生. 证据法学. 北京：中国政法大学出版社，2009：20.
[2] 汪建成，孙远. 刑事证据立法方向的转变. 法学研究，2003 (5)：24.
[3] 张保生. 证据法学. 北京：中国政法大学出版社，2009：27-29.
[4] 米尔建·R. 达马斯卡. 漂移的证据法. 李学军，等译. 北京：中国政法大学出版社，2003：76.

息传递者的可靠性。"① 最后，证明力是对事实认定者的一种说服力。要检验一个证据对于一个待证事实是否具有证明力，事实认定者"必须首先分析该证据的说服力，即提供用以证明的证据可能将对陪审团思考要素性事实产生的说服力。这就是其证明力"②。第二，证明力是相关性程度或证明作用大小的指示器。证明力是指"各证据与案件事实的关联程度"③，即某个证据对某个事实存在与否的可能性加以证明的程度。"证明力意味着某种程度，即证据将要改变要素性事实的概率性及诉讼要件的程度。"④ 一个证据的证明作用有一个程度问题，即证明力的大小问题。

我们注意到理论界经常使用"证据能力"这个概念。学术界普遍认为，证据能力又被称为可采性（admissibility），是指证据能否被采纳作为定案依据的属性。可采性和证据能力都是指证据的"容许性"、"适格性"或"资格"。可采性和证据能力虽然都是有关证据资格方面的属性，但二者生存的法律传统不同：可采性是英美法系国家普遍使用的概念，证据能力则是大陆法系国家使用的概念。因此，二者存在如下区别：第一，适用范围的区别。在英美法系，可采性的适用范围较宽，一般没有什么限制。在大陆法系，证据能力的适用范围受到一定限制，主要是指证据用于严格证明的能力或资格，即被允许作为证据加以调查并得到采纳的能力或资格。第二，语言表述上的区别。在英美法系审判中，不应当被采纳的证据不具有可采性，这被称为不可采性（inadmissibility），是"不可采的证据"（inadmissible evidence）。在大陆法系，不应当被采纳的证据不具有证据能力，这被称为缺乏证据能力。然而，在目前我国的司法实务中，很少有人使用证据能力这一术语。

（三）证据的类型

证据的类型包括证据种类和分类。前者是从证据的外部形态或信息载体方面所作的一种法律上的划分，后者是学理上的划分。

（1）证据种类。这是一种法律上的划分。英美法系证据法很少明确划分证据种类，通常采用开放性的方式，即只是粗略地将其分为有形证据和言词证据。只

---

① 米尔建·R. 达马斯卡. 漂移的证据法. 李学军, 等译. 北京：中国政法大学出版社，2003：76.
② 罗纳德·J. 艾伦, 等. 证据法：文本、问题和案例. 张保生, 王进喜, 赵滢, 译. 满运龙, 校. 北京：高等教育出版社，2006：161.
③ 最高人民法院《关于民事诉讼证据的若干规定》第88条。
④ 罗纳德·J. 艾伦, 等. 证据法：文本、问题和案例. 张保生, 王进喜, 赵滢, 译. 满运龙, 校. 北京：高等教育出版社，2006：180.

有为数不多的国家，如意大利、俄罗斯，其证据法集中规定了证据种类。在英美法系证据法中可以看到实物证据、书面证据、证人证言的提法，而德、法、日等国的诉讼法中散见的证据种类还有被告人供述和辩解、鉴定意见等。我国三大诉讼法都对证据种类作了细致规定。2018年修正的《刑事诉讼法》第50条规定了8种证据：1）物证；2）书证；3）证人证言；4）被害人陈述；5）犯罪嫌疑人、被告人供述和辩解；6）鉴定意见；7）勘验、检查、辨认、侦查实验等笔录；8）视听资料、电子数据。2021年修正的《民事诉讼法》第66条对证据种类的划分与此大同小异。

1）物证。物证又称实物证据。物证以其外部特征、内在属性及存在状况等对案件事实发挥证明作用。物证的主要特点：一是以其物理特征对案件事实发挥证明作用；二是保留了事实存在过的痕迹，若收集、固定和保存得及时、得法，一般具有稳定性，但物证可能被伪造或掺假，需经过同一性辨认才能确定其可靠性；三是"哑巴证据"，对案件事实的证明具有间接性，因此，物证出示需有知情证人出庭，以证言来证明其可靠性。

2）书证。书证是指以纸张为主要载体，以文字、数字或图形为主要形式，记录有关案件事实内容或者信息的文件或物品。书证的形式多种多样：可以是手写、印刷的等；可以是书信、合同、证书、账簿、票据、罚单等。书证一般有制作人，因此，其真实性往往需要由书写人、制作人或见证人进行鉴定。

3）证言。证言是证人在开庭审判时就亲身知识所作的陈述。证人一般以接受直接询问的方式出庭作证，并接受对方律师或检察官的交叉询问以及被告人的对质。未经过质证的证言不能被采纳作为定案的依据。

4）视听资料、电子数据。其特点是：第一，具有科技含量，记录、储存和播放的过程中使用科技设备。第二，具有直观性和动态连续性，可直观展示与案件有关的声像，生动地再现与案件有关的事件或活动。第三，证明机理和适用的证据规则具有特殊性。视听资料、电子数据具有无差别、可无限复制的特点。

除此之外，我国立法还把当事人陈述也单独作为一种证据。从证据法意义上讲，当事人陈述仅仅是其主张，并非证据理论意义上的证据。

另外，在司法实践中，我们经常会碰到另外一种证据，即示意证据。它是指复制或描绘的与本案引起诉讼的事件有关的人物、物体或场景的展示性证据。[1]

---

[1] 罗纳德·J.艾伦,等.证据法：文本、问题和案例.张保生,王进喜,赵滢,译.满运龙,校.北京：高等教育出版社,2006：224.

其特点是具有说明性。它包括模型、图表、素描、照片、电子图像等形式。示意证据不是"真正的原物"或"实在的东西",而仅仅用于演示、说明或解释目的,是视觉或听觉方面的辅助材料。使用示意证据有三个条件:一是不便在法庭上出示,如因数量、体积等因素不便在法庭上出示的大宗性、易腐烂、不易保管的物品;二是不宜提交法庭,如违禁品、易燃易爆物品、剧毒物品或其他危险品等;三是有助于审判人员理解和认定有关争议事项。

(2)证据分类。证据分类是理论上对诉讼证据类型的划分,属于学理解释范畴,有助于认识不同证据的共性与差异。一般来说,我们可以将证据分为直接证据与间接证据、本证与反证、原生证据与派生证据、言词证据与实物证据等。

1)直接证据与间接证据。根据与案件事实之间关联方式的不同,可以把证据划分为直接证据和间接证据。[①] 直接证据是直接与案件事实相关联的证据,能够直接证明案件的主要事实。常见的直接证据如直接讲述案件主要事实的当事人的陈述,主要证明案件事实的证人证言、书证及试听资料等。值得注意的是,并非所有的当事人陈述都是直接证据,只有那些讲述了主要案件事实的当事人陈述才是直接证据,而仅仅描述了案件的某个因素,如杀人案中凶器的外观,并没有讲述整个杀人过程的,就不能属于直接证据。间接证据就是间接与案件事实相关联的证据,间接证据本身不能直接证明案件事实,必须要与其他证据连接起来才能够证明。需要从间接证据中进行推断,形成逻辑链条,才能对案件事实进行证明。

2)本证与反证。按照证据内容对事实主张的证明功能和作用不同,可以把证据分为本证和反证。[②] 支持一方的事实主张,用来证明一方主张的事实成立的证据,就是本证;反之,反对一方的事实主张,用来证明一方主张的事实不成立的证据,就是反证。在一些情况下,如果同一个证据在证明诉辩双方的事实主张方面起到了相反的作用,就有可能同时是一方的本证和另一方的反证。本证和反证不能简单地以提出对象的不同来划分,并非一方提出的、有利于该方的证据就是本证,要着重考察证据对案件事实所起到的证明作用。

3)原生证据与派生证据。原生证据与派生证据划分的依据是证据内容与案件事实或信息来源之间的关系不同。[③] 直接产生于案件事实或者源于原始出处的

[①] 何家弘,刘品新. 证据法学.2版. 北京:法律出版社,2007:137.
[②] 何家弘. 证据法学研究. 北京:中国人民大学出版社,2007:102.
[③] 何家弘,刘品新. 证据法学.2版. 北京:法律出版社,2007:133.

是原生证据，如直接目睹案件经过的证人证言，或者直接在案件中查获的作案工具等。而派生证据是经过复制、复印、转述等方式形成的证据，并不直接产生于案件事实。派生证据如转述的证言、复印的原始书证等。

4）言词证据与实物证据。言词证据与实物证据的划分主要是看证据用以证明案件事实的形式。言词证据是指以人的陈述为形式的证据，如证人证言、被害人陈述、被告人供述和辩解等。而实物证据是以物体的特性来证明案件事实的，如物证、书证、视听资料等。值得注意的是，言词证据也可以是以书面形式作出的。如鉴定意见作为科学证据，实质上是鉴定人就案件中的专门问题作出的判断和专业意见，而且鉴定人有义务在审理时接受质证和交叉询问，因此，鉴定意见具有了言词证据的特性。[1]

（四）证据与事实的关系

证据与事实是法庭审判最为核心的两个概念。审判活动始于证据的审查，行于事实的认定，终于法律的适用。证据中包含事实，事实是证据的内容。但是，证据中有事实，不等于证据本身就是事实。它们的区别主要有两点：第一，事实具有真实性，假的不是事实；但证据可能是真的，也可能是假的，而且，从某种意义上说，假证据也具有某种证明作用，例如，作伪证用的虚假证言可以证明犯伪证罪的事实。第二，事实具有既成性，不能被更改，只能被承认或接受；但证据在具有既成性的同时，又具有某种"暂时性"，可能被更改甚至篡改、掺假。所以，对证据要辨别真伪、去伪存真。

1. 事实性证据和证据性事实

前面介绍了法律中事实的相关概念。其中有一个关键概念是证据性事实。证据性事实作为证据的事实，是当事人向法庭提供的证据，因而是一种基础性事实。它不能由其他的证据或事实推论得出。人们常说从证据到事实，这种说法从整体上来看问题不大，但具体而言，是一种不严格的说法。因为这涉及是"先有证据再有事实"还是"先有事实再有证据"的问题。在法庭审判中，证据和事实是纠缠不清的。即使是《牛津英语词典》也只以循环的方式对证据和事实作出解释。按照该词典，"证据"被定义为"相信的理由；意图证实或证伪任何结论的证言或事实"，"事实"被定义为"实际上发生的或是某一情况；通过直接观察或

---

[1] 张保生，王进喜，张中，等.证据法学.北京：高等教育出版社，2013：46.

可靠的证言证实为真的东西",从而进一步把"证言"定义为"个人或书面的证据或支持一个事实或陈述的证据"。当我们听到某人说一个推论或结论是基于一定的事实时,他实际上是在说这个结论是基于某类证据。但是,当我们拥有的对某一事件的各种证据不是结论性的证据时,我们就不能说这些证据能证明事件的出现。换句话说,关于事件的证据和事件的实际出现不是一回事。因此,我们"需要考虑两类事实:一是我们拥有证据这一事实;二是证据所断定的事实。"[1]

"证据"是指能够证明案件真实情况的一切信息,证据本身就是"事实"的一种形态。作为事实构成的证据是指那种有助于对事实的实际存在所形成的一种确信状态的证据。[2] 从我们对原子事实的分析来看,在最初的阶段,应该是先有事实(原子事实)再有证据。因为证据表达的是事实。当然,从证据可以得到新的事实,但最终证据是基于原子事实的。任何一个证据的结构都是由事实 f 和表达该事实的命题 p 组成的二元组:$E \in <f, p>$。因此,一把刀并不是物证,只有用命题把它与案件事实联系起来时,它才是物证。在评价证据时必须要考虑到这两个方面。从这种意义上说,证据就是能够证明案件真实情况的一切事实。[3] 证据性事实本身是事实,由别的证据所支持,但其又作为证据支持另外的事实。关于对事实的争议,要么是当下的事实是什么,要么是可以从这些已知的事实中能得出什么结论。在以证据到最终待证事实的证明过程中,如果存在多个证明链条,那么中间的都是证据性事实或事实性证据。

事实与证据的关系,在某些方面,类似于本质和现象、内容和形式的关系。事实是稳定的、不变的,证据则具有某种程度的变动性;事实是整体,证据则是个别、片段的东西;事实具有本源性,证据具有表征性。

2. 证据是客观事实与法律事实的桥梁

已经发生的事实是看不见、摸不着的,只能靠感官和理性思维对证据加以把握。事实认定者可以直接感知表征事实的证据,却不能直接感知已经发生的案件事实。事实认定者需要通过证据来知道事实。所以,证据是将事实客体与认识主

---

[1] David A. Schum. The Evidential Foundations of Probabilistic Reasoning. Evanston:Northwestern University Press,2001:19.

[2] 毕玉谦. 民事证据理论与实务研究. 北京:人民法院出版社,2003:691. Rupert Cross & Nancy Wilkins. An Outline of the Law of Evidence. 5th edition. London:Butterworth & Co. Ltd..1980:14.

[3] 我国 1996 年的《刑事诉讼法》第 42 条第 1 款规定:"证明案件真实情况的一切事实,都是证据",该规定将证据定义为一种"事实"。

体联系起来的唯一"桥梁"。但是，认识了大量的证据还不等于认识了事实，认识主体必须通过推论性思维，对大量的证据及其相互之间的关系进行科学的分析和判断，由表及里，去伪存真，才能准确认定事实。麦考密克说："所谓'证据'是这样一些东西，它们能够使我们：（a）确认当下所持的判断是正确的；（b）根据它们可以推断过去。"①

我们强调证据与事实的区别，同时，还要注意事实与证据区分的相对性，不要把证据和事实之间的区别绝对化。证据和事实之间的界限是相对的。如同对立统一规律所揭示的那样，相互区别的事物之间存在相互联系的一面。事实发生之后，事实不复存在，但却留下了证据，因此，证据作为事实的表征或痕迹，与事实之间存在相互联系的一面。例如，证据提出者提供的证据之所以被称为证据性事实或证据中的事实，是因为证据中包含事实的主张或成分。又如，死亡时间是一个事实，但它对证明被告人在被害人死亡时是否在场而言，又是一个证据。

在考察事实与证据的关系时，关键的问题是，要避免在两极对立中进行思考。学习证据法，要学会运用辩证思维。"辩证思维承认不同的概念、判断之间的严格区别，但不满足于对它们作静态的分类学意义的理解，'而使它们互相隶属，从低级形式发展出高级形式'②，亦即从概念和判断的动态的相互联系、往返运动中揭示它们的内容。"③

第二节 证据规则

一、证据规则的性质

证据规则是诉讼活动及其他相关法律活动中规制事实认定的法律规范。对于这个界定，可从以下几个方面来加以理解。

1. 证据规则是证据法的主要内容

从内容上看，证据法作为规制证据运用和事实认定的法律规范，一般由法律

---

① 尼尔·麦考密克. 法律推理与法律理论. 姜峰，译. 北京：法律出版社，2005：84.
② 马克思恩格斯选集：第3卷. 北京：人民出版社，1972：546.
③ 李秀林，王于，李淮春. 辩证唯物主义和历史唯物主义原理. 3版. 北京：中国人民大学出版社，1990：272.

法规、司法解释和判例等组成，其主要内容是证据规则。证据规则在两大法系有不同的存在形式。在美国等普通法系国家，"证据法最重要的表现形式之一就是证据规则"。例如，"美国《联邦证据规则》由国会于1975年通过，从那时以来，已有40个州修订了它们的证据规则，在许多情况下实际上是逐字逐句地采纳了《联邦证据规则》。"[1] 在美国，证据法实际上由三部分内容组成：一是《联邦证据规则》，适用于联邦法院审理的案件。二是各州的《证据规则》，适用于州法院审理的案件，它们与《联邦证据规则》只有微小的差别。三是联邦和州法院的判例。例如，美国联邦最高法院大法官关于多伯特案的意见对《联邦证据规则》第702条（专家证言）的修改补充作用，使其成为法院审理此类案件必须遵循的"多伯特规则"。

在大陆法系国家，以法国的和德国的最为典型，证据规则在诉讼法中有非常详细的规定，例如，法国《刑事诉讼法典》第一卷提起公诉和进行预审第三编第一章第四节证人的询问，第五节讯问和对质，第九节鉴定；第二卷审判管辖第一编第六章第三节证据的提交与讨论，第二编第四节第三目证据的提出。[2] 德国《刑事诉讼法典》也包含许多证据法内容。[3]

在我国，证据法实际上由更多的成分组成，有教材将我国证据法分为法律、司法解释、部门规章、地方性证据规则和国际条约五个层面。[4] 第一是法律层面，包括《刑法》《民法典》《海商法》等实体法、三大诉讼法等程序法以及《电子签名法》《道路交通安全法》等综合性专门法律中的证据规则。其中，三大诉讼法中有关的证据规则构成了我国证据法的核心内容。第二是司法解释层面，主要包括最高人民法院和最高人民检察院颁行的有关证据规则，其中，最系统的是最高人民法院《关于民事诉讼证据的若干规定》和《关于行政诉讼证据若干问题的规定》。第三是部门规章层面，例如，公安部《公安机关办理刑事案件程序规定》，以及《国家审计准则》等。第四是地方性证据规则层面。许多省市根据国家层面的法律规定，也相继发布了一些包含证据规定的地方性规定

---

[1] 罗纳德·J.艾伦，等. 证据法：文本、问题和案例. 张保生，王进喜，赵滢，译. 满运龙，校. 北京：高等教育出版社，2006：49.

[2] 法国刑事诉讼法典. 余叔通，谢朝华，译. 北京：中国政法大学出版社，1997.

[3] 德国刑事诉讼法典. 李昌珂，译. 北京：中国政法大学出版社，1995.

[4] 何家弘，张卫平. 简明证据法学. 北京：中国人民大学出版社，2007：8-12.

或意见。① 地方性证据规则适应了司法实践的需要，对全国性证据立法的不完善起到了某种补充作用，但同时也造成了证据规则全国不统一的局面。第五是国际条约层面，主要包括联合国《公民权利与政治权利国际公约》《打击跨国有组织犯罪公约》《反腐败公约》中的有关证据规则。

2. 证据规则是审判经验的总结

从来源上看，证据规则与其他法律的一个重要不同之处，就在于它是法官在审判实践中创造的认定事实的法律规范。证据规则不过是立法机关对法官运用证据查明事实的经验所作的理论概括。在事实认定中，事实认定者必然要依赖个人的经历。例如，法官对证据相关性的检验、证据证明力的评判，都运用了自己以前的经历，注入了自己以前的经验。所以，有学者认为在大陆法系，"法定证据主义之证据法则，若详细加以观察，其实不外乎，将法官于认定事实时通常所用之若干经验方法，加以定型化而变为法律而已"②。在普通法系，陪审团比上诉法官具有更多的经验，因为他们在特定案件中可以更密切地接触证据，在整个审判过程中观察证据的举证、质证过程。因此，在普通法系中，几乎所有的证据规则都来自判例。

3. 证据规则兼具实体法和程序法的双重特性

从法律属性上看，证据规则兼具实体法和程序法的双重特性。证据规则的实体法特性主要体现在两个方面。一是体现在证据相关性、证据能力、证明力、证据种类等方面的规则，主要规制证据的资格，包括证人的适格性和物证、书证的形式要求。对证据资格进行规范是证据规则的基本功能。英美证据法中的可采性规则和大陆法系中的证据能力规则，都旨在解决什么样的证据才能作为认定事实的依据的问题。二是体现在各种实体权利（如对质权、作证特免权）、证明责任、

---

① 如北京市高级人民法院《关于办理各类案件有关证据问题的规定（试行）》，上海市高级人民法院、上海市人民检察院、上海市公安局、上海市司法局《关于重大故意杀人、故意伤害、抢劫和毒品犯罪案件基本证据及其规格的意见》，江苏省高级人民法院审委会《关于刑事审判证据和定案的若干意见（试行）》，湖北省高级人民法院等五机关《关于刑事证据若干问题的规定（试行）》，湖南省高级人民法院《经济纠纷诉讼证据规则（试行）》，广东省高级人民法院《广东省民事、经济纠纷案件庭前交换证据暂行规则》，四川省高级人民法院、四川省人民检察院、四川省公安厅《关于规范刑事证据工作的若干意见（试行）》，山东省高级人民法院《民事诉讼证据规则（试行）》，河南省高级人民法院《民事纠纷诉讼证据规则（试行）》，陕西省人民法院《民事案件举证质证认证规则（试行）》等。

② 陈荣宗. 民事诉讼之立法主义与法律政策. 法学丛刊 (140). 江伟. 证据法若干基本问题的法哲学分析. 中国法学，2002 (1).

证明标准等实体性规则。例如，在证明标准问题上，不同性质的案件要达到的标准是不一样的：在刑事案件中，对于被告人有罪的确证标准要达到确信无疑的程度；而在民事案件中，原告胜诉的确证标准一般只需达到优势证据的程度。

证据规则的程序法特性，主要体现在其遵循现代法治国家所普遍接受的正当程序原则（due process），包括证据收集调取的方式、出示方式、对证人或鉴定人员的询问方式等方面的程序性规定。证明程序的设计，主要解决的是证明途径或方法问题，服务于查明事实真相和保障诉讼当事人合法权益的双重目的。正当程序原则在证据法中体现在许多方面。例如，在证据可采性的判断中，依据正当程序的原则，非法取得的证据通常会被排除。未经质证的证据不能作为事实认定的依据。又如，正当程序原则要求，案件审理的举证、质证和认证的各项程序应当具有正当性，以保证当事人双方平等的对抗权和审判人员的中立性。

【案例 1.2】　　中国某银行诉王某、韩某等金融借款纠纷案

2015 年 9 月 17 日，王某、韩某与中国某银行签订了"综合授信合同"，合同约定在 2015 年 9 月 18 日至 2017 年 9 月 18 日期间，银行向王某、韩某授信 150 万元，在授信期间，两人可以在不超过授信额度的范围内向银行借支资金。同时，韩某文、梁某丽在 2015 年 9 月 17 日与银行签订了"最高额担保合同"，为"综合授信合同"承担连带责任担保。在 2015 年 9 月 18 日，王某向银行申请了一笔 150 万元的贷款，银行于 2015 年 9 月 19 日批准了该笔贷款，借款期限自 2015 年 9 月 19 日至 2016 年 9 月 18 日，并将 150 万元以受托支付的方式支付给了王某指定的案外人的账户。临近贷款到期时，王某、韩某二人无力偿还，因此，在与银行商议后，以对贷款进行增信的方式，予以展期。2016 年 9 月 9 日，王某又向银行申请了一笔 150 万元的贷款。为了给这笔贷款增信，赵某、张某于 2016 年 9 月 9 日，与银行签订了"最高额担保合同"，银行于 2016 年 9 月 14 日批准了该笔贷款，贷款期限自 2016 年 9 月 14 日至 2017 年 9 月 14 日，并指定该笔贷款的用途是偿还 2015 年 9 月 19 日发放的贷款。银行在 2016 年 9 月 14 日发放贷款到王某账户，并在同时扣取，以此作为原贷款的还款。后贷款到期后，王某、韩某依旧无力偿还贷款。因此，银行将王某、韩某诉至法院，并要求赵某、张某、韩某文、梁某丽承担连带担保责任。

在庭审过程中，赵某、张某答辩称，其为王某、韩某提供的担保是针对 2016 年 9 月 9 日申请的贷款，该笔贷款是用来偿还王某、韩某在 2015 年所借的贷款的，性质上属于借新还旧。且在签订"最高额担保合同"时，银行和借款人王某、韩某并未告知自身贷款是用来还旧贷的,担保合同里也未写明贷款用途,自己对贷款用途毫不知情。最高人民法院《关于适用〈中华人民共和国担保法〉若干问题的解释》第 39 条第 1 款规定:"主合同当事人双方协议以新贷偿还旧贷,除保证人知道或者应当知道的外,保证人不承担民事责任。"银行主张在签订"最高额担保合同"时,相关的客户经理已经告知了两人具体的贷款用途。但是银行也表示,担保合同中的确未写明担保贷款的用途,银行方面也无任何其他证据能够证明履行了告知义务。

本案涉及举证责任规则。在本案中,能够决定赵某、张某是否应当承担担保责任的关键点主要有三个:一是 2016 年 9 月的贷款在本质上是属于借新还旧还是展期,二是赵某、张某提供的担保是针对"综合授信合同"项下的所有贷款还是仅仅针对 2016 年 9 月的贷款,三是对于贷款用途是否知情的举证责任应当由哪一方承担。

为此,我们可以着重讨论第三点。因为在本案中,从表面上看,双方对于是否知晓 2016 年 9 月的贷款用途的事实都没有实质上的证据,那么,举证责任在哪一方,就意味着该方会无法完成举证责任而需要承担不利后果。《担保法》*及司法解释并未对举证责任的划分进行明确,因此,我们只能够从上位法和法律的一般原则方面来确定举证责任由谁来承担。

根据"谁主张,谁举证"的基本原则,银行主张担保关系成立,那么按照《担保法》的要求,需要签订合法有效的书面①担保合同,且合同需要包含主债权种类、数额、期限等内容②,但贷款用途并非法定的担保合同生效要件。在本案中,银行向法院提供了赵某、张某签订的"最高额担保合同",该合同满足了合同法规定的合同生效的一般要件,属于合法有效的合同。从这个意义上说,银行对于担保关系的成立,已经承担了初步的举证责任。如果要求银行同时证明在签订合同时,担保人知晓贷款用途,那么本书认为,这属于在上位法规定的担保合同有效应当满足的要件之外,额外增加了生效要件。最高人民法院《关于适用〈中华人民共和国担保法〉若干问题的解释》**属于《担保法》的下位法,根据上

---

* 《担保法》现已失效。
** 该司法解释现已失效。
① 《担保法》第 13 条规定,保证人与债权人应当以书面形式订立保证合同。
② 《担保法》第 15 条规定,保证合同应当包括以下内容:(1)被保证的主债权种类、数额;(2)债务人履行债务的期限;(3)保证的方式;(4)保证担保的范围;(5)保证的期间;(6)双方认为需要约定的其他事项。保证合同不完全具备前款规定内容的,可以补正。

位法优于下位法的基本原则，下位法是无法突破上位法的规定从而额外增加上位法没有规定的合同生效要件。因此本书认为，银行已经完成了初步的举证责任，进一步的举证责任应当转移给被告。

因此，赵某、张某提出自身对贷款用途不知情的答辩时，是应当履行举证责任的。赵某、张某提出其签订的"最高额担保合同"中并未载明贷款用途，实际上就是在履行举证责任。在实践中，并非证明"存在"的材料能够作为证据。同样，无法证明"存在"的材料也可以作为证据使用。"最高额担保合同"没有载明贷款用途，那么也就无法证实银行在签订合同时告知了贷款用途。由于贷款发放后具体的扣款、还款都由银行在借款人账户完成，担保人无法得知，因此合同可以成为担保人对贷款用途不知情的证据。

同样，在赵某、张某承担自身的举证责任后，举证责任再次发生转移。此时，银行作为举证责任的承担者，需要提出证据来证明自身履行了告知义务，或者担保人对贷款用途知情或应当知情。如果银行无法提供相应的证据，那么就很可能要承担不利后果，即法庭可能会判定担保人赵某、张某对于2016年9月贷款是用来偿还以前贷款不知情的事实成立。

二、证据规则的基本价值

证据规则的目的是指导准确、公正、和谐与及时地进行事实认定。由此可以得出结论：证据规则的基本价值是准确、公正、和谐与效率。

（1）准确。证据法追求"事实真相"的价值，"旨在向事实裁判者展现将有助于作出决定的全部信息。对不相关证据的排除也遵从于发现事实真相的价值，因为它使事实认定者的注意力集中于适当的信息，且仅仅集中于适当的信息。"[1]"权利和义务取决于准确的事实认定……因而事实认定是更基础性的。没有准确的事实认定，权利和义务就变得毫无意义。"[2] 例如，证据法的直接言词原则与英美法系的传闻证据规则、品性证据规则以及辨认、鉴真和鉴定规则等，都服务于准确价值。随着科学技术的发展，通过技术检验对物证、书证等证据的同一性和真实性提供专家意见，这对于提高事实认定的准确性发挥着越来越大的作用。

---

[1] 戴维·伯格兰. 证据法的价值分析. 张保生，郑林涛，译. 证据学论坛，2007（2）.

[2] 罗纳德·J. 艾伦. 刑事诉讼的法理和政治基础. 张保生，李哲，艾静，译. 证据科学，2007（1、2期合刊）.

(2) 公正。公正是对证据法准确认定事实价值的升华。同时，证据制度也保证了诉讼中实体和程序的公正。维护公正价值必须遵循证据裁判原则。公正是相关证据排除规则的主要理由。例如，在证据可能存在偏见并且该偏见实质上超过其证据力的情况下，法院可以拒绝采纳对一方当事人具有这种危险性的证据。这些基于司法公正的排除规则，都把矛头指向可能对当事人产生严重不公正影响的相关性证据。在审判实践中，通过价值权衡，法官如果相信产生不公正影响的危险性超过其证明力，便可行使排除证据的自由裁量权。

(3) 和谐。证据法中的和谐价值主要体现在两个方面：一是被称为不能用于证明过错或责任的相关性证据，例如，事后补救措施、和解和要求和解、支付医疗或类似费用。这些证据排除规则旨在促进有利于社会公益事业的行为，建设和谐社会。二是所谓作证特免权规则，例如，律师—委托人，医生—患者，牧师—忏悔者，夫妻证言，新闻记者消息来源的身份，外交秘密以及政府情报人员身份等。作证特免权存在的一个基本理由，是要表明法律制度重视这些特殊关系胜过制裁犯罪行为。就是说，这种证据制度认为，通过破坏这些特殊关系而获得查明事实真相的价值，不及牺牲查明事实真相而维护这些关系的价值。[①]

(4) 效率。效率是证据排除规则的一个重要理由。效率对人类具有经济价值，因此成为相关证据排除规则的一个重要理由。美国《联邦证据规则》第403条把"在实质上超过其证明价值"的"过分拖延、浪费时间或无须出示累积证据"，作为排除相关证据的理由之一。证据规则"通过排除对事实裁判者裁断实质问题没有帮助的信息，减少了考量这些信息的时间花费，从而服务于司法经济的价值"[②]。由于效率与公正之间存在冲突，因而在现代证据制度中，效率与公正相比总是成为次要目的。如果不顾公正而追求效率，那么，可能导致刑讯逼供的发生。

三、证据规则的体系

虽然我国目前没有像美国那样出台完整的证据规则体系，但这并非说明我国就没有证据规则。目前，我国关于证据方面的规则主要散落在三大诉讼法及司法

---

① John Henry Wigmore. Evidence. John T. McNaughton rev.，1961：§ 2285，527.
② 戴维·伯格兰. 证据法的价值分析. 张保生，郑林涛，译. 证据学论坛，2007 (2).

解释中。我国证据立法工作起步相对较晚，三大诉讼法中的证据相关性、可采性、证明力和可信性等证据属性尚需进一步明确，个别证据法条文内容和形式有待进一步斟酌，司法实践中一些证据规则的"地方性立法"，在很大程度上影响着证据法在我国的统一适用。为此，笔者参与的由中国政法大学证据科学研究院牵头、最高人民法院研究室和中国应用法学研究所联合参与的国家社会科学基金重大项目"诉讼证据规定研究"（11&ZD175），直面司法实践中的现实问题，以相关性为逻辑主线，以证明责任和证明标准为两个证明端口，以举证、质证和认证为证明过程，通过合并同类项，消除一些明显的原理性错误和法律冲突，在实现"三证合一"的同时，构建了科学的证据规则体系。项目形成的证据规定共分为8个部分及1条附则，共计147条。其内容主要采取"编纂"方法，将现行证据规定汇总，以统一证据规则的形式体现出来。该证据规定主要包括以下内容。

第一部分为"总则"。"总则"明确了一些基本原则，共计6条。"总则"确定了统一证据规定适用于三大诉讼的宗旨，确定并论证了证据裁判原则、程序法定原则、证据采信的要求等，在证据规定中起到一个"总纲"的作用。

第二部分为"证明责任"。证明责任制度是证据规则适用的一个"入口"，这一部分包含了刑事诉讼、民事诉讼和行政诉讼中的证明责任问题，共计18条。由于证明主体和证明对象的差异，本部分首先对证明对象和免证事由作了规定，然后分别对刑事诉讼证明责任、民事诉讼证明责任和行政诉讼证明责任进行了规定，目的在于明确各自领域的举证责任分配及其法律后果。

第三部分为"举证时限与证据交换"。由于三大诉讼法本身的差异性，因而分别对刑事诉讼证据开示与民事诉讼、行政诉讼当中的举证时限和证据交换进行了规定，共计24条。

第四部分为"举证"。主要包括实物证据出示，证人、鉴定人出庭作证，新的证据等，共计30条。根据庭审的基本程序要求，先对举证的一般顺序作出规定；然后，对实物证据的出示、辨认和鉴定，证人出庭作证，鉴定人出庭作证作出规定；考虑到民事诉讼中的不同规定，对于民事诉讼中的"新的证据"内容单独作了进一步明确。

第五部分为"人民法院调取证据和证据保全"。考虑到民事诉讼和行政诉讼区别于刑事诉讼，故主要对民事诉讼中的人民法院取证和证据保全的内容作了规定，共计15条。

第六部分为"质证"。这主要是关于质证的对象、内容和程序方面的规定，共计6条。其对当庭质证的要求、质证的内容、质证的顺序、被告人质证、鉴定意见质证与专家辅助人出庭、二审和再审程序中的质证作了明确规定。

第七部分为"证据的审查判断"。这主要是关于书证、物证、鉴定意见、视听资料、电子数据、非法证据排除等内容的审查判断,共计42条。首先是对三大诉讼法中证据审查判断的通识性问题进行了统一规定;其次是对刑事诉讼中的非法证据排除以及物证、书证、证人证言、当事人陈述、鉴定意见、笔录、视听资料、电子数据的审查判断进行了规定;最后是对刑事诉讼中的技术侦查和行政诉讼中的行政合法性证据等特殊内容进行了规定。

第八部分为"证明标准"。这主要包括三大诉讼中关于刑事诉讼、民事诉讼和行政诉讼中的证明标准问题,共计5条。同时,对刑事诉讼中的间接证据定罪的标准和民事诉讼中的特殊事实的证明作出了明确规定。

该证据规定按照证据法基本原理,对三大诉讼法、有关实体法和最高人民法院司法解释中的现行证据规则进行全面梳理、系统编纂;采用"总则"与"分则"结合的办法,建构中国证据规则体系以解决理念缺失和逻辑混乱的问题;合并同类项以解决内容重复问题;正本清源以消除明显的立法错误。确立有限的目标——先解决"三证合一"的有无问题,再解决修改、完善问题。该规定为人民法院运用证据提供了统一的标准,有助于规范司法证明活动,准确认定案件事实,提高审判质量,同时也为我国制定统一证据法起到了"铺路石"的作用。

第三节 证据的审查和判断

一、证据审查判断的概念

无论是大陆法系还是英美法系,在庭审中,事实认定者在对案件事实作出认定前,都需要对双方当事人提交的证据进行评判。许多国家的立法都对证据的判断进行了规定。例如,俄罗斯《联邦民事诉讼法》第56条规定:"任何证据对法官都没有预定的效力。法官在公证、全面、充分的审查一切证据的基础上,按照内心信念对证据进行判断。"在普通法中,审判法官有权在审判结束时概括证据,并对其含义发表评论。概括证据的权力允许法官向陪审团回顾当事人提交的全部证据。概括的价值在于,它使陪审团对证据能有公正的评价。例如美国《联邦证据规则》的起草者建议采用以下规则：在证据出示和律师辩论结束之后，法官可以公正和公平地概括证据，并向陪审团就证据的分量和证人的可信性发表评论，当然，他也可以指示陪审团：他们应当自己决定证据的分量并对证人的可信性作出评价。①

我国学术界对证据的审查判断有不同理解，代表性的观点有以下三种。

第一，审查判断证据，是指国家专门机关、当事人及其辩护人或诉讼代理人对证据材料进行分析、研究和判断，以鉴别其真伪，确定其有无证明能力和证明力以及证明力大小的一种诉讼活动。②

第二，证据的审查判断，就是指公安、司法人员对于收集的证据进行分析、研究和鉴别，找出它们与案件事实之间的客观联系，分析证据材料的证据能力和证明力，从而对案件事实作出正确认定的一种活动。③

第三，对证据的审查评断是指公安、司法人员等在诉讼过程中对证据进行分析、研究和判断，找出它们与案件事实之间的客观联系，确定其证据能力有无和证明力大小的一种特殊活动。它与法官的认证活动有着密切关系，但不限于认证。除法官外，侦查人员、检察人员、行政执法人员以及律师等对于己方收集的证据、对方举出的证据以及中立裁判者调查得来的证据，均存在如何审查评断的问题。④

从以上定义可以看出，学术界对证据审查判断的理解是一种广义的理解，认为证据审查判断与法官的认证活动有着密切关系，但不限于认证，进而将证据审查判断的主体几乎扩展到了所有的诉讼参与人。本书认为，尽管除法官外，侦查人员、检察人员、行政执法人员以及律师等对于己方收集的证据、对方举出的证据以及中立裁判者调查得来的证据，均存在如何审查评断的问题，但是在认证阶段，由于认证的主体只能是事实认定者，因而对证据的审查判断只能是事实认定者对双方当事人提交的证据有无证明能力和证明力以及证明力大小进行审查判断的活动。对证据进行审查判断的目的是查明事实真相，为认定案件事实打下基础。审查判断证据，就其内涵来说，既包括对各个证据的审查判断，也包括对整

---

① 罗纳德·J.艾伦，等. 证据法：文本、问题和案例. 张保生，王进喜，赵滢，译，满运龙，校. 北京：高等教育出版社，2006：843-844.
② 卞建林. 证据法学.2版. 北京：中国政法大学出版社，2007：326.
③ 樊崇义. 证据法学.4版. 北京：法律出版社，2008：338.
④ 何家弘，刘品新. 证据法学.2版. 北京：法律出版社，2007：380.

个案件中所有证据的综合审查判断。

二、证据审查判断的范围

审查判断证据，就是要分析、研究证据是否与待证事实具有相关性、证据的真实性、证据的合法性、证据的可采性或证据能力以及证据对待证事实的证明作用程度，即证明力的大小。因此，审查判断证据的范围与质证的范围基本一致。

1. 审查证据的相关性、可信性和合法性

证据的相关性，指的是作为证据内容的事实与案件事实之间存在的某种逻辑联系。英美法学者认为相关性是证明性和实质性的结合。证明性指的是所提出的证据支持其欲证明的事实主张成立的倾向性，是依据逻辑或者经验而使欲证明的事实主张更为可能或更无可能的能力。影响当事人主张之事实存在的可能性的证据，就具有证明性，无论这种影响是正面的还是反面的。与证据能力相联系的主要的是其实质性，即证据欲证明的主张指向的是对案件裁判具有法律意义的待证事实。相关性是采纳证据的必要条件，但不是充要条件，因此，并非所有相关证据都可以被采纳。例如，可能对当事人造成严重的不公正伤害或者对判决结果造成不公正的影响，并且这种伤害或者影响将在实质上超过其证明价值的证据不能被采纳；或者与已有证据明显重复，为采纳该证据所进行的举证和质证活动将不必要地浪费诉讼资源、拖延审判时间，那么即使是相关的证据，也应该被排除。

证据的可信性是指证据是否值得被相信。它由真实性和可靠性组成。真实性可以用于评价所有类型的证据，但是可靠性主要用于评价需要通过仪器测量或设备检验而获得的数据或结果之类的证据，其核心意义是评估仪器或设备的可靠性。证据的可信性应当综合全案证据进行审查，可以从以下方面审查证据的真实性：(1) 证据形成的原因；(2) 发现证据时的客观环境；(3) 证据是否为原件、原物，复制件、复制品与原件、原物是否相符；(4) 提供证据的人或者证人与当事人是否具有利害关系；(5) 影响证据真实性的其他因素。

证据的合法性可以从证据是否符合法定形式，证据的取得是否符合法律、法规、司法解释的要求，是否存在影响证据效力的其他违法情形等方面来审查。刑事案件中应当予以排除的非法证据包括：(1) 采取殴打、违法使用戒具等暴力方法或者变相肉刑的恶劣手段，使犯罪嫌疑人、被告人遭受难以忍受的痛苦而违背意愿作出的供述。(2) 采用暴力或者严重损害本人及其近亲属合法权益等威胁方法，使犯罪嫌疑人、被告人遭受难以忍受的痛苦而违背意愿作出的供述。(3) 采用非法拘禁等非法限制人身自由的方法收集的犯罪嫌疑人、被告人供述。(4) 采用暴力、威胁以及非法限制人身自由等非法方法收集的证人证言、被害人陈述。(5) 收集物证、书证不符合法定程序，可能严重影响司法公正的，有非实质性瑕疵的，应当予以补正或者作出合理解释；不能补正或者作出合理解释的，对有关证据应当予以排除。这里需要注意的是刑事案件的非法证据排除程序中的非法证据属于证据合法性问题的一个特例。由于对非法证据排除程序中的非法证据的认定具有非常严格的限制条件，且排除非法证据需要很高的证明标准，因此，在非法证据排除程序中没有被排除的证据，并不意味着其就符合证据合法性的要求。

2. 审查证据的可采性或证据能力

证据能力是指某种证据材料是否具有作为诉讼证据的资格。因此，证据能力也被称为证据资格，或证据的适格性。证据能力是大陆法系证据理论的概念，英美法系称其为"可采性"。反映证据能力的因素包括证据的真实性、合法性、相关性。关于证据的这三种属性的审查，前面已经从一般意义上进行了论述。但从证据能力的角度来看，仍存在一些差异。

(1) 审查证据的真实性。审查证据的真实性需要从证据来源的可靠性着手。分析证据来源的可靠性，就是要分析证据在形成过程中是否受到外界因素的影响及其影响的程度。最高人民法院《关于行政诉讼证据若干问题的规定》第56条规定，法庭应当根据案件的具体情况，从以下方面审查证据的真实性：1) 证据形成的原因；2) 发现证据时的客观环境；3) 证据是否为原件、原物，复制件、复制品与原件、原物是否相符；4) 提供证据的人或者证人与当事人是否具有利害关系；5) 影响证据真实性的其他因素。

(2) 审查证据的合法性。某证据材料是否具有证据能力，取决于法律的规定。要求证据能力具有证据的合法性是指：1) 证据是否具备法定的形式，手续是否完备。手续不全的证据不具有合法性，不能作为定案证据使用。2) 证据必须经法定人员、依法定程序收集和提取；我国三大诉讼法对各种证据的收集、调取都规定了具体的程序。证据的收集是否符合法定程序，直接影响证据内容的真实性和证据的可采性。3) 证据的内容和来源必须合法。我国目前的法律和司法解释中没有采用证据能力这一概念。在司法实践中，论及这一问题时的一般表述为"不得作为定案的根据""不能作为证据使用"等。

(3) 审查证据的相关性。相关性是证据的根本属性，反映的是证据与待证事实之间逻辑上的特殊联系。如果一个证据的有无对某个事实的认定能产生影响，那么我们说这个证据对于该事实主张而言就是相关的，或者说该证据具有关联性。我们在审查证据的相关性时要注意两个方面。一方面是我们不能孤立地判断某个证据的关联性，必须要以待证事实主张为参照。某个证据对事实 A 的证明没有关联性，但可能对事实 B 的证明有关联性。另一方面，证据的关联性具有程度之分，也就是我们常说的关联度。所以，当我们认定某个证据对待证事实具有相关性时，我们还要审查它的关联度是强还是弱。关联度强的证据是我们在证明过程中尤为需要关注的证据。

3. 审查证据的证明力

证明力又称证明价值或证据力，是指证据对待证事实存在的可能性具有的证明作用及其程度。一般来说，一个证据的证明力取决于它与案件的相关性、内容的可信度及证明的充分性。

（1）对证据相关性的审查。相关性既影响证据能力，又影响证据的证明力。证明力是一种以相关性为基础的说服力，是相关性程度或证明作用大小的"指示器"。相关性和证明力的区别在于，前者意味着证据与待证事实之间有无逻辑联系，后者意味着这种逻辑联系的程度。证据的相关性程度越高其证明力就越大，反之亦然。

（2）对证据内容可信度的审查。对证据内容可信度的审查主要考虑以下因素：1）证据提供者的能力与知识。这不仅包括人们在日常生活中使用的一般能力和知识，如人的感知能力、记忆能力、表达能力和生活常识，还包括人们在特殊领域内使用的专门能力和知识。2）证据提供者的身份与动机。不同身份和动机的人在案件中的地位不同，与案件的关系不同，提供证据的可靠性也有所不同。3）证据内容的一致性。证据内容不一致可以有三种表现形式：第一种是证据内容内部的不一致，或者说自相矛盾，即证据内容的不同组成部分之间有不一致之处。第二种是证据内容与本案中其他证据的内容不一致。这可以是同一案件中两个证据之间的不一致，也可以是同一个证人两次陈述之间的不一致。第三种是证据内容与本案中已知事实的不一致。4）证据内容的合理性。如证据所表明的情况是否合理，证据内容与其要证明的案件事实之间的关系是否合理，或者说从证据到事实之间的推论是否合理。

（3）对证据充分性的审查。不同的诉讼对证据的充分性要求是不一样的。我国《刑事诉讼法》第 200 条规定，人民法院作出有罪判决，应当做到"案件事实清楚，证据确实、充分"。但这一标准是对全案证据作出最终认定结论的标准，而不是案件的某一个阶段或者对部分案件事实的认定标准。民事诉讼只要求证据的充分性达到相对优势证据标准，即认定案件事实成立的可能性大于其不成立的可能性。这种标准在刑事案件中适用于采取紧急或者临时性措施的案件证据的审查判断，或者对案件部分证据的初步审查判断。例如，《刑事诉讼法》第 81 条规定，只要"有证据证明有犯罪事实"，并且符合其他两个条件（可能判处徒刑以上刑罚的犯罪嫌疑人、被告人，采取取保候审、监视居住等方法，尚不足以防止发生社会危险性，而有逮捕必要的），司法机关就可以作出逮捕决定。这种措辞所确定的证明标准仅仅是一种优势的可能性，而不是完全的确定性。

三、各种证据的审查与判断[①]

1. 物证

物证是以其物质属性对案件事实进行证明的实体材料，如犯罪工具、犯罪行为涉及的物品、对象、行为痕迹等。对于物证的审查判断，主要集中于物证的真实性及物证在案件中的证明力上。

在真实性的考量上，首先要判断物证是否系伪造，是否被修饰、伪装、改变，从而影响了物证在案件中的证明价值。其次要判断物证是否发生了变形、变色或者变质，这种变化是否达到了影响其对案件事实证明力的程度。最后要审查判断物证的来源，是否是原物，或者是同类物品或复制品。一般来说，原物具有不可替代性，如果使用的是复制品或者同类物品，还需要进一步考虑这种替代是否会影响证明效果。

在证明力的考量上，要审查判断物证与案件待证事实之间是否存在客观联系以及关联程度如何。特别是物证在证明力上表现出较强的客观性，因而其用来直接证明案件事实的能力较弱，一般需要与其他证据结合起来发挥证明作用，在审查判断时也需要联系其他证据进行交互印证。

物证的审查判断方法可以使用鉴定、勘验的方式，也可以交给当事人、证人进行辨认，但更有效的方法是与案件的其他证据进行比对，在比对中发现该物证

[①] 本部分仅对各种证据的审查和判断做总括式陈述，每类证据的具体审查内容和方法将在后续相关章节中有针对性地详细阐述。

是否存在与事实相矛盾或者相支持的地方。①

2. 书证

书证是以其记载或表达的内容证明案件情况的文字材料。在很多情况下书证和物证是难以区分的，关键在于我们使用该项证据的意图，究竟是使用该证据的物质属性，还是其内容来进行证明，前者属于物证，而后者属于书证的范畴。对于书证的审查判断，也应当集中于书证的真实性和证明力上。

对于书证真实性的审查判断，需要审查书证是否存在伪造、篡改的痕迹，是否是模仿他人笔记伪造的假的书证，或者是否是在原有书证的基础上通过涂改、增补、删减等手段改变书证的内容。同时，还需要审查书证制作人的身份、制作过程、书证的获取情况等。书证是什么人提供的，在什么条件下提供的，获取的过程是否对书证的真实性产生了破坏等，都是应当进行审查判断的要点。

而在审查判断书证的证明力上，首先要搞清楚书证所记载的内容和确切含义。对于书证记载内容的理解势必会影响对于案件事实的证明，因此当对书证的内容有不同理解，或者书证本身存在前后矛盾或语焉不详时，对于书证的内容进行解释说明就更加重要。此外，对于书证的审查判断也应当与案件事实联系起来，结合其他证据来对书证的具体含义进行更进一步的确切理解。

【案例1.3】　汤某诉长沙月湖置业有限公司房屋买卖合同纠纷案

原告汤某于2014年8月2日来到被告长沙月湖置业有限公司开发的青竹湖小区看房。当时被告的销售经理隐瞒了被告正在办理期房转现房和房屋漏水的事实，与原告签订了青竹湖小区某区1栋2702的认购协议，当日支付定金20 000元及5 000元团购服务费。2014年8月7日，原告在被告打印的空白"商品房买卖合同"（以下简称"期房合同"）上签字后，所有合同均交由被告走流程。合同

---

① 例如，最高人民法院《关于适用〈中华人民共和国刑事诉讼法〉的解释》第82条规定，对物证、书证应当着重审查以下内容：(1)物证、书证是否为原物、原件，是否经过辨认、鉴定；物证的照片、录像、复制品或者书证的副本、复制件是否与原物、原件相符，是否由二人以上制作，有无制作人关于制作过程以及原物、原件存放于何处的文字说明和签名。(2)物证、书证的收集程序、方式是否符合法律、有关规定；经勘验、检查、搜查提取、扣押的物证、书证，是否附有相关笔录、清单，笔录、清单是否经侦查人员、物品持有人、见证人签名，没有物品持有人签名的，是否注明原因；物品的名称、特征、数量、质量等是否注明清楚。(3)物证、书证在收集、保管、鉴定过程中是否受损或者改变。(4)物证、书证与案件事实有无关联；对现场遗留与犯罪有关的具备鉴定条件的血迹、体液、毛发、指纹等生物样本、痕迹、物品，是否已作DNA鉴定、指纹鉴定等，并与被告人或者被害人的相应生物检材、生物特征、物品等比对。(5)与案件事实有关联的物证、书证是否全面收集。

约定双方签字后合同成立生效。原告当天下午就收到短信通知合同因期房转现房而被取消。2014年8月中旬长沙降雨，原告怕该房漏水，就要求物业开门，发现漏水严重，遂要求被告尽快整改。11月25日，被告邀原告签署1-2702房的现房合同，但由于被告一直未将房屋整改好，原告拒绝签署现房合同；之后原告多次要求被告退返原告交的1-2702的房款，但被告一直拖延。2015年3月原告向被告发出书面退款函。但被告仍然置之不理，于是原告诉至法院。

本案第一次开庭时，被告提交给法院和原告各一份期房合同扫描打印件，上面没有被告的签章与签订日期。当日被告的代理人以身体不舒服为由要求延期审理。2015年8月7日第二次开庭审理前，被告又给了原告一份合同，文件上同样没有被告的盖章。但是在接下来的庭审举证过程中被告又拿出一份只盖了章而没有法定代表人签名，也没有日期的合同原件。原告当庭提出该合同是才盖的章，因为被告提交给原告和法院的合同都没有盖章。而且原告声称据原告了解，除本案外被告签署的所有合同均有法定代表人的签名和盖章，这进一步印证了被告在庭审中提出的合同只是为了诉讼的需要而临时盖的章。原告向法院申请调取长沙月湖置业有限公司其自2014年8月7日到2015年8月6日之间的"长沙月湖置业有限公司合同专用章"盖章审批材料和盖章登记资料，但法院并没有调取。

在本案中，书证就是被告提交的先后两份合同，审查的目的是基于合同的签署来确定双方买卖关系的确立。那么，合同是否得到有效签署，就是书证审查在本案中的重点。针对第一次庭审所提交的合同，是没有被告签字盖章的合同复印件，这份合同没有得到有效签署，这是比较明显的。而第二次被告提交的只盖章没有法定代表人签名，也没有日期的合同原件，就需要结合其他证据来看是否属于有效签署的合同。首先，本案庭前被告提交给法院的合同并未盖章，这和当庭提交的盖有印章的原件是有差异的。其次，鉴于只有盖章却没有法定代表人签字，因而需要结合被告在其他合同里的签署惯例来进行审核，判断是否符合一贯的签署惯例。最后，既然是为了审查签署时间，那么考虑到被告作为正规的房地产开发国有企业，应当存在完善的合同签字盖章审批流程，故在整个流程中对于盖章的申请、批准和用印都应当存有完整的痕迹链条。应当结合相关的盖章审批材料进行审查，确定该合同的盖章时间和手续，从而确定该合同是否被有效签署及确定其生效时间。

3. 证人证言

证人证言是指了解案情的人向法院作证的过程中所表达的言论。证人只能就其耳闻目睹的事情作出证言，不得发表主观意见。对于证人证言的审查判断着重于证言是否真实以及证言对于案件事实所起到的影响两个方面。

为了了解证人证言是否真实，需要考虑：一是证人本身的情况，如证人是否具有知道案件事实的可能性，这是证人进行作证的前提，以及证人是否具有辨别能力和表达能力，是否具有与所作出的证言相匹配的年龄和认知能力；二是证人与当事人之间的关联，如证人是否也是案件的当事人或其他诉讼参与人，或者与当事人一方是否存在利益关系，从而影响证言的可信性和中立性；三是审查判断证人证言形成过程中是否存在影响证言真实性的其他因素，如环境因素、自然条件、证人的精神状态等因素。

如果证人证言是真实的，我们还应当进一步去考虑证言的内容和案件事实的关联。那些和案件事实联系不强的证言即便叙述了客观真实的事件，对于案件本身的证明来说，也并没有多大的意义。同时，要进一步考虑证人证言和其他证据之间是否存在相互矛盾的地方，从而进一步确定该证人证言对于涉案事实的影响。①

4. 当事人陈述

当事人陈述包括民事诉讼、行政诉讼中的当事人陈述，以及刑事诉讼中的被害人陈述、被告人供述和辩解。但是，在证据的审查和判断的方法上，这些当事人陈述其实在本质上与证人证言并没有区别，其证明力大小也依赖于裁判者的判断。

对于当事人陈述的审查判断与证人证言的审查判断的方法有较大的相似性，我们不仅需要从作出供述的当事人本身的情况进行考虑，如当事人在案件事实中所存在的利益冲突、动机是否使当事人存在不实供述的可能性；也要考虑供述内容在逻辑性、合理性上是否能够自圆其说，前后是否存在不一致的情形，或者是否有悖常理；同时要考虑当事人陈述的情景，是否存在他人指使、挑拨、撺掇、胁迫等情形，陈述的内容是否是当事人自发进行，是否存在和真实意思不一致的

---

① 最高人民法院、最高人民检察院、公安部、国家安全部、司法部《关于办理死刑案件审查判断证据若干问题的规定》第11条规定，对证人证言应当着重审查以下内容：(1) 证言的内容是否为证人直接感知。(2) 证人作证时的年龄、认知水平、记忆能力和表达能力，生理上和精神上的状态是否影响作证。(3) 证人与案件当事人、案件处理结果有无利害关系。(4) 证言的取得程序、方式是否符合法律及有关规定；有无使用暴力、威胁、引诱、欺骗以及其他非法手段取证的情形；有无违反询问证人应当个别进行的规定；笔录是否经证人核对确认并签名（盖章）、捺指印；询问未成年人，是否通知了其法定代理人到场，其法定代理人是否在场等。(5) 证人证言之间以及与其他证据之间能否相互印证，有无矛盾。

可能性；最后，还需要与其他证据，如现场的勘验笔录等联系起来，看看是否存在相互矛盾的地方，是否能够交互印证。

刑事案件中对被告人供述和辩解应当着重审查以下内容：（1）讯问的时间、地点，讯问人的身份、人数以及讯问方式等是否符合法律有关规定。（2）讯问笔录的制作、修改是否符合法律有关规定，是否注明讯问的具体起止时间和地点，首次讯问时是否告知被告人相关权利和法律规定，被告人是否核对确认。（3）被告人的供述有无以刑讯逼供等非法方法收集的情形。（4）被告人的供述是否前后一致，有无反复情形，以及如有反复情形，分析出现反复的原因；被告人的所有供述和辩解是否均已随案移送。（5）被告人辩解的内容是否符合案情和常理，以及有无矛盾。（6）被告人的供述和辩解与同案被告人的供述和辩解以及其他证据能否相互印证，有无矛盾。

5. 鉴定意见

鉴定意见是具有专业知识的鉴定人接受司法机关的委托对案件中的专门问题进行检验和推论后提供的个人意见。[①] 鉴定意见在生成的过程中，其可靠性不可避免地受到检材的质量、数量和性状，鉴定人业务水平、专业经验、职业道德、认知能力和心理状态，以及科学仪器和设备的水平与状况等诸多因素的影响。对鉴定意见应当着重审查以下内容：（1）鉴定意见与案件待证事实有无关联性；（2）鉴定机构是否具有法定的资质，鉴定事项是否超出该鉴定机构业务范围、技术条件；（3）鉴定人是否具备法定资质，是否具有相关专业技术或者职称，是否存在应当回避的情形；（4）检材的来源、取得、保管、送检是否符合法律有关规定，与相关提取笔录、扣押物品清单等记载的内容是否相符，检材是否充足、可靠，鉴定对象与送检材料、样本是否一致；（5）鉴定程序是否符合法律有关规定；（6）鉴定的过程和方法是否符合相关专业的规范要求，是否符合有关鉴定规定标准；（7）鉴定意见是否明确，鉴定意见的形式要件是否完备，是否注明提起鉴定的事由、鉴定委托人、鉴定机构、鉴定要求、鉴定过程、鉴定方法、鉴定日期等相关内容，是否由鉴定机构加盖司法鉴定专用章并由鉴定人签名、盖章；

---

① 我国的鉴定意见类似于英美法国家的科学证据或专家意见。关于科学证据，参见张南宁. 科学证据基本问题研究. 北京：中国政法大学出版社，2013。Douglas Wlton & Nanning Zhang. The Epistemology of Scientific Evidence. Artificial Intelligence and Law, 2013：21 (2)，173 - 219. 关于专家意见，see Douglas Wlton & Nanning Zhang. An Argumentation Interface for Expert Opinion Evidence. Ratio Juris, Vol. 29, 2016：59 - 82。

(8) 鉴定意见与勘验、检查笔录及相关照片等其他证据是否矛盾；(9) 鉴定意见是否依法及时告知相关人员，当事人对鉴定意见有无异议。其中，重点审查进行鉴定的原始材料是否充分可靠，审查鉴定的方法是否科学，以及用以鉴定的设备、设施是否足够完善。当然，鉴定本身具有较高的专业门槛。外行可能对直接评价鉴定方法的科学性存在困难，但是可以借助相关的法定标准和行业标准来进行辅助判断，确定鉴定人在鉴定过程中是否达到了相应的标准和要求。另外，还要审查鉴定进行时是否受外界条件的影响，这种影响不仅包括对鉴定人员的影响，还包括对鉴定结果的影响。

由于鉴定一般都具有较强的专业性，公安、司法人员一般很难对鉴定本身的专业性进行审查判断，因此，我们可以将鉴定意见与案件的其他证据联系起来进行分析比对，这样可以从外部对鉴定意见进行判断。特别是，可以通过鉴定所依据的原始材料的特性和状态来判断原始材料是否对鉴定结论产生影响，从而确定鉴定结论是否可靠。请看案例1.4。

【案例1.4】　　周某诉路桥集团财产损害赔偿纠纷案

2016年，路桥建设集团有限公司（以下简称"路桥集团"）承建了绕城高速公路，并设立了路桥建设集团有限公司绕城高速公路项目部（以下简称"项目部"）负责该公路的建设工程。周某的房屋正位于拟建设的绕城高速附近，最近处离绕城高速仅18米远。2016年3月，项目部在周某房屋周围施工。在修建桥墩时，由于当地地质条件的特殊性，对桥墩的施工需要用炸药连续爆破。项目部在爆破施工过程中，对周某的房屋造成了轻微的毁坏。双方对房屋毁坏的赔偿问题协商未果。

周某将路桥集团及项目部诉至法院，要求赔偿房屋损失款150 000元，但未提供有效的证据证明。路桥集团在一审中委托了房屋鉴定公司做了房屋安全鉴定报告以及价格评估报告。房屋安全鉴定报告显示：(1) 周某房屋受损原因是自身房屋质量问题；(2) 周某房屋在路桥集团项目部施工前存在损毁；(3) 路桥集团、项目部的行为对房屋的损毁只起了较小的作用；(4) 周某的房屋没有造成不可修复的永久性损坏。价格评估报告显示：周某房屋恢复费用为18 000元。一审法院遂按照上述报告判处路桥集团及项目部赔偿18 000元。

周某不服一审判决，上诉至二审法院。周某以路桥集团提交一审法院的鉴定报告系单方委托鉴定为由，要求重新鉴定。但由于鉴定费用昂贵，周某撤回了对损害房屋的安全鉴定，仅针对房屋受损程度及修复费用进行鉴定。2018年4月9

日，鉴定机构通过现场勘验，作出鉴定意见：(1) 根据《民用建筑可靠性鉴定标准（GB50292—2015）》的规定，涉案房屋安全等级评定为 Bsu 级；(2) 根据修复处理方案，涉案房屋修复费用为 40 760.67 元。

路桥集团及项目部对鉴定书提出异议，称二审鉴定时只能针对房屋安全的现状进行鉴定，不能反映原始安全等级，且相关修复费用为整体受损费用，无法明确因爆破引起的损害修复费用。鉴定机构向二审法院回复：(1) ……鉴定中心也无法完全区分不同原因产生的裂缝的修复费用。法院在判决时，可参照鉴定报告中的原因分析，划分责任比例。(2) ……鉴定机构只会就现场勘验当时的状况对房屋安全等级进行评价，而不会对所勘验房屋的原始安全等级作出评价。

6. 勘验、检查、辨认、侦查实验等笔录

勘验、检查笔录是司法机关公务人员对与案件有关的场所、物品、人身、尸体的状况进行勘验、检查所制作的实况书面记录，其以文字记载为主，但往往还包括绘图、照片、录音、录像、模型等。勘验、检查笔录存在瑕疵的，如果可以作出合理的解释说明，则依然可被采纳，并作为定案依据，但应结合案件其他证据，严格审查其真实性和关联性，考量其证明力。从证据规则进一步完善的角度看，勘验、检查笔录的审查只有经过庭审程序，由勘验人、检查者作为辨认鉴真证人出庭作证，对勘验、检查笔录进行辨认鉴真，审判人员才能对其可靠性作出判断。对勘验、检查笔录应当着重审查以下内容：(1) 勘验、检查是否依法进行，笔录的制作是否符合法律有关规定，勘验、检查人员和见证人是否签名或者盖章。(2) 勘验、检查笔录是否记录了提起勘验、检查的事由，勘验、检查的时间、地点，在场人员、现场方位、周围环境，现场的物品、人身、尸体等的位置、特征等情况，以及勘验、检查、搜查的过程；文字记录与实物或者绘图、照片、录像是否相符；现场、物品、痕迹等是否伪造、有无破坏；人身特征、伤害情况、生理状态有无伪装或者变化等。(3) 补充进行勘验、检查的，是否说明了再次勘验、检查的缘由，前后勘验、检查的情况是否矛盾。(4) 勘验、检查笔录中记载的情况与其他证据能否相印证，有无矛盾。勘验、检查笔录是否存在勘验、检查没有见证人，勘验、检查人员和见证人没有签名、盖章，勘验、检查人员违反回避规定等情形。对此，应当结合案件其他证据，审查其关联性和真实性。

辨认或指认，是确定人物和物体、文件等实物证据同一性的证明活动。辨认人以自己的亲身经历来指认犯罪嫌疑人、辨认物品等对象。对辨认笔录应当着重审查辨认的过程、方法，以及辨认笔录的制作是否符合有关法律规定。辨认笔录具有下列情形之一的，不得作为定案的根据：（1）辨认不是在至少两位侦查人员主持下进行的；（2）辨认前使辨认人见到辨认对象的；（3）辨认活动没有个别进行的；（4）辨认对象没有混杂在具有类似特征的其他对象中，或供辨认的对象数量不符合规定的；（5）辨认中给辨认人明显暗示或明显有指认嫌疑的；（6）违反有关规定、不能确定辨认笔录真实性的其他情形。

现场笔录是行政诉讼中的一种特有的证据形式，是指国家行政机关及其工作人员在进行当场处罚或其他紧急处理时，对有关事项当场所作的记录。现场笔录常被行政机关（被告）用于在行政诉讼中证明自己所作行政行为的合法性。在行政诉讼中，被告向人民法院提供现场笔录，人民法院应当审查现场笔录是否记载如下事项：（1）时间、地点和事件等内容。（2）执法人员和当事人的签名。当事人拒绝签名或者不能签名的，应当注明原因。有其他人在现场的，可由其他人签名。

7. 视听资料

视听资料是以特定载体储存图像、声音来证明相关事实的材料，常见的有录音、录像等。视听资料因为载体特殊，储存方式也具有一定的特殊性，所以在审查判断时需要采取一些特殊的方式。对视听资料应当着重审查以下内容：（1）内容与案件事实有无关联性。（2）是否附有提取过程的说明，来源是否合法。（3）是否为原件，有无复制及复制份数；是复制件的，是否附有无法调取原件的原因，复制件制作过程和原件存放地点的说明，制作人、原视听资料持有人是否签名或者盖章。（4）制作过程中是否存在威胁、引诱当事人等违反法律有关规定的情形。（5）是否写明制作人、持有人的身份，是否载明制作的时间、地点、条件和方法。（6）内容和制作过程是否真实，有无剪辑、增加、删改等情形。对视听资料有疑问的，应当进行鉴定。我们还可以从视听资料与案件的其他证据有无矛盾或者关联性来判断视听资料是否真实可靠。

8. 电子数据

对于电子邮件、电子数据交换、网络聊天记录、网络博客、手机短信、电子签名、域名等电子数据，应当主要审查以下内容：（1）电子数据与案件事实有无关联性。（2）是否随原始存储介质移送；在原始存储介质无法封存、不便移动或者依法应当由有关部门保管、处理、返还时，提取、复制电子数据是否由二人以上进行，是否足以保证电子数据的完整性，有无提取、复制过程及原始存储介质存放地点的文字说明和签名。（3）制作、储存、传递、获得、收集、出示等程序和环节是否符合法律规定及有关技术规范；对制作、取得的时间、地点、方式等有疑问，不能提供必要证明或者作出合理解释的，不得作为定案的根据。（4）电子数据内容是否真实，有无删除、修改、增加等情形。（5）与案件事实有关联的电子数据是否全面收集。如果对电子数据有疑问的，应当进行鉴定或者检验。

**【案例 1.5】　　　　　周某涉嫌诈骗、敲诈勒索、
　　　　　　　　　　强制猥亵、强迫卖淫、介绍卖淫案**

2018 年 8 月，周某与贺某、张某等人成立和成公司，开展手机租赁业务。因手机租赁业务业绩惨淡，和成公司开始以发放贷款年利。和成公司发放贷款的主要群体是在夜场工作的年轻女性，其利用收取"砍头息""违约金"的方式收取高额的利息。如果借款人无力偿还贷款，周某等人就会采取胁迫的方式迫使借款人还款，甚至通过介绍借款人卖淫赚钱来使借款人还款。

2018 年 9 月，同样从事发放高利贷业务的朱某生团伙解散了。因朱某生与贺某是亲戚关系，所以在贺某介绍下，10 月份朱某生团伙加入了和成公司，共同实施放贷业务。对于在加入之前朱某生团伙未收回的高利贷，加入之后朱某生等人还在继续收取。

公安机关以涉嫌诈骗、敲诈勒索、强制猥亵、强迫卖淫、介绍卖淫罪为由将上述人员抓捕归案，并就发放贷款的金额委托会计师事务所对资金流向和金额出具了司法会计检验报告书，将团伙成员的微信汇款记录进行检验，将和成公司开始从事放贷后，团队成员的微信还款金额作为周某等人的犯罪金额。但是，该司法会计检验报告书没有盖章，也没有鉴定人员的签字。

在本案中，司法会计检验报告的合法性、相关性以及关联性存疑。第一，该报告没有盖章也没有签字，不符合鉴定报告的合法性要求。第二，该报告仅仅是统计了微信上的资金往来，没有区分和成公司的所得与朱某生等人在加入和成公司前对外放贷的后续还款。第三，该鉴定意见仅鉴定了各犯罪嫌疑人手机中反映的微信转账情况，对于每一笔转账是否对应相应的高利放贷行为没有进行鉴定，因此，不能作为周某等人构成犯罪的证据。

四、关于证据审查判断范围的反思

证据的审查和判断是事实认定者认证的一个必不可少的阶段。但是我国学术界对证据审查判断的范围众说纷纭,莫衷一是,举例如下。

第一,有些学者认为对证据证明力的审查评断主要包括两方面的内容:其一是审查证据的真实性;其二是评断证据的证明价值。其中,真实性又可从证据来源的可靠性、证据内容的可信度两个方面来评判。[1] 这种理解同我国现行诉讼法的规定实际上是一致的。按照三大诉讼法的有关条款,法院作出肯定性判决的条件之一是"证据确实、充分",也就是说,只有案件中的证据具有确实性、充分性,才能作出肯定性判决。据此可以抽象出,我国现行法律规定的证据证明力标准为确实性标准与充分性标准,也就是要审查证据真实性如何和证据证明价值大小。但这种观点把真实性和证明价值置于证明力之下,显然是有问题的。

第二,有学者把证据的客观真实性、关联性、合法性作为个别证据审查判断的标准,而把证据审查判断的内容界定为证据的确实性、充分性和合法性。[2] 这种观点忽略了证明价值在核心意义上就是证明力而真实性实际上是证据能力的问题。

第三,有学者认为,审查判断证据的任务就是要分析、研究证据是否具有证据能力、关联性和证明力的大小。但是在分述中把证据审查判断的任务分为审查判断证据的真实性、关联性和合法性三个方面,没有体现证明力大小的问题。[3]

第四,张保生教授认为,证据审查判断的内容应该包括证据的相关性、证据的可采性或证据能力以及证据的证明力三个方面。其中,相关性既影响可采性,又影响证明力。影响可采性的其他因素还包括真实性和合法性;影响证明力的其他因素还包括证据内容的可信度和证据的充分性。如果把相关性融入证据能力和证明力中,那么,证据审查判断的内容就是证据能力和证明力两个方面。证据能力从形式上解决证据资格问题,证明力则从实质上解决证据有无价值以及有多大价值的问题。[4] 但值得注意的是,有证据能力的证据不一定有证明力,如出于被

---

[1] 何家弘,刘品新. 证据法学. 2版. 北京:法律出版社,2007:381-386.
[2] 樊崇义. 证据法学. 4版. 北京:法律出版社,2008:322-331.
[3] 卞建林. 证据法学. 2版. 北京:中国政法大学出版社,2007:328-332.
[4] 张保生. 证据法学. 2版. 北京:中国政法大学出版社,2014:18-29.

告人自由意志的虚假口供；而无证据能力的证据可能具有证明力，如运用刑讯逼供方法获得的真实口供。所以，作为定案根据的证据必须既有证据能力，又有证明力，并且在审查判断证据时，一般应当首先审查证据有无证据能力，然后再对确认有证据能力的证据的证明力进行判断。

第二章 事实及其认定的模式与方法

第一节 事　　实

　　我们在日常生活中经常使用"事实"概念，但若追问什么是事实，这个问题就不那么好回答了。哲学大师罗素也承认："严格地说，事实是不能定义的"[①]。事实之所以不能被定义或难以被定义，是因为这个概念具有多义性。例如，《布莱克法律辞典》对事实有三种解释："1. 某种实际存在的东西，现实的某个方面（所有的人都属于人类是一个事实）。2. 一个实际的或据称的事件或环境，区别于其法律效果、后果或解释（陪审团作出事实认定）。3. 一种邪恶行为，如一种犯罪。"那么，事实认定过程中的"事实"又是什么意思呢？我们先看一个案例。

【案例 2.1】　华兴建设公司诉东方置业建筑工程施工合同纠纷案

　　2012 年 12 月 14 日，湖南东方置业有限公司（以下简称"东方置业"）与县国税局职工代表（以下简称"业主方"）签订了"商品房定向开发协议"，东方置业承包了业主方的幸福小区项目。东方置业以招投标的方式确定为项目的建设方。2013 年 8 月 14 日，设计单位绘制了施工图纸。浙江华兴建设有限公司（以下简称"华兴建设"）根据施工图纸计算了工程投标预算和报价。2013 年 10 月 15 日湖南湖大工程咨询有限责任公司（以下简称"湖大工程咨询公司"）对旋挖桩图纸进行了审查。2013 年 10 月 17 日县住房和城乡建设局对旋挖桩图纸进行了备案。

---

① 维特根斯坦. 逻辑哲学论. 郭英，译，北京：商务印书馆，1962：6.

2013年10月25日，华兴建设中标。2013年10月26日，华兴建设与东方置业签订了"幸福小区建设工程施工合同"（以下简称"施工合同"），约定由华兴建设对幸福小区项目商业住宅楼1♯、2♯、3♯和连接地下车库以及商业部分、总建筑面积41 547.1平方米进行建设工程施工，采用包工包料、包工期等承包方式。施工合同第4条约定："由于发包人或业主提出的设计变更所发生的综合费用在20万元之内不予调整，超过20万元以上部分，按照超出部分作实际调整，设计变更单调整计算方式按照2006年消耗量定额的直接费用（人工和材料按照当月的信息价调整），结算时只计算规费和税金，由于承包人自行提出的设计经发包人/业主同意的设计变更单所产生的费用增减都在总包干价里面，发包人一概不负责，也不属于在20万元之内。"

2013年11月26日，东方置业从湖大工程咨询公司审图中心领取审核后的旋挖机图纸一套交给华兴建设施工，华兴建设遂进场施工。2013年12月5日，华兴建设向监理单位和东方置业出具"工作联系单"，提出由原来设计的旋挖桩基础改为预制管桩基础。2013年12月18日，设计单位向东方置业交付了9套修改后的图纸，但修改后的图纸的出图时间依旧为2013年8月14日。因设计变更导致钢筋水泥用量变化，双方协商未果，诉至法院。华兴建设称只存在2013年8月14日出具的预制管桩基础的设计图纸，不存在设计变更图纸，自身施工是按照东方置业的要求进行的，增加的钢筋水泥用量成本应当由东方置业承担。东方置业则称设计在华兴建设的要求下由旋挖桩基础变更为预制管桩基础，钢筋水泥用量增加依据合同应当由华兴建设自行承担。

【证据材料】

庭审中，关于上述争议事实，华兴建设提供了下列证据：

1. "幸福小区建设工程施工合同"。

2. 一份由设计公司出具的显示时间为2013年8月14日的预制管桩基础设计图。华兴建设称只存在一份设计图纸，依据该份图纸的日期也可以看出，预制管桩基础为最初设计。

东方置业提供了：

1. "招标文件"。"招标文件"商务部分中的"编制说明"第2条第1款载明："按照设计蓝图建筑、结构、给排水、暖通、电气设计图纸计算"。"中标通知书"载明："中标范围具体详见工程清单及设计施工图"。但是，东方置业已无法提供当时的设计图纸。华兴建设称是根据电子版图纸制定招标预算报价，没有设计图纸。

2.《湖南省房屋建筑和市政基础设施工程施工图设计文件审查报告》（编号：FW13051111），记载了湖大工程咨询公司在2013年10月12日至15日期间对涉案工程施工图进行了审核，其中在"政策性审查意见表"中明确记载基础形式为"旋挖机"。

3. 2013年10月17日县住房和城乡建设局出具的"湖南省房屋建筑和市政基础设施工程施工图设计文件审查备案表"，也明确记载基础形式为"旋挖机"。

4. 设计单位2016年2月29日出具的"情况说明"：2013年8月14日完成全套施工图纸设计，并交付了施工图纸。在进行桩机部分施工时，工程施工单位以原设计的"旋挖机"在施工过程中难度较大为由，提出将原来桩型改为"预应力管桩"，东方置业将该变更方案通知我公司后，我公司根据地勘报告，将桩机部分设计改为现在的"预应力管桩基础"。于2013年12月9日，重新出具了一份新的施工图纸，但由于公司设计人员疏忽的原因，未修改施工图纸时间，造成了新老两份图纸的出图时间均为2013年8月14日。

5. 湖大工程咨询公司2017年11月15日出具的"情况说明"：2013年8月14日的图纸中桩基础部分设计为"旋挖桩"，2013年12月设计全部变更为"预制管桩基础"。但新施工图纸中显示的时间并未做修改，仍显示为2013年8月14日。

6. 2013年12月5日华兴建设向监理单位和东方置业出具的"工作联系单"。"工作联系单"显示华兴建设提出建议将工程桩基分项由原来的旋挖桩基础改为预制管桩基础，东方置业同意了更改设计，落款为幸福小区工程资料专用章。

7. "文件资料交付登记表"记载，2013年11月26日东方置业接受了盖章图纸一套，2013年12月18日又接受了图纸9套。但是接受的图纸究竟是什么，东方置业无法提供原始的图纸文件。

【缺失证据】

根据上述证据，本案缺失的关键证据为：

1. 2013年8月14日设计公司出具的旋挖机设计图纸；
2. 东方置业将旋挖机设计图纸交付给华兴建设的交付证明。

一、事实的概念

事实（fact）来自拉丁语factum，表示已然之事。一般来说，事实是特定事物及其关系的真实存在。① 我国著名逻辑学家金岳霖先生在《知识论》中把"事实"界定为"接受了的或安排了的所与"②。简单地说，事实就是事物的真实情况或事物的实际情况。事实在不同的语境中有不同的含义，哲学本体论意义上的事实是指"脱离主观的客观存在"或"自在之物"。但认识论上的事实并不是指未被认识的"客观存在"的事实，而是被主体知觉到的经验的事实。因为孤立于人的认识之外的客观事物，没进入人的认识领域，那所以它只是纯粹的"自在之物"，不可能成为为认识主体所把握的事实。只有当客观存在的事物、现象呈现在我们的感官之前、为概念所接受，并由主体作出判断的时候，我们才可以说是知觉到了一个事实。因此，事实是人对呈现于感官之前的事物或其情况的一种判断，是关于事物（及其情况）的一种经验知识，亦是关于客观事物的某种判断的内容，而不是客观事物本身。③

事实与事情是有区别的。"事情"既可以就事情的发生、演变、结束来指一件事情，也可以就事情已经完成来指一件事情，而"事实"却只能就事情的确发生了，现成摆在那里来指一件事情。④ 也就是说，只有当尘埃落定，事情已经摆在那里时，才有事实。因而事情是有时态的，而事实却没有。我国学者陈嘉映提出了一个区别事情与事实的办法，就是看从事情和事实中各能"引出"些什么。⑤ 任何一个事实之所以为事实，就在于人们在感性经验（过去或现在的）中接触到该事物并知觉到该事物具有某些性质或关系，继而对这些性质或关系进行断定。在案例2.1中，一个争议的事实是东方置业是否曾交付给华兴建设包含旋挖桩的施工图纸。这一事情已经发生，但事实如何，除知情人之外，没有其他人知道。知情人士知道事实的真相源于他们对事情的感知，其他人只能通过知情人士和其他证据材料来判断当时的事实是什么。但是，这种判断不一定与当时的事实相符。

---

① Black's Law Dictionary. 8th edition. Thomson West，2004：628.
② 金岳霖. 知识论. 北京：商务印书馆，1983：738.
③ 彭漪涟. 事实论. 上海：上海社会科学院出版社，1996：4.
④ 陈嘉映. 事物，事实，论证//赵汀阳. 论证. 沈阳：辽海出版社，1999：4.
⑤ 陈嘉映提出，要看清事情和事实的区别，最好的办法是看一看从事情和事实各能"引出"些什么。他骗走了她的钱。（接着这件事情发生的事情是）她到处找她的钱，她伤心得不得了，她立刻报了案，他大把大把花钱，他从此不敢再见她，他居然还有脸来向她求欢，等等。他骗走了她的钱。（从这个事实可以推断，这个事实说明）他是个骗子，他应该归还这笔钱，她可以控告他，她是个容易上当的人，他今后一定不敢再来见她，等等。陈嘉映. 事物，事实，论证//赵汀阳. 论证. 沈阳：辽海出版社，1999：4.

二、事实的基本特征

根据以上我们对事实的界定,可以看出,事实至少具有真实性和经验性两个基本特征。

(一) 真实性

真实性是事实的本质特征。事实的真实性源于主体对客观的"自在之物"的正确感知。事实的内容是指事物具有的某种性质或某些事物具有的某种关系。它是不依赖于人们对其存在是否有意识、是否有意愿以及是否有感觉和知觉而客观如此的,这说明事实具有可靠性、稳定性和永真性。可靠性源自事实内容的客观性。稳定性表现在一种事实一旦被主体所知觉,事实本身就不能被更改。如果事实本身发生了更改,那就等于产生了新的事实,而原来的事实仍然保持原貌。事实的永真性说明事情一旦成为事实,它就是真的,不可能是假的,而且这种真实性是保持不变的。作为感性显现而被知觉的事物的事实,只能是已经存在或存而不在的,不可能既不"存",也不"在"。事实只能是实然的,也就是说,事实都是存在的。或者过去存在,或者现在存在,没有什么"不存在"的事实。"不存在的事实"本身就蕴含着矛盾:不存在的事实何以被称为事实?也不存在什么"负事实"(当然也就不存在"正事实"了)。[1] 一个命题即使是否定命题,陈述的也是事实。一个真的负命题或否定命题,它之所以能陈述一个事实,乃是通过对其相应的假的肯定命题的否定而实现的。[2] 如"甲不在案发现场"这一否定命题就陈述了甲不在案发现场这样一个事实。但是,法律中推定的事实不是纯粹意义上的事实,而是一种法律上的拟制,是一种基于某事物状态不确定而形成的经验和法律上的解决方案。例如刑法对"巨额财产来源不明"的处理。

事实总是发生于一定的时间和空间。在空间维度上,任何事实都发生于一定的地点,没有发生地点的事实是不存在的。在时间维度上,事实只有过去时和现在时,没有未来时。从过去时说,事实是实际存在过的,或者是已经发生过的事情或事件,这称为历史事实。从现在时说,事实还包括正在发生的事情或事件。

---

[1] 维特根斯坦曾认为事实有正负之分(维特根斯坦. 逻辑哲学论. 北京:北京大学出版社,1988:91)。根据我们前面对事实概念的分析,维特根斯坦的"正负事实"观显然是错误的。对于这一观点的批判,详见彭漪涟. 事实论. 上海:上海社会科学院出版社,1996:158-167。

[2] 彭漪涟. 事实论. 上海:上海社会科学院出版社,1996:165.

威格莫尔说："事实是指（目前）发生或存在的任何行为或事态。"[1] 只有发生过的事情和正在发生的事情才是真实的。将来的事情，只是一种可能性，因而不是事实。例如，如果只有犯罪动机或犯罪可能，而没有犯罪行为，那就不是犯罪事实。在我们所举的案例2.1中，设计公司出具过两张不同的设计图纸，这就只是一种可能性，因其缺乏真实性而不是事实。因此，对未来事态的预测或动机的判断，也只是一种关于可能性的判断，而不是对事实的判断。

（二）经验性

事实之所以是事实，是因为它是对某事物具备某种性质或某些事物存在某种关系的一种基于感性经验的断定和把握，也就是对它们的一种直接的、经验的认识。所以，一切事实在本质上都是经验事实[2]，不存在任何离开人的经验而纯粹自在的所谓"自在事实"。而就事物的情况即使不为人所感知、不为主体概念所接受并从而由主体作出判断，它也客观存在着这一点而言，事实具有客观的性质；而就事物的情况只有为主体的概念所接受并由其作出断定才算是陈述和确立了一个事实而言，事实又有主观的性质。[3] 但我们不能由此而认为存在主观上的事实，即使是法律中的主观故意或过失，也不是主观事实。故意或过失的内心状态也是作为一种客观对象而存在的。

让我们看案例2.1中的事实：承包和承建的事实发生于业主方、东方置业与华兴建设之间，各方对该项事实有清楚而明确的认知，并且签订了相应的文书予以确认。上述事实，不是存在于人的意识之外的"自在之物"，也不是纯粹的客观存在，而是进入人的认识视野、能够被人的感官和思维所把握的"为我之物"或经验事实。人们只有确实认识到某件事情真实存在，才能说自己"知道"其实际存在。认识主体只有对感知对象加以经验把握，才能证明"实有其事"。所以，事实乃是呈现于感官之前的事物（及其情况）为概念所接受，并由主体作出判断而被知觉到的。[4]

---

[1] John H. Wigmore. A Students' Textbook of the Law of Evidence. The Foundation Press，1935：7. Black's Law Dictionary. seventh edition. Bryan A. Garner editor in chief，1999：610.

[2] 黑格尔曾认为，"法律的普遍规范是通过诉讼中的个案来实现的。并且这种个案中的特别事件必须是某种确定的事件。诉讼证明或诉讼上的认识的对象是经验事实，诉讼证明或诉讼上的认识是对经验内容的证明或认识"（黑格尔．法哲学原理．贺麟，译．北京：商务印书馆，1961：234）。

[3] 彭漪涟．事实论．上海：上海社会科学院出版社，1996：135.

[4] 彭漪涟．事实论．上海：上海社会科学院出版社，1996：6.

三、事实的类型

（一）客观真实与法律真实

法学界对案件事实的分类也有许多标准。例如，有人分析了客观事实、主观事实和法律事实的关系，其认为，在诉讼过程中存在三种事实样态，即客观事实、主观事实和法律上的事实。客观事实是发生在过去的事实，具有不可回复性；主观事实是发生在诉讼参加人头脑中的事实，具有多变性；法律上的事实是通过诉讼程序最终认定的事实，具有"合理的可接受性"。德国学者拉伦茨（Karl Larenz）将事实分为"事实上发生的案件事实"和"作为陈述的案件事实"。在他看来，作为陈述的案件事实之终局形成，取决于可能适用于该事件之法规范的选择，而这项选择却又一方面取决于判断者已知的情境，另一方面取决于他们对于案件事实所属的规范整体之认识如何。的确，法庭认定的事实不是一般的事实，而是对案件裁判有法律意义的事实，但是本书认为，这些事实的认定并不必须要求以选择法律为基础，因为案件事实认定活动无论是在程序上还是在性质上都与科学事实发现活动有很大的区别，其实质仍然是一种人类对客观世界的认识活动。在20世纪90年代，学术界产生过一场对客观真实与法律真实的激烈讨论。客观真实说主张司法活动中人们对案件事实的认识完全符合客观的实际情况。它要求法官的裁判建立在绝对真实的基础之上，即要符合客观实际情况。绝对的客观真实把诉讼活动中的事实认知与马克思主义的可知论相联系，认为可知论为客观真实标准提供了论证；而将相对真实与不可知论相联系，并认为相对真实容易陷入不可知论。

由于法律上对事实的理解主要是把它看成由证据直接或间接证明了的事情，因而从这个角度来说，法律事实并非自然生成的，而是人为造成的。它们是根据证据法规则、法庭规则、判例汇编传统、辩护技巧、法官雄辩能力以及法律教育成规等诸如此类的事物而构设出来的，总之，是社会的产物。因此，与客观真实相竞争的法律真实认为，司法裁判的事实认定是在证据的基础上进行的，由于信息的流失和主体认知的局限，人类的认识能力决定了我们无法达到客观实际的标准，也不可能达到客观真实的程度，只能符合法律所规定或认可的真实，这是法律意义上的真实。由于客观世界的复杂性、时间的不可逆性和人类理性的有限性，我们无法保证诉讼中发现的真实是一种绝对的真实。对于绝对真实的确定是超出我们的理性范围的。因此，在法律真实理论下所发现的真实是在现有的条件和认识水平上的真实，是一种相对真实。法律真实不仅仅要求法官认定事实要符合法律规定，更重要的是，要尽可能发现事件的真相。法律真实拒绝法官在还有条件更进一步查清案件事实的情况下，屈于效率的压力而放弃对事实真相的探询。

（二）事实的种类

从事实认定的角度，我们可以区分证据性事实、基础事实、推断性事实、待证事实和争议事实。

（1）证据性事实。西方证据法理论把用于证明争议事实或待证事实的证据称为"证据性事实"（evidentiary fact）。证据性事实有两个含义：其一是"一个必要的或导致最终事实确定的事实"。其二是"为证明其他事实存在而提供证据的事实"[1]。证据性事实又称为"证据中的事实"（fact in evidence），是指"法庭在得出结论过程中考量的事实；这一事实在庭审或审判中已被采纳为证据"[2]。可见，证据性事实是由证据提出者所提供的事实主张，是在法庭上向事实认定者提供的证据。[3] 证据性事实与待证事实的关系，是证明依据与证明对象的关系。在审判过程中，事实认定者凭借证据性事实来证明待证事实的过程是一个推论过程。按照《布莱克法律辞典》的解释，证据性事实是"导致最终事实的确定或确定最终事实所必需的事实"，属于断定事实一定发生的必然命题，但它不是事实，而是关于事实的主张。[4]

（2）基础事实。与证据性事实紧密相关的一个概念就是"基础事实"（foundation facts）。按照《布莱克法律辞典》的解释，基础事实是："1. 得出推定或推论的事实。2. 证据规则的运作所必需的事实。比如，对共谋者适用传闻规则

---

[1] Black's Law Dictionary. 8th edition. Thomson West，2004：628.
[2] Black's Law Dictionary. 8th edition. Thomson West，2004：628.
[3] 罗纳德·J. 艾伦，等. 证据法：文本、问题和案例. 张保生，王进喜，赵滢，译. 满运龙，校. 北京：高等教育出版社，2006：149.
[4] 张保生. 证据法学. 北京：中国政法大学出版社，2009：8.

所必需实际上存在共谋。"① 可见，基础事实的第一个含义是指得出推定事实的基础事实，或者得出推论事实的证据性事实。推定是指在基础事实与假定事实之间创设某种法律关系。第二个含义则是指基础铺垫要求，例如，在适用传闻证据规则的情况下，证据提出者提出庭外陈述证据，如果对方以传闻为由提出异议，法官为了对该异议作出裁定，必须根据传闻规则要求证据提出者承担提出基础铺垫性证据的责任，这包括：陈述人是谁，陈述的内容是什么，或作出该传闻陈述的庭外环境如何。展示件的提出者必须提供基础事实，以满足鉴真和辨认标准。这意味着证据提出者必须提供能够就这些基础事实作证的证人，即基础证人（foundation witness）。②

（3）推断性事实。从逻辑推理的角度来说，还有一种事实叫"推断性事实"（inferential fact）。《布莱克法律辞典》对推断性事实的解释是："由其他证据得出的结论而确定的事实，而不是从直接证言或证据而得到的事实；合乎逻辑地来自其他事实的事实"。推断性事实属于断定事物可能发生的可能命题，它有真假之分，需要通过质证来辨别真伪。《牛津法律大辞典》对推断性事实的解释是："有关事实的事项或者事实问题是与调查相关的过去某个时间存在过的人或事，或者事态，或者从行为或事件推导而来的能为感官所查明的问题。因此，有关事实的事项包括：1）时间、地点、天气、光线、速度、颜色、人物身份、所说、所做、所闻等等；2）推断的事实，如行为人的意图、精神状态、心情、知识等等有关事实的事项。遇当事人否认时，事实问题须经证人、专家或由文书、录音带、报告等提供合法、相关之证据予以查明。"③

（4）待证事实。证据理论把争议双方所主张的有待证明的事实称为待证事实（probandum）。待证事实又称证明对象，是指对诉讼请求的成立或者裁判的作出具有法律意义，从而需要应用证据加以证明的法定要件事实。④ 待证事实或要件事实具有两个特点：其一，它是对争端的法律解决至关重要的、实质性的事实主张，它能够通过推论与适用于本案的实体法要件之一联系起来。其二，它不是由

---

① Black's Law Dictionary. 8th edition. Thomson West，2004：629.
② 罗纳德·J.艾伦，等.证据法：文本、问题和案例.张保生，王进喜，赵滢，译.满运龙，校.北京：高等教育出版社，2006：505.
③ 戴维·M.沃克.牛津法律大词典.李双元，等译.北京：法律出版社，2003：411-412.
④ 卞建林.证据法学.北京：中国政法大学出版社，2005：382.

控辩双方所提供的，而是事实认定者可以根据推论决定予以相信的事实。[1]

(5) 争议事实。争议事实 (fact in issue) 一般是指引起诉讼的事实。它包括与争议标的相关的所有事实。按照《布莱克法律辞典》的解释，争议事实是"原告主张而被告反驳的事实"。争议事实一般通过控辩双方的举证而清楚地显示出来，通过质证而得到澄清，最后由事实裁判者认定。威格莫尔说："争议事实是法庭必须根据有关该案件的法律而被说服的事实。"[2] 如在案例 2.1 中，争议的事实就是究竟是否在合同签订阶段存在旋挖机的设计图纸并被交付给了华兴建设。

四、案件事实的结构

罗素在《逻辑哲学论·导论》中指出："事实可以包含本身是事实的种种部分，也可以不包含这样的部分。"一般情况下，在一个具体案件中，案件事实由许多个被确认的子事实组成，也就是说，案件事实的确认是通过其子事实的确认实现的。用于确认子事实的最基本的原子事实，我们把它称作证据集，它的元素在某种意义上也属于事实，而把中间的子事实称为证据性事实。

案件事实又称待证事实。在法律上，一个假设是一个待证明的主张（待证事实）。在一个论证中，待证事实发生于几个不同的层级。一个待证事实总是一个在原则上可以被证明为正确或错误的主张。这样，案件事实的层级就被细分为最终待证事实、次终待证事实、中间待证事实 (interim *probanda*) 和证据（如图 2-1 所示）。[3]

最终待证事实是案件中存在争议的主要或基本待证事实。最终待证事实是司法三段论中的小前提。例如，在民事案件中，最终待证事实由最终事实构成，即原告为了胜诉必须主张和证明的事实。最终待证事实可以是一个简单命题，也可以（通常）是一个能被分解为简单命题的复杂命题。为了能够证明最终待证事实，每个简单命题都需要得到证明。这些简单命题被称为次终待证事实。这些次终待证事实是关键事实 (the material facts)。法律对证明某个最终待证事实所必需的关键事实、具体主张或要素的界定，在法律领域是独一无二的。能够证明次

---

[1] 罗纳德·J. 艾伦，等. 证据法：文本、问题和案例. 张保生，王进喜，赵滢，译. 满运龙，校. 北京：高等教育出版社，2006：149-150.

[2] John H. Wigmore. A Students' Textbook of the Law of Evidence. The Foundation Press, 1935：7. Black's Law Dictionary. seventh edition. Bryan A. Garner Editor in Chief, 1999：610.

[3] 安德森，等. 证据分析. 张保生，等译. 北京：中国人民大学出版社，2012：80-81.

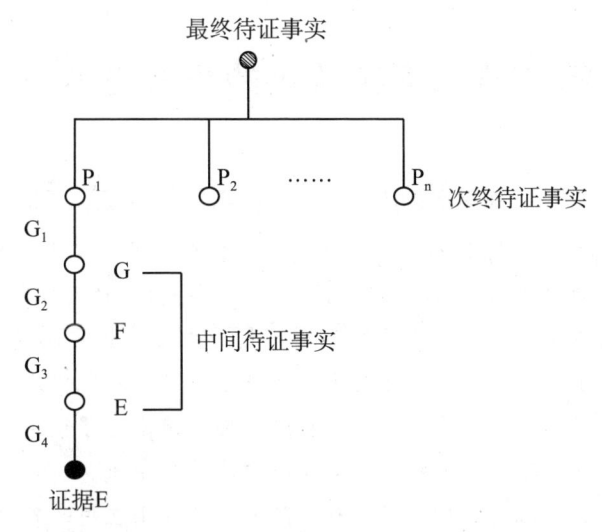

图 2-1

终待证事实的各层命题叫中间待证事实。用于证明中间待证事实的最简单的命题就是证据。

在案例 2.1 中，作为东方置业一方，其主张即原来的设计图纸是旋挖桩设计图纸，是由华兴建设提出了修改意见后才变为了预制管桩设计图纸的。这个主张是否能够成立，取决于是否存在旋挖桩设计图纸并且交付给了华兴建设的事实支持，即案件的最终待证事实就是存在最初的旋挖桩设计图纸并且该设计图纸被交付给了华兴建设。为了进一步证明最终待证事实，我们可以将其分解为下述次终待证事实：(1) 设计院进行了旋挖桩的设计；(2) 该图纸交付给了华兴建设；(3) 华兴建设提出过修改申请；(4) 设计院进行了预制管桩的设计。

其中，(1) 中的事实可以用设计院的书面证言、咨询公司的审查报告等证据进行证明，(3) 中的事实则可以用"工作联系单"来证明，(4) 中的事实就更加不言而喻，因为最终的施工图纸以及最终的建筑都是预制管桩。但是由于没有直接的交接签收文件，次终待证事实 (2) 就需要进一步地分解为中间待证事实：东方置业将旋挖桩设计图纸进行了公示，以及华兴建设有足够的途径接触到旋挖桩设计图纸。"招标文件"以及县住房和城乡建设局出具的"湖南省房屋建筑和市政基础设施工程施工图设计文件审查报告"证明东方置业在项目招标之初就是以旋挖桩设计图纸作为招标项目标准的，那么参与招投标的华兴建设就一定会以旋挖桩设计图纸作为基础进行方案制作和报价，从而证明中间待证事实的存在。

第二节　事实认定的模式与方法

【案例 2.2】　　　　陈某南诉清水山庄工伤事故纠纷案

2015 年 3 月 1 日，陈某南经人介绍到清水生态休闲山庄试用保安工作，双方签订了"试用期协议书"，协议约定：试用期为一个月，试用期间乙方（陈某南）必须遵守甲方（清水生态休闲山庄）的各项规章制度。保安队的工作班次为上、中、晚三班制，上午班的上班时间为上午八点至下午五点，中班为下午五点至晚上十二点，晚班时间为早晨零点至上午八点。因陈某南处于试用期，保安队没有单独为其排班，而是跟随保安队长苏某一个班次，即中班。

在开始上班的第三天，即 3 月 4 日，陈某南为在山庄用晚餐（晚餐为每日下午四点三十分），于当天下午四点十一分来到山庄，并在签到簿上签署了自己到山庄的时间。而在当晚十点四十九分时，陈某南早退离开工作岗位外出，并于十一点十分在途经长城路汽车总站门前路段时发生交通事故并死亡。

视频显示，陈某南在离开山庄时与苏某进行了交谈，但是由于视频并没有声音，所以无法得知交谈的内容。

本案原、被告就陈某南早退下班途中发生交通事故是否构成工伤，陈某南早退离开山庄的行为是否得到了上司的批准、是否请假产生争议。

本案的"认定工伤决定书"作出工伤认定所依据的基础事实是"单位口头同意提前离岗"，而在起诉阶段，法院查明的事实是"擅自提前离岗"。

由于人社局的"认定工伤决定书"依据的是一个不存在的"事实"，故该决定书违反了行政程序规定。法院判决要求人社部门依据查明的事实（擅自提前离岗）重新作出认定是正确的，因为如果法院在人社局没有依据新的事实作出是否是工伤认定的情况下，直接作出工伤认定，实际上剥夺了双方当事人就该事实可否被认定为工伤问题的行政复议权、起诉权和上诉权。

一、事实认定的模式

（一）事实认定概述

1. 事实认定的定义

严格地说，事实认定是一个外来词，它是英美法中 Fact-finding 的中文翻译。

按照《牛津法律大辞典》的解释，事实认定"是指在确定可适用的法律以及适用法律作出司法判决之前，对尚未确证且必须认定的事实的确定，是法院在每一案件中所必须采取的程序。事实认定程序实质上是对所述、所做、所为的一种再现。通过以下程序进行：每一方当事人提出可采性证据；另一方当事人质问证人；双方当事人就证据的效力进行辩论；初审法官明示或默示地进行认定；某些事实已被确认而其他事实尚未确认。通过这一程序考虑证人证言的真实性和准确性，认定某些证据即否认另外的证据，认定此种可能性即否定彼种可能性，等等。这一过程因下列因素而变得非常困难：证人下落不明或者已经死亡，回忆错误，偏见，无意识地失真，不诚实，没有书证及类似的难题，甚至连法官也有偏见。因此，'认定'的事实可能并非真实发生事件的正确再现。遇有陪审团时，困难会更大，尤其是它们极少作出明确的事实认定，只是宣告有利于或不利于原告的一般性判决"①。我国台湾地区学者陈朴生认为，"事实之认定，乃法官就诉追机关假定事实之范围，依据证据材料为之判断，即具有排除疑问之作用。盖诉追机关就一定事实加以假定为其诉追之对象，在其假定范围内，使法官发生合理的疑问，然后凭其合理之证据，确信何种事实存在，而为合理之判断，借以排除其疑问。惟事实之认定，系就诉讼上命题而为之解答。"②

本书认为，事实认定就是在争议解决过程中，裁判者基于争议双方的证据和证明过程，对争议事实进行内心确认的过程。裁判者又称事实认定者，他们是事实认定的主体。在诉讼过程中，事实认定者通常是法官或陪审员。可见事实认定包括两个过程，一个是争议双方的举证证明过程，另一个是事实认定者的内心判断和决策过程。所以，有学者认为，事实认定的外在构成包括主体、权利、程序以及步骤、顺序、方法等，而内在过程包括交织在一起的逻辑、推理、推论等更为复杂的心理活动。③

2. 两大法系在事实认定上的差异

不存在一套万能的事实认定方法来帮助事实认定者确定案件的真相。从事实认定的语境来说，两大法系由于法源的不同，在诉讼模式方面存在一些差异：英美法系国家采用的是当事人主义诉讼模式，而大陆法系国家采用的是职权主义诉讼模式。在英美法系国家，陪审团负责案件事实审理，法官只对证据能力作出指

---

① 戴维·M. 沃克. 牛津法律大词典. 李双元，等译. 北京：法律出版社，2003：412.
② 陈朴生. 刑事证据法. 台北：三民书局，1979：579.
③ 郭华. 案件事实认定方法. 北京：中国人民公安大学出版社，2009：48.

示，而陪审团对事实的发现是基于当事人之间的对抗。大陆法系国家采用职业法官裁判制，法官是受过专业训练、具有推理演绎能力的专业人员。法官通常是依法庭上获得的证据加以演绎归纳分析，并通过内心思考推理而形成内心的心证。但是在英美法系的法官看来，其主观上或内心所获得的对某一案件事实存在的信服程度与大陆法系的法官所感受到的"心证"并无实质上的差异。[①] 无论在英美法系还是大陆法系，享有事实认定权利的法官或陪审团可以几乎无所拘束地运用和认同经验法则，并且以一个常人的心态来对待事实问题，在不存在任何反证的前提下，这至少使案件事实的认定不至于违背事物发展的常态，从而能够与事实和情理相吻合。[②] 由于法律不可能规定证人要怎样陈述、五官表情要怎样，才可以被相信或不被相信，因而只好委由法官或陪审团凭其良心与理性去自行判断。目前，国内很多学者把这种事实认定方法称作"自由心证"。"自由心证"最早因被日本明治维新时期的学者从法语的"Intimé Convinction"译出而得名。"心证"本身就包含"自由"的意思，所以很多学者已习惯将两词叠用。事实上在英美法系国家并没有类似的表述。而与此最相似的表述莫过于边沁的自由证明。自由证明与自由心证尽管有相同的含义，但它们仍是两个不同的概念。两者最主要的区别是自由证明是相对证明主体而言的，而自由心证是针对事实认定者而言的。

可能很多读者会认为，自由心证在英美法系国家并没有相应的表述，故大陆法系国家对这一术语也没有形成统一的认识。从笔者的观点看，当然对此深信不疑。不过，我们还想进一步指出的是，无论是在英美法系国家还是在大陆法系国家，基于解决争议的目的，事实认定者认定案件争议事实的基本方法是相同的。所以，无论我们把它称作什么，都不影响我们对相关问题的探讨，尤其是对事实认定过程中普遍规律或逻辑的探讨。之所以这样说，仅仅是因为不同学术流派采用了不同表述，但这并不说明它们具有完全不同的意思。

20世纪80年代前，我国理论界对自由心证还是持批判态度的，认为其是资产阶级的一种法学理论，属于唯心主义，因而更谈不上对自由心证的技术性研究了。在诉讼证明模式上，尽管我国法律界的主流观点认为自由心证在司法实践中早已存在，但由于在法律条文中未直接使用这一术语，因而在学术界还不时存在关于我国诉讼证明模式中自由心证主义与法定证据主义孰重孰轻的争论。主张自

[①] 关于英美法系国家自由心证制度的形成及两大法系自由心证制度之比较，参见刘春梅. 自由心证制度研究：以民事诉讼为中心. 厦门：厦门大学出版社，2005：43-59。

[②] 毕玉谦. 民事证据理论与实务研究. 北京：人民法院出版社，2003：692.

由心证者有之，主张法定证据者亦有之，更有人主张将两者结合或以某一种为主、另一种为辅，这些均已穷尽了二者之排列组合种类。这种争论既困扰着我国的司法实践，同时在一定程度上影响着证据立法活动。在研究方法上，即使是理论界的主流观点，在讨论我国确立自由心证证明模式的必要途径时，也主要是提出建立高素质的审判队伍，确立心证公开制度、心证监督机制和心证错误救济制度等，而忽略了自由心证认知逻辑理论的建设。也有个别学者对自由心证持畏惧态度，认为我国缺乏自由心证的土壤，实行自由心证暂不可行。这显然是缺乏对自由心证认知逻辑的理解而产生的恐惧。由于理论上的缺失，在我国的司法实践中，滥用自由心证的情况也时有发生。例如，2003年1月8日《上海法治报》报道了上海静安区人民法院法官首次使用"自由心证"审理了一起借款案件。该案号称中国"自由心证第一案"，但实际上是"滥用自由心证第一案"[①]。

---

① 2002年7月中旬，徐某将上海大地文化进修学院和第三人上海文成报关有限公司告上法庭。据徐某诉称，1999年12月15日上午，他从家中拿出120万元现金，装在一个旅行袋中，然后将旅行袋放在自行车前的车筐中，用绳子捆结实，骑车到了本市东北角的文成报关有限公司。在公司的办公室将旅行袋中120万元——面值均为旧版100元——的巨款现金交给了公司董事长苏某。其中41.5万元作为借给大地文化进修学院投资文成报关有限公司的资金，剩下的78.5万元是他投资文成报关有限公司的资金。苏某收到钱后，即写下了借条并加盖上海大地文化进修学院公章（苏某本人同时兼任该学院董事长）。据徐某称，这些钱叠放在办公室桌上，长度比他肩膀略宽，高度要从他肚脐部至嘴部。据徐某介绍，这些巨款是他从1982年开始办公司和技术转让中积攒下来的，从未存入银行，而且这些收入都纳过税（但无凭证）。徐某称，在2001年3月6日和7月间，他曾致函大地文化进修学院，要求归还借款，却一直未见回信，于是诉至法院，要求归还借款41.5万元，支付利息1万元。为证明自己的观点，徐某出具了投资借条、催款函及文成报关有限公司的审计报告等三份证据。法庭上，被告大地文化进修学院指出借款的事实根本未发生，请求依法驳回起诉。同时，提供6份证据证明从未收到借款41.5万元现金，其中上海海佳会计师事务所的一份报告证明，1999年12月15日上午9时许，苏某在参加会议至下午2时左右才离开。普陀区长征地段医院也证明，该日下午3时，苏某在该医院接受微波理疗。文成报关有限公司也述称，从未收到借款41.5万元。鉴于涉案双方对另一方所提供的证据各有不同看法，法院在庭审中传唤了相关证人。某会计师事务所的审计人员郑某证明，从文成报关有限公司提供的2000年1月10日会计凭证看，大地文化进修学院投资的41.5万元和徐某投资的78.5万元都是现金。而文成报关有限公司的会计和出纳则称，公司没有收到120万元现金（包括41.5万元现金），也未付出过120万元现金。两张收据都是为了年检做账才开具的，开具时间都是2000年1月，落款日期倒写成1999年12月15日。同时，由徐某提供外省一家酒业公司开出120万元的收据复印件做账，这样就可做平进出账目，以应付年检。为查明事实真相，法官对外省那家酒业公司进行了调查。那家公司根据公司有关资料查寻，但未发现收据，而且当时的经办人现已调离，因此不能查明120万元现金真实情况。法院在分析了相关证据后认为，首先，根据借条记载内容，现金已入文成报关公司财务账册，但该公司财务人员也当庭否认曾收到这笔现金，说明那是为了应付年检，才在2000年1月10日做账表示收到徐某和上海市大地文化进修学院现金120万元（用途记名投资款），并用同日以现金形式支付外省一家酒业公司120万元（用途记载为供货保证金额）的虚假财务支出作为对应。那家酒业公司也否认收到过这笔款项。其次，如此巨大金额的交易通过现金交易方式进行，不符合现代商业交易的习惯。最后，徐某提供的文成报关公司审计报告显示，由大地文化进修学院将借款提供给文成报关公司作为注册资金，但审计结论认为，相关凭证的真实性应由文成报关公司认定。法院还认为，徐某对自己拥有120万元巨款现金的来源不能提供证明，存放钱款的方式也不符合当今社会正常的理财常识，对交付巨款现金时的包装、运输以及叠放形状、大小等细节的描述，都不能自圆其说。徐某的陈述缺乏可信性，借条的内容与事实之间存在矛盾。于是，法院作出了对徐某之诉不予支持的判决。

过去一段时间国内学术界的主流观点是把作为一种事实认定方法的自由心证看成形成"内心确信"①。关于自由心证原则的内容，我国学者一般认为包括两方面："'自由'是指法官凭'良心'和'理智'判断证据，不受任何约束和限制。'心证'是指法官通过对证据的判断所形成的内心信念。心证达到深信不疑的程度叫确信。可见自由心证制度的内容包括两方面：证据的证明力大小及取舍、运用，完全由法官凭自己的理性的启示和良心的感受自由判断；法官对案情的认定，必须在内心深处相信自己的判断确实是真实的。"② 也有学者认为，"'自由心证'就其内容可以分解为两项原则，即自由判断原则和内心确信原则。前者主要是指法官能够不受事先确立的规则拘束而自由判断证据的证明力；后者是指判断证据认定事实应达到内心确信的证明程度。"③ 本书认为，把"自由心证"理解为"内心确信"或"良心的确信"是不太准确的。"内心确信"与"超越合理怀疑"一样，都是证明的一个要求，它们只是心证程度层级体系中的一个层级——最高的那一级。优势证明标准的判断也是需要心证的。如果把心证限定在"内心确信"这么一个标准上，就会导致不能全面地反映心证的本质。我们试图对自由心证的"内心确信"观念进行修正，提出事实认定的"内心确证"观念，认为事实认定应当是事实认定者信念的内心确证的过程，即从信念形成开始，经过信念修正，根据不同要求形成内心确证。

（二）事实认定的"故事模型"（Story Model）

西方学术界认为，传统的决策模型很难描述人类在复杂的不确定情形下（如相互矛盾的证据、杂乱的证据提出顺序等）的决策行为。于是，南希·潘宁顿（Nancy Pennington）和瑞德·黑斯蒂（Reid Hastie）于1986年提出了一种在复杂的、不确定情形下基于解释（explanation-based）的决策模型在刑事陪审团裁决中的应用模型，即故事模型。④ 经验研究表明，陪审员对法律证据的解释是以

---

① 例如，有学者认为，"自由心证"本身在法、德、俄几种文字中都表达了内心确信的含义，其通常理解中含有法官自由判断证据以形成内心确信的意思，所以两者属于同一概念（刘春梅. 自由心证制度研究：以民事诉讼为中心. 厦门：厦门大学出版社，2005：4 脚注①）。

② 樊崇义. 刑事诉讼法学研究综述与评价. 北京：中国政法大学出版社，1991：193-194.

③ 何家弘，龙宗智. 证据制度改革的基本思路. 证据学论坛，第1卷. 北京：中国检察出版社，2000：121.

④ 关于"故事模型"，see Pennington N. & Hastie R. Explaining the Evidence: Test of the Story Model for Juror Decision Making. Journal of Personality and Social Psychology, Vol. 62, No. 2, 1992: 189-206; Nancy Pennington and Reid Hastie. The Story Model for Juror Decision Making. In Reid Hastie, ed., Inside the Juror, Cambridge University Press, 1993: 84-115.

故事的形式展开的,其中因果关系和意图关系是构成故事的核心。故事模型的一个基本假设就是陪审团根据庭审信息以事件之间的因果和意图关系拼组成一个叙事故事结构,在庭审的事件证明中通过把证据融入一个或多个似然解释或故事中来描述"发生的事情",从而赋予证据相应的意义。故事结构方便陪审团理解证据,使陪审员能够达成预先审议(predeliberation)裁决。故事模型包括故事构建、裁定表达和故事分类匹配三个阶段(见图 2-2)。这个模型理论包含四个原则:覆盖范围(coverage)、融贯性(coherence)、唯一性(uniqueness)和最优匹配(goodness of fit)。这些原则决定接受哪一个故事、选择哪一个决定以及形成具体裁决的自信或确定性程度。

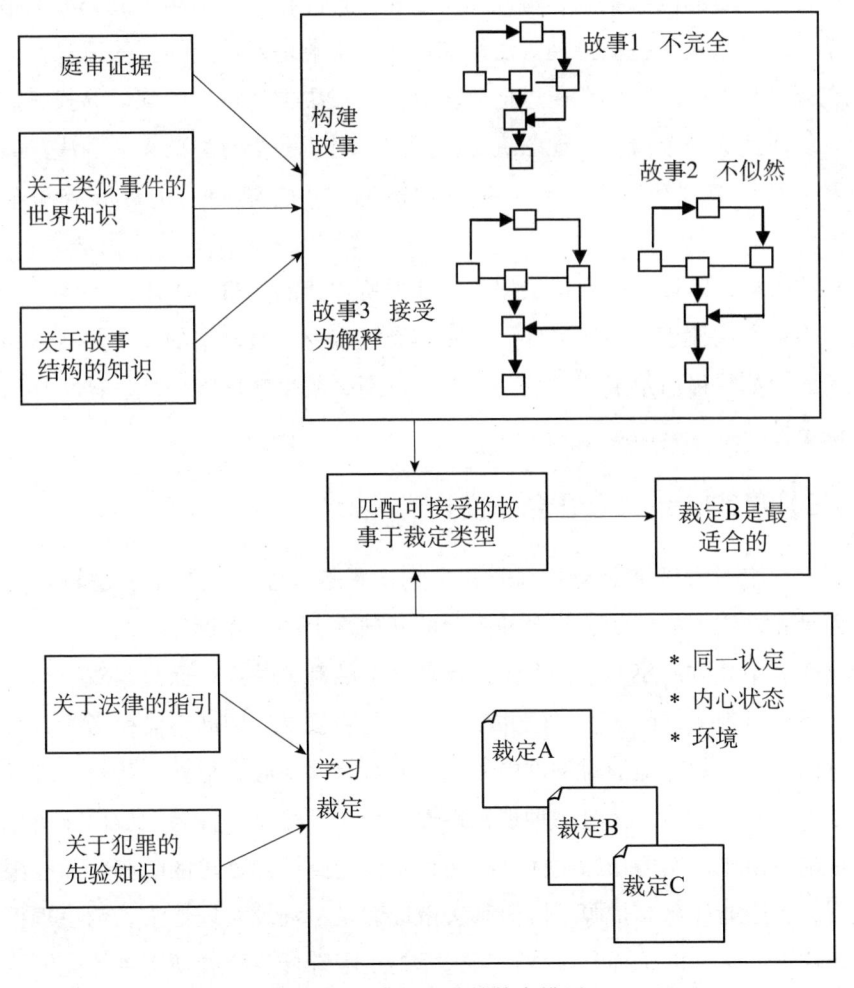

图 2-2 事实发现的故事模型

在庭审中，陪审员需要理解当事人提供的信息并在内心把它们组织成融贯的表述。构建内心表述需要把以下三类知识组合到故事中：（1）庭审中获得的具体的案件信息，例如，证人关于发生的案件事实的陈述；（2）与争议中的事件在内容上类似的知识，例如，类似的犯罪手段和类似的社会危害结果；（3）对于形成一个完整故事的一般知识，例如，关于人类行为通常受目标驱动的知识。这些建设性的内心活动形成对证据的一个或多个的叙事式的解释。

在裁定表达阶段，主要是依据裁决的类型、特征来表达决定。尽管陪审员对裁决类型有先验的认识，但这一程序阶段的信息在法官给陪审团的指示结束后，大多数会被呈现给陪审员。裁决的表达通常按照四个方面来进行：身份的同一认定、被告犯罪时的内心状态、事件的环境和被告的行为。但陪审员先前的诸如一级谋杀、一般杀人、持械抢劫等法律知识，会影响他对裁定类型的理解。

在故事分类匹配阶段，通过把故事分类与裁决类型进行匹配，寻找最成功的组合，从而达成一个最优匹配的决定。例如，对于一个自卫的无罪裁决，需要判断故事中的情节"铐在墙上"与要求的情节"不能逃跑"是否形成一个好的匹配。

在故事构建阶段，陪审员根据各方证据所构建的故事一般不止一个。在众多的故事中，有些故事明显比另外一些要容易被接受。最基本的要求是故事不包含内在矛盾。如果最后形成的不止一个故事，那么故事缺乏唯一性，这将导致很大的不确定性。

（三）事实认定的心证合议模式

事实认定作为思维活动的判断和决策，不是建立在纯数学和逻辑基础之上的，而是建立在人的感情、理念和经验的基础之上的。在诉讼活动中，案件诉讼标的与作为中立方的事实裁决者无实体法律上的利害关系，而只与双方当事人有利害关系。审理案件的法官自己并没有处于危险之中，因此不需要考虑判决后果对自己的影响，除非他们对案件中的当事人富有同情心。显然，法官的理性并不体现在他的判决之中，而是一种现实理性。现实理性是一种人们如何在决策中行动的理论。由于现实的认知主体（如法官）会受到认知资源的限制，如有限的推理能力、有限的计算容量等，因而其决策理性是一种现实理性或者约束理性。在现实理性下，主体的选择是一种正当选择。正当选择意味着现实主体能够给出到目前为止的所有推理，并且没有违反理性的强制。也就是说，现实主体必须基于正当的选择行动,而不是等到知道一个选择是保证的时候才行动。[1] 事实认定者的现实理性表现为"恪守客观立场,保持公平心态,以发现案件真实为目标,以遵守诉讼规则为条件,对证据的证明力作出合理判断"[2]。

(1) 合议中的选择性转移(choice shift)造成全体的极化(group polarization)。心理学研究表明,群体讨论容易增加群体成员达成一致的倾向,这种现象被称为"全体极化"[3],因为群体讨论会出现合议庭成员意见的"选择性转移"。除了合议庭成员意见的选择性转移,问题本身产生的倾向也可通过合议庭成员的讨论而极化。1976年,戴维·迈尔斯(David Myers)和马丁·卡普兰(Martin Kaplan)发现,当模拟陪审团得到较弱的犯罪证据时,群体讨论使判决更轻;而当陪审团得到确凿的犯罪证据时,群体讨论后判决更重。可见,基于法律证据的初始倾向在经过群体讨论后极端化了。[4]

(2) 合议庭成员的社会懈怠(social loafing)和搭便车(free-ride)现象。心理学实验发现,当人们作为群体的一员做一件事情时,就不会像自己独立完成时那么努力,这种现象称为社会懈怠。[5] 社会懈怠效应的出现是因为人们处于全体中时,不会像独自行动时那样直接感受到自己的努力和最终结果之间的关系。相对于独自行动时,责任被群体分散。

(3) 合议庭成员的主观偏见。司法事实认定如同演奏音乐一样:其不但取决于乐谱,而且取决于乐器和演奏家。[6] 诉讼制度允许利己的诉讼当事人去迎合事

---

[1] 与现实理性相对应的就是理想理性。理想理性是哲学上的一种保证选择理论,它意味着如果主体能完成所有可能的相关推理,那便是正当的。一个选择是保证的,当且仅当存在一个阶段使得:(1) 在该阶段它是正当的;(2) 在以后的所有推理阶段它保持正当。欧佛(Over)和艾文斯(Evans)把理性区分为理性1和理性2。理性1是指以适应目标为导向的推理和问题解决,它帮助我们实现现实目标;理性2是一种反省型的推理,它与标准逻辑推理模型是一致的(Over, D. E. & Evans, J. St. BT. Rational Distinctions and Adaptations. Behavioral and Brain Sciences, Vol. 23, 2000:693-694)。显然,理性1是一种现实理性,理性2是一种理想理性。

[2] 徐静村. 我的"证明标准"观//陈光中,江伟. 诉讼法论丛:第7卷. 北京:法律出版社,2002:15.

[3] Moscovici, S. & Zavalloni, M. The Group as a Polarizer of Attitudes. Journal of Personality and Social Psychology, Vol. 12, 1969:125-135. 此外,大卫·迈尔斯和乔治·毕晓普(David Myers & George Bishop)在1970年的一项实验中也发现了同样的结果:对种族问题怀有偏见的学生相互讨论了这一话题之后,偏见变得更为强烈;相反,对此没有太多偏见的学生相互讨论之后,偏见变得更少了(Myers, D. & Bishop, G. D. Discussion Effects on Racial Attitudes. Science, Vol. 169, 1970:778-779).

[4] 斯科特·普劳斯. 决策与判断. 施俊琦,王星,译. 北京:人民邮电出版社,2004:184.

[5] Moede, W. Die Richtlinien der Leistungs-Psychologie. Industrielle Paychotechnik, 1927, 4:193-207.

[6] 米尔建·R. 达马斯卡. 漂移的证据法. 李学军,等译. 北京:中国政法大学出版社,2003:33.

实认定者的情感。法官作为社会存在的普通个体，也有常人的情感、意念、欲望、偏见等以及特有的经历、心理素质、价值观念及参差不齐的职业技能，必然会对事实的认定产生种种影响，从而导致某种主观的、偏差的认识。此外，心理学研究表明，人们往往能够根据自己所处的社会地位，明确地把自己的利害与其中一方当事人联系起来。

（4）合议庭成员的个人经验。人们并不是孤立地去感知和记忆某个事件，而是根据他们过去的经验和事件发生的情境去理解和解释新信息。在不同情况下，同一个事实认定者对同一对象的认知可能完全不同。一般来说，事实认定者的经验越丰富，他对证据或事实的直觉反应就越敏锐。但经验越丰富的事实认定者越容易受经验的影响。我们都会有这种经历：在吃了巧克力奶糖之后再吃西瓜，我们发现西瓜一点都不甜，而当我们先吃了苦瓜之后再吃同一个西瓜，我们却发现，这回西瓜甜味十足。这就是过去的经验对现在的判断形成的反差，认知心理学把这种现象叫作"对比效应"。在法庭审判中，对于同样的证据和事实，不同的事实认定者形成的心证不同，这源于他们个人经验上的差异。我们评估先验概率时很大程度上是依据经验的。但一个人的经验积累到一定的程度就会表现为"思维模式定型化"，而事实认定者的"思维模式定型化"会对其内心确证产生不利影响。事实认定者思维模式的定型化会使他去关心一宗新案件的细节的可能性减少。[1]

（5）法律的目标及价值。与陪审员个人寂静无声的内心独白相比，在陪审团嘈杂的争论中更易出现的后续行为是，在信念与有证据支持的立场之间寻求和谐。[2] 事实认定实际上就是法庭内部就事实问题达成的妥协，这种妥协不完全是理性上的选择。事实调查的准确情况通常是由它们所需服务的目标决定的，而且一方的胜利意味着另一方的失败，从这种意义上说，法庭裁决不可能令所有人满意。法官对各种利益进行权衡时，并不简单地考虑本案当事人的利益，更要考虑

---

[1] 例如，根据贝叶斯定理，假设一名事实认定者，根据他曾经审判许多类似案件的丰富经验，在案件一开始就认为该案件中被告有罪的可能性为 100：1，那么，即使法庭上提交的证据产生被告无罪的可能性为 8：1，对于该事实认定者而言，他认定被告有罪的证后可能性（后验概率）仍将高达 12.5：1。在极端情况下，人们有时还会"熟视无睹"。人们的经验对其产生"熟视无睹"的偏见的一个有趣的例子是"警察与稻草人的故事"：有个城里的警察追捕一个逃犯到乡下，乡下的警察配合一起追捕。逃犯被逼得走投无路，看到稻田里有一个稻草人，便掀倒稻草人，拿了它的衣服和草帽假扮稻草人站在田里。乡下的警察从他面前经过却没有发现他，但城里的警察没见过稻草人，不像乡里的警察那样对稻草人熟视无睹，反而看出了破绽。

[2] 米尔建·R.达马斯卡.漂移的证据法.李学军，等译.北京：中国政法大学出版社，2003：53.

本案判决后带来的潜在的社会效果。

（6）当事人或证人的描述。心理学研究的结果表明，决策者更容易被生动的信息所影响。也就是说，相对于平淡的信息而言，生动的证据更容易被回忆起来，对事件的生动描述可以提高人们对其发生概率和频率的判断。犯罪嫌疑人或目击证人对犯罪事实的生动描述可以掩盖犯罪的统计数据和报告，表述得非常具体的事件似乎更可能发生，因而越容易让事实认定者相信。因为生动的信息与平淡的信息相比，更容易被回忆起来，所以会使决策产生偏差。例如，生动的案件历史资料比统计的或抽象的信息更具说服力，在一定的情境下，使用录像的呈现方式就比书面或口头的陈述更具说服力。然而，经验告诉我们，生动的描述并不一定就是客观真实的反映。

二、事实认定的经验推论方法

（一）经验推论的过程

1. 经验推论的基础：连接信息点

不论在刑事案件还是民事案件中，所提出的每一个问题都可以把调查者带向大量的信息节点。那么，事实认定者是用什么来连接信息点的呢？从逻辑角度看，论证是从证据到假设的一个推理链条。这一链条中的环节有证据、假设和被称为概括（generalization）的陈述。概括用以证明证据与假设之间联系的正当性，它也是事实认定者连接信息点的依据。

2. 经验推论的推理链条

概括是经验的总结，因此，以概括为保证的推论是一种经验推论。经验推论是指根据已有的知识经验对事物进行的推断。经验推论依据的是经验法则。经验法则是人们在长期生产、生活以及科学实验中对客观外界普遍现象与通常规律的一种理性认识，在观念上它属于不证自明的公认范畴。[1] 证据法上的经验法则是事实认定者依据日常生活所形成的，反映事物之间内在必然联系的事理，并将其作为待证事实根据的有关规则。通常认为，经验法则应包括以下三个要素：一是在日常生活中反复发生的一种常态现象，具有日常生活中一种普遍意义上的典型

---

[1] 毕玉谦．举证责任分配体系之构建．法学研究，1999（2）．

特征；二是必须为社会生活中普通人所普遍体察与感受；三是这种被引申为经验法则的生活经验可以随时以特定的具体方式还原为一般人的亲身感受。

在推理链中，次终待证事实和中间待证事实可以统称为推断性事实。在法律事实的认定过程中，无论是作为推论基础的证据性事实、推断性事实，还是作为推论结果的要件事实，只要它是作为事实情况就是经验性的。对事实的认定实际上是对过去发生的事实的重构。① 这一过程的实质就是经验推论。经验推论依据的也是事物间的因果关系。例如，"打雷就会下雨"，就是建立在一种因果关系上得出的推论。论证过程中的一个假设是一个待证明的主张（待证事实）。在一个论证中，待证事实发生在各个不同的层级。一个待证事实总是一个原则上可以被证明为正确或错误的主张。② 由于在论证中存在不同级别的待证事实，这种多级别的待证事实推理过程可用图 2-3 来表示。

在一个案件中，存在争议的主要或基本的待证事实，称为最终待证事实（ultimate probanda），它也是案件的要件事实。如果证据在所要求的确定性程度中确证最终待证事实为真，那么裁决必须有利于主张该最终待证事实的一方。例如，在刑事案件中，为了证明罪行成立，最终待证事实就包括检（控）方必须确信无疑地证明其为真实的所有条件。在民事案件中，最终待证事实由最终事实构成，即原告为了胜诉必须主张和证明的事实。如果最终待证事实是一个能够被分解为简单命题的复杂命题，那么，为了能够证明最终待证事实，每个简单命题都需要得到证明。这些简单命题被称为次终待证事实（penultimate probanda）。显然，次终待证事实在图 2-3 中，通过命题 E、F 和 G 指示的一系列推理链条，在概括 G_1、G_2、G_3 和 G_4 的作用下，证据 E^* 与次终待证事实 P_1 联系起来。论证中的概括通常是"如果……那么……"这样的陈述，本质上是归纳（inductive）；就是说，它们以某种方式表达，但受到盖然性标准的限制。例如，考虑图 2-3 中的概括 G_2，它准许了从命题 E 到命题 F 的推论。这个概括可以读作："如果一个像 E 那样的事件发生，那么，通常一个像 F 那样的事件将会发生。"通过概括连接的这些命题中的每一个命题，都可以是正确或错误的，都代表一种介入证据 E^* 和次终待证事实 P_1 之间的待证命题。这些命题通常被称为中间待证事实。③

---

① 关于经验推论的详细过程，参见罗纳德•J. 艾伦，等. 证据法：文本、问题和案例. 张保生，王进喜，赵滢，译. 满运龙，校. 北京：高等教育出版社，2006：149 以下。
② 安德森，等. 证据分析. 张保生，等译. 北京：中国人民大学出版社，2012：80.
③ 安德森，等. 证据分析. 张保生，等译. 北京：中国人民大学出版社，2012：80-81.

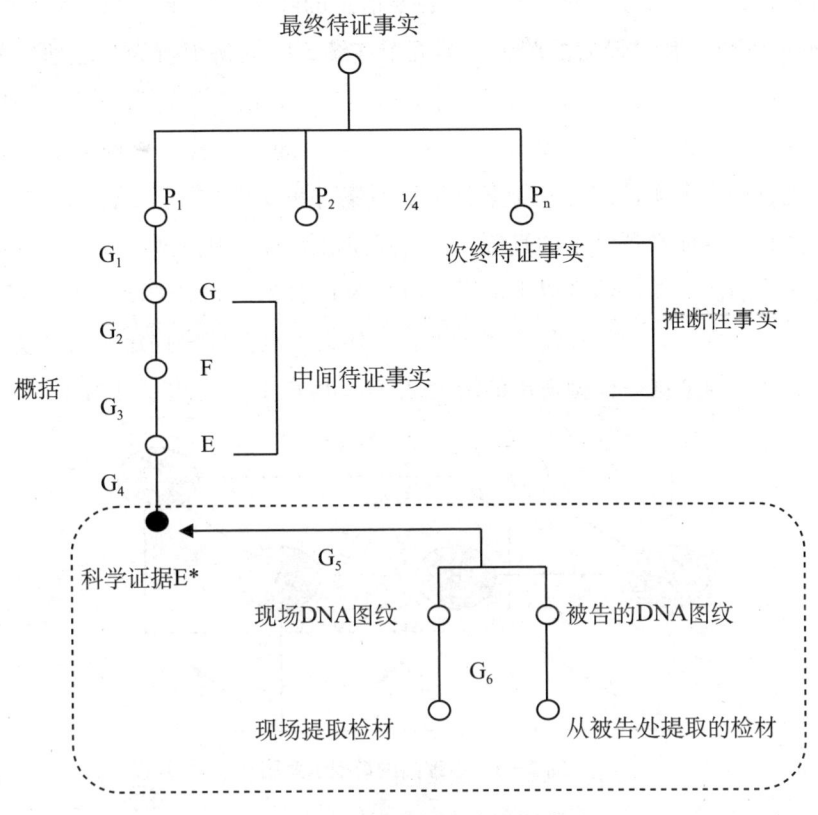

图 2-3 经验推论的推理链条

如果 E* 是一个 DNA 证据，那么，该证据还包含一个推理的子链条。这一链条就是图 2-3 中虚线框中的推理过程。由此可见，科学证据并不只是一个鉴定结论，而是一个推理链。

（二）经验推论的本质：心理归纳

演绎推理和普通归纳推理是人类思维活动中最重要的两种推理方法。除演绎推理和普通归纳推理这两种基本的推理模式以外，经验推论还有一种符合其自身特征的推理方法，我们称之为心理归纳法。[①] 普通的逻辑归纳是一种外在归纳推理，而经验推论的心理归纳是一种内心的归纳推理，它更强调主体的主观心理活动。

1. 心理归纳是基于心理过程的推理

"从心理学的角度分析，法官心证形成的过程事实上是一种'疑问释放'的

---

① 张南宁. 事实认定的逻辑解构. 北京：中国人民大学出版社，2017：33.

心理过程，是由'对疑问的认识'、'必要信息的收集'、'释放可能性的判断'、'对判断的评价'和'最后的验证'等五个连续不断的认识行为与心理环节组合而成的。在这样一个连续的认识过程中，任何绝对性的要求都有可能从心理上明显中断原来的认识链条"[①]。事实认定者心理归纳的过程就是一种类似于心理模型的推理过程：事实认定者基于案件证据对案件事实建立一个或多个心理表征，并用这些心理表征判断结论的真假。只要建立恰当的心理模型，推理就会是正确的和可接受的。例如，给定以下前提：（1）A在B的右边；（2）C在B的左边；（3）D在C的前面；（4）E在A的前面。主体根据这些前提构建的信念模型如图2-4。那么，根据这一模型得出的结论是（5）D在E的左边（见图2-4）。

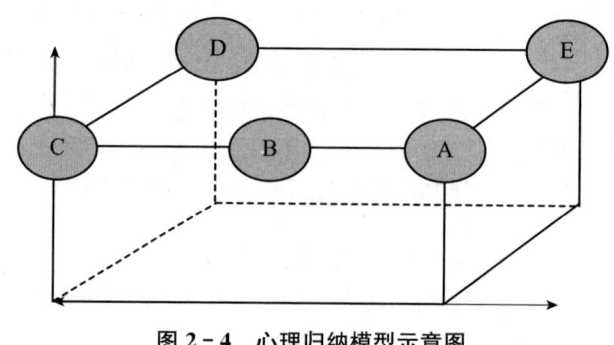

图2-4 心理归纳模型示意图

2. 心理归纳结论的似然性

心理归纳是一种似然性推理。演绎推理能保证人们从真前提必然得到真结论，而归纳推理不能保证人们从真前提必然得到真结论。但是，归纳推理的前提和结论之间具有一定的支持程度，有时，这种支持程度还是可以度量的。心理归纳的结论常常是一个事实性断言，这种断言往往是以盖然性的标准得出的。归纳法的可靠性并不只取决于我们所运用的归纳方法本身，还取决于我们所认识的客观对象本身的稳固性和规律性。由于案件已经发生，对象的稳固性和规律性难以完全被我们认识，因而其结论只能是似然的。

3. 心理归纳的推理形式

要分析心理归纳的形式，就必须先谈到普通逻辑归纳法的形式问题。普通逻辑归纳法的发展经历了这样几个阶段：一是亚里士多德提出了归纳法的形式；二

---

① 陈洁然. 证据学原理. 上海：华东理工大学出版社，2002：372-373.

是培根提出了"三表法";三是穆勒提出了"求因果关系五法",同时也形成了多种类别,如科学归纳、概率归纳等。心理归纳不是一种单一的推理,它是普通(逻辑)归纳、类比、溯因和常识推理等多种推理的组合,因而在表现形式上也是多样化的组合。

(三)经验推论的信念确证

经验是指在日常生活中获得的关于事物属性及事物之间常态关系的知识概括,是人类探知世界的一种途径。在日常生活中,人们总是根据一定的经验或常识来推理。在心理归纳中,经验或常识既是前提又是规则。例如,当我们看到闪电时,我们就期待雷声。当我们考察了一个概括中的 99 个实例为真,我们会归纳出第 100 个也为真。在第一种情形中,经验决定的过程是:"闪电后伴随雷声",这种经验引起的最佳期待程度与闪电之后实际伴有雷声的实例比率相等。在第二种情形中,这种归纳引起的最佳信念度等于概括中所有 99 个实例为真的比率。从性质上说,经验属于为社会公众所普遍接受的确定性知识,具有一般性和客观性,因此可以作为裁判的大前提。在事实认定者的经验推论中,经验往往与证据融为一体,从而产生信念上的确证。

1. 信念确证的法则

内心确证是主体对信念提供认识标准的理由。内心确证首先要有一个主观上的信念,而且这种信念是主体经过修正后所拥有的最终信念。信念确证除了要依据证据或信息,还要借助逻辑法则和经验法则。

逻辑法则又称论理法则。逻辑法则包括一般逻辑法则和法律逻辑法则两个层次。一般逻辑法则亦称论理法则,是人类作为一个群体长期实践、总结得出的符合事物内在规律的真理性的认识。例如,数学、逻辑学、物理化学、医学等各种自然科学已经证明、毋庸置疑的理论。逻辑中的原理或规律,如同一律、矛盾律、排中律、充足理由律等,都是人们论理的基本法则。一般逻辑法则其实也就是自然界的定律,例如,人不可能同时出现在两个地方(不在场证明)。一般逻辑法则具有严密的逻辑性,说理性非常强,它是全人类的共同的普遍的知识。不论某人是否知道,逻辑法则都客观存在。任何违反逻辑法则的论理都是错误的,其结论是不能得到确证的。

一般来说,被绝大多数人认为是真的,而且几乎没有人认为是假的,则可称为经验。它是人们在长期生活当中对客观世界的自然现象和周边事物所亲身体验和感知并逐步积累起来的一种规律性认识，是从个人经验的积累中抽象、归纳出来的一般知识或常识。经验法则又称常识法则。① 从根本上说，经验最终来源于感觉。② "为什么在我想从椅子上站起来时无须使自己确信我有两只脚？"③ 因为"有两只脚"是我们拥有的常识。经验法则在数量上是无限的或不确定的，它总可以从人类的知识总体中抽象出有关的知识来。这就是经验的普遍性。但是人类对经验法则的掌握就像对知识的掌握一样，因主体的不同而产生差异。也就是说，普遍经验并不一定要为所有人知晓，也存在只在一定范围内为一部分人知悉或承认的经验法则，如高度专业性的专门知识或某一行业的惯行等等。事实认定者也一样，其经验法则的普遍性体现在对这一群体来说是普遍公认的。在诉讼证明意义上，经验法则是事实认定者通过亲身经历的领悟或者借助多方面的有关信息资料而取得的知识，进而获得的涉及事物的因果关系或者常态性的事理法则。④ 经验法则作为心证的一种确证前提而被事实认定者所运用。总之，经验法则是心证的重要组成部分，它虽然是模糊的或不明确的，但它也是不证自明的，它取决于人们是如何行为的常识信念。

2. 信念确证的程度

事实认定者对案件事实的认知所能达到的程度取决于证据体系的综合证明力。当事人的主张、证据必须在事实认定者面前展开，通过证据说服不知情的事实认定者支持自己的主张。当事人与事实认定者之间的信息交换是以证据调查的方式在垂直的方向上进行的。另外，在诉讼当中，当事人之间在水平方向上以对席辩论的形式也进行着信息的交换。⑤ 这两种方式都是事实认定者内心确证的基础。对于法律明确规定不予采纳或排除的证据，即使提交法庭，事实认定者也不得依此而形成信念来予以确证。那么，现在的问题是，事实认定者的信念在何种程度上才能被视为是确证的呢？

---

① 严格地讲，经验不像逻辑那样具有普遍有效性和权威性，因此，经验只是一种概括，但考虑到学术界普遍使用"经验法则"，我们亦遵循惯例。

② Lewis, C. I. An Analysis of Knowledge and Valuation. Illinois: Open Court, La Salle, 1946: 171 - 172.

③ 路德维希·维特根斯坦. 论确实性. 张金言, 译. 桂林: 广西师范大学出版社, 2002: 26.

④ 杨荣馨. 民事诉讼法原理. 北京: 法律出版社, 2003: 268.

⑤ 对席辩论，简称为对论，指的是当事人各自将自己认为对于彼此来说都是合乎正义的解决方案向对方作出合理说明的一种社会过程。棚濑孝雄认为诉讼中的辩论是社会对席辩论过程中的一种，并认为在诉讼中，争执之点的确定从规范上被限定在事实方面，即确定的只是关于什么事实存在争议，而关于规范的争议却被有意识地排除在外（棚濑孝雄. 纠纷的解决与审判制度. 王亚新, 译. 北京: 中国政法大学出版社, 2004: 123）。本书认为对席辩论排除的只是对规范本身有效性的争议，而不是援引规范方面的争议。

内心确证是对主体主观信念的确证，而主观的信念是有程度的。在法庭中，事实认定者的主观信念来自当事人提出的证据及其进行的证明活动。这样，信念度就依赖于事实认定者赋予当事人的证据的置信度和当事人的证明度。证据置信度、证据证明度、主观信念度以及内心确证度之间的关系如图 2-5 所示。

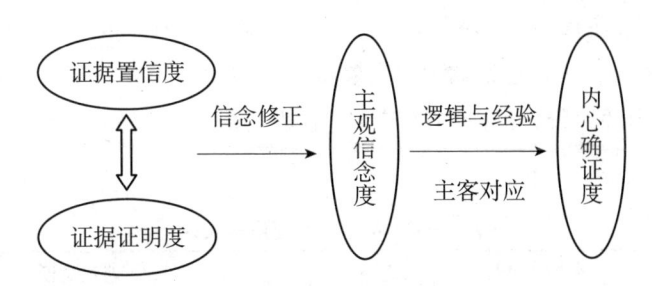

图 2-5 证据置信度、证据证明度、主观信念度和内心确证度的关系图

传统的表示证据置信度的方法是概率方法。"如果一个命题对于所有有关证据来说具有某种数学上的概率，这就确定了它的可信度的大小"[①]。对证明程度的表示因各国法律制度上的差异而有所不同。例如，德国学者埃克罗夫、马森以刻度盘来说明证明程度，假定刻度盘的两端为 0 和 100%，将两端之间从 0 到 100% 分为四个不同级别的等级：第一级为 1%～24%，是非常不可能；第二级为 26%～49%，是不太可能；第三级为 51%～74%，是大致可能；第四级为 75%～99%，是非常可能，即高度盖然性。[②] 其中，0 为绝对不可能，50% 为可能与不可能同等程度存在，100% 为绝对肯定。民事诉讼的事实证明标准应确定在最后一个等级，即在穷尽了可获得的所有证据之后，如果仍达不到 75% 的证明程度，事实认定者就应当认定待证事实不存在；如果达到或超过 75%，则应当认定待证事实存在。而美国则把证明程度分为九等：第一等是绝对确定，不是所有法律程序都能达到；第二等是排除合理怀疑，是刑事案件被告被判有罪的标准；第三等是清楚和有说服力的证据，在一些州，它是拒绝保释和精神丧失抗辩案的标准；第四等是优势证据，即真实性大于不真实性，是民事诉讼获得胜诉判决以及肯定刑事辩护时的要求；第五等是合理根据，适用于签发令状、无证逮捕、搜查和扣押，以及公民扭送等情况；第六等是有理由的相信，适用于拦截和搜身；第七等是有理由的怀疑，足以使被告被宣告无罪；第八等是怀疑，可以开

[①] 罗素. 人类的知识——其范围与限度. 张金言，译. 北京：商务印书馆，1983：445.
[②] 汉斯·普维庭. 现代证明责任问题. 吴越，译. 北京：法律出版社，2000：108.

始侦查；第九等是无线索，不足以采取任何法律行为。[①] 显然，这种等级分层不仅仅涉及审判中的证明程度，还把侦查活动中的证明程度也包含进去了。

确认某一案件事实所需要的内心确证的程度是指，事实认定者在审判中就案件事实，对有关证据进行价值评估后所感受到的主观心理状态，以及这种主观心理状态是否足以导致事实认定者确信该案件事实存在所必要的那种广度与深度。[②] 因此，本书认为，心证的程度应覆盖心证的所有层级。这样，根据我们前面探讨的对证据力的评价，可以将事实认定者内心的确证度分成十一级，如表2-1所示。

表2-1 内心确证程度层级表

证据的真实性评价	指派的证据力	证据与事实的相关性	在心理上证据对事实的归纳支持	对事实的确证度
证据真实	1.0		完全支持	1.0
非常可能真	0.9		非常强	0.9
很可能真	0.8	有利相关	很强	0.8
可能真	0.7		强	0.7
有些可能真	0.6		有些强	0.6
可能与不可能一样	0.5	不相关		0.5
不可能大于可能	0.4			0.4
有些不可能真	0.3		没有得到支持	0.3
很不可能真	0.2	不利相关		0.2
非常不可能真	0.1			0.1
证据为假	0			0

3. 信念确证的标准

内心确证程度的层级为内心确证的选择标准提供了基础。根据不同诉讼的要求，我们将心证标准分为严格标准和合理标准。

(1) 严格标准：确信无疑。内心确信标准在英美法国家叫作"排除合理怀疑"标准。那么，合理怀疑又是什么样的怀疑呢？美国加利福尼亚州刑法典把"合理怀疑"表述为："它不仅仅是一个可能的怀疑，而是指该案的状态，在经过

[①] 魏晓娜，吴宏耀. 诉讼证明原理. 北京：法律出版社，2002：54-55. Rolando del Carmen. Criminal Procedure and Evidence. Harcourt Brace Jovanovich. INC, 1980：22.

[②] 毕玉谦. 民事证据理论与实务研究. 北京：人民法院出版社，2003：684. 原文是指"内心确信"的程度。由于作者在该书中认为"内心确信"与自由心证的基本含义一致（第678页），因而实际上是指心证的程度。为保持在思想上的一致性，笔者引用时改为"内心确证"。

对所有的证据的总的比较和考虑之后，陪审员的心里处于这种状态，他们不能说他们感到对指控罪行的真实性得出永久的裁决已达到内心确信的程度。"① 另一种解释为："'合理怀疑'是指'基于原因和常识的怀疑——那种将使一个理智正常的人犹豫不决的怀疑'，所以排除合理怀疑的证明必须是如此令人信服以至于'一个理智正常的人在处理他自己的十分重要的事务时将毫不犹豫地依靠它并据此来行事。'"② 可见合理怀疑不是指想象的或者轻率的怀疑，也不是指基于同情或偏见的怀疑；它基于推理和常识，这些推理和常识必须合乎逻辑地由证据的存在或不存在而得出。合理怀疑不是指绝对确定的证明，后者是一种过高的不可能达到的证明要求。也不应将排除合理怀疑的证明单纯地描述为"道德上的确定性"。"仅仅想象的可能性是不能当作合理怀疑来认真看待的。被告律师如果在理屈词穷之际声称有一种不可验证的神奇力量把珠宝吸到被告的衣兜里去，恐怕他的营业执照会被吊销。"③

我国刑事诉讼中的"案件事实清楚，证据确实、充分"标准与"排除合理怀疑"标准尽管表述不同，但在某种意义上是同一个层次。"排除合理怀疑"的证明标准是排除否定的评价方法。二者是同一判断的表里关系。在达到不允许相反事实可能存在的程度上，这两种证明在程度上没有大的差异。"内心确信"标准或"排除合理怀疑"标准就是人类认识论意义上的确定，因而其确证度可视为1.0，如表2-2所示。即使在这一标准上仍存在错案，那也不是这一标准的错误，而是因为事实认定者错误地适用了这一标准。

定罪确定性的概率达到99%时，还不足以给被告人定罪，但事实认定者内心确证度达到99%时，便足以认为是超越合理怀疑的。合理怀疑相对于事实认定来说，还可解释为即使事实的某些细节未弄清，只要这些疑问不至于影响待证事实本身已达到的证明度，这种疑问就不属于合理怀疑。

---

① 美国联邦刑事诉讼规则和证据规则. 卞建林，译. 北京：中国政法大学出版社，1996：21.

② 卞建林. 刑事证明理论. 北京：中国人民公安大学出版社，2004：238. 我国台湾地区学者李学灯认为，"所谓怀疑，当然只是一种可以说出理由的怀疑，而不是无故置疑。否则，对于任何纷纭的人事，都可以发生想象的或幻想的怀疑。因此，所谓合理之怀疑，必非以下各种的怀疑：非任意妄想的怀疑。非过于敏感机巧的怀疑。非仅凭臆测的怀疑。非吹毛求疵，强词夺理的怀疑。非于证言无征的怀疑。非故为被告解脱以逃避职责的怀疑。如果属于以上各种的怀疑，即非通常有理性的人，所为合理的、公正诚实的怀疑"(李学灯. 证据法比较研究. 台北：五南图书出版公司，1992：667)。

③ 陈克艰. 上帝怎样掷骰子. 成都：四川人民出版社，1987：218.

表 2-2　法官的内心确证度与心证标准对照表

证据真实性的评价	指派的评价值	证据与事实的相关性	在心理上证据对事实的归纳支持	对事实的确证度	心证标准级别
证据真实	1.0	有利相关	完全支持	1.0	确信
非常可能真	0.9		非常强	0.9	合理信念
很可能真	0.8		很强	0.8	
可能真	0.7		强	0.7	
有些可能真	0.6		有些强	0.6	
可能与不可能一样	0.5	不相关	没有得到支持	0.5	无实际意义的心证
不可能大于可能	0.4	不利相关		0.4	
有些不可能真	0.3			0.3	
很不可能真	0.2			0.2	
非常不可能真	0.1			0.1	
证据为假	0			0	

【案例2.3】　　　　　　张某铭涉嫌故意杀人案

张某铭、章某因一同在太原市平遥监狱服刑而结识。2010年2月，张某铭出狱后到长沙，并于2010年6月起，与其妻子一起租了长沙市雨花区枫树岸某小区302房居住。2012年5月29日，张某铭为便于抢劫作案，支使其妻子带儿子回宁乡娘家。后在长沙市岳麓区广厦新村通讯店里购买两张联通卡，还准备了石头、手铐、绳子、手术刀、钢锯等作案工具。2012年5月30日，张某铭打电话联系章某，叫章某来长沙一起策划将他人骗入租住房，用石头砸晕控制后抢劫财物。2012年6月3日10时许，张某铭以出售邮票为由，将从事邮票钱币收藏和经营的魏某诱骗至其居住的302房。魏某在该房间床边翻看邮票时，张某铭按事先约定的暗号，将放在地上的开水瓶放到桌子上，暗示章某动手。章某遂从客厅进入卧室，从电脑桌上拿起事先准备好的石块，趁魏某不备，从魏某身后猛击魏某头部，张某铭则将魏某按住，砸了数十次后，见魏某仍挣扎喊叫，张某铭、章某遂将魏某翻转仰躺在地上，共同掐其脖子约十分钟，致其死亡。张某铭从魏某身上搜出现金人民币1 400元，分给章某700元。

后张某铭、章某使用钢锯、手术刀等工具将魏某尸体肢解，放入塑料袋和行李箱内，分六次将尸块抛入湘江，并将作案工具石块以及魏某的衣物丢弃在浏阳河大道与古汉路交界处西南角围墙内。

经物证检验鉴定：支持现场卧室黄色木柜金属凹槽内血迹3处、现场卧室深色衣柜上血迹、蓝色塑料圆凳上血迹、张某铭指认的浏阳河大道古汉路口废弃工地丢弃的紫红色袋子内魏某长裤上的软组织、现场客厅桌子内侧抽屉内手术刀上血迹、现场客厅桌子内侧抽屉内黑色钢锯上血迹、现场客厅桌子内侧抽屉内裁纸刀、现场客厅内行李箱内衬上血痕、现场客厅内蓝黑色拖鞋上血痕等检材检出的生物成分为同一未知男性所留;送检的失踪人魏某的父亲魏某德和母亲黄某血痕与现场卧室黄色木柜金属凹槽内血痕 3 处、现场卧室深色衣柜上血痕、蓝色塑料圆凳上血痕等检材在 21 和 STR 位点上符合遗传关系。

(2) 合理标准:优势信念。前面已指出,标准的选择是基于一定的目的。在民事审判中,当事人双方诉讼地位对等。法官只要认为一方的确证度高于另一方就可以作出认定,法官作出这种认定凭借的标准就是合理标准,因为选择确证度高的一方比选择确证度低的一方更为合理。合理标准的含义是法官对其中一方的信念超过另一方。美国证据学家埃德孟·摩根(Edmund Morgan)教授对"盖然性占优"理论的诠释是:"凡于特定之存在有说服负担之当事人,必须以证据之优势确立其存在。事实认定者通常解释说所谓证据之优势与证人之多寡或证据的数量无关,证据之优势乃在使人信服的力量。有时并建议陪审团以双方当事人之证据置于其左右之秤盘,从而权衡何者有较大的重量。"[1]

有学者针对我国民事诉讼制度的特点提出高度盖然性标准,这一标准在程度上比合理标准要高一点,也仅仅是在程度上要高一点而已。还有学者提出适用于行政诉讼的介入排除合理怀疑和高度盖然性标准之间的所谓"清楚而有说服力的证明标准"[2]。本书认为,针对不同的法律行为提出不同的要求是符合法律原则和价值的,但把它们确定为标准就会使标准过多而失去了标准原有的意义,何况这些标准也只是有程度上的差异,而对于确证者来说,这些差异都已包含在他的

---

[1] 摩根. 证据法之基本问题. 李学灯,译. 台北:台湾世界书局,1982:48.

[2] 例如,有学者认为,确立行政诉讼的证明标准必须考虑到以下两个因素:一是行政诉讼的证明标准应当体现出审查性,即行政诉讼审查的是被诉具体行政行为的合法性;二是行政诉讼证明标准应当具有多元性,即被诉具体行政行为的性质及对当事人合法权益的影响有着个案上的显著区别。从当事人之间的权利义务的对等程度及举证责任的分配来看,行政诉讼应当介于刑事诉讼与民事诉讼之间,因而行政诉讼的证明标准应当介于排除合理怀疑标准和高度盖然性标准之间。由此,清楚而有说服力的证明标准便成为最佳选择。它包括四个方面的要求:被告所举证据相对于原告所举证据具有明显的优势;被告所举证据允许合理怀疑的存在;被告所举证据之间具有清楚的逻辑关系;被告所举证据必须具有一定的说服力(李国光. 最高人民法院《关于行政诉讼证据若干问题的规定》释义与适用. 北京:人民法院出版社,2002:387)。此外,在民事案件中,根据英美判例和学说,适用清楚而有说服力标准的主要有以下几类:(1) 驱逐出境和丧失自由;(2) 虐待儿童;(3) 民事案件中的刑事指控;(4) 婚姻案件;(5) 口头信托;(6) 口头遗嘱;(7) 以过错或欺诈为由请求更正文件;(8) 请求实际履行口头合同;等等(程春华. 民事证据法专论. 厦门:厦门大学出版社,2002:221)。

确证度层级体系中了。对于最终案件事实的确认来说,严格标准适用于刑事案件,合理标准适用于民事案件。但是,按照当然逻辑,在民事案件中,如果能够达到严格标准也就实际上达到了合理标准。尽管在民事案件中事实认定者的心证要求比刑事案件的要低,但并没有理由认为民事案件的错判率要高于刑事案件的错判率。"不正当的(民事)原告比不正当的检察官赢得要多,但不正当的民事被告比不正当的刑事被告赢得更少。这使得大多数案件的正确解决成为可能,不论是民事案件还是刑事案件,其原因仅仅在于,站在客观真实一边的当事人通常可以较低成本获取具有说明力的证据。"[①] 而是否达到内心确信就取决于这些证据。内心确证的严格标准与合理标准不仅仅是程度上的不同,而且最根本的是在类型上的差异。两种不同标准体现了信念确证的两种不同理念。事实认定者在决定其内心确证的信念是否达到严格标准时只需要对一个信念作出线性判断即可,而在决定是否达到合理标准时,需要对两个信念进行比较来决定最终接受哪一个。从这种意义上说,"优势信念"并不是一种标准,而是一种作出决策的方法。事实认定者在权衡盖然性优势时经历的是与"主观确信"完全不同的心理过程。决定一个事实的证明是否基于"盖然性优势"就像比较两个人的身高,而决定一个事实的证明是否达到"确信"就像判断某人身高是否有1.7米。

【案例 2.4】　　　　　广东永康药业有限公司诉
广东汉方医药有限公司买卖合同纠纷案

广东永康药业有限公司(以下简称"永康公司")成立于1993年3月1日,并依法领取了广东省食品药品监督管理局核发的"中华人民共和国药品生产许可证",生产范围包括:大容量注射剂、小容量注射剂、片剂、胶囊剂、颗粒剂、丸剂(水丸、水蜜丸、浓缩丸)、合剂、口服剂、配剂(含外用)、原料药(新鱼腥草素纳)、口服溶液剂、中药前处理和提取车间(口服制剂、注射制剂)。2002年9月13日,永康公司生产的"脑络通胶囊"领取了国家食品药品监督管理局核发的"药品注册证",药品批准文号为国药准字 Z44021708。2002年12月18日,永康公司生产的"新鱼腥草素纳注射液"(规格5ml:10mg)领取了国家食品药品监督管理局核发的"药品注册证",药品批准文号为国药准字 H44024358。同日,永康公司生产的"血栓通注射液"(规格:每支装2ml:70mg、5ml:175mg)领取了国家食品药品监督管理局核发的"药品注册证",药品批准文号

---

① 理查德·A. 波斯纳. 证据法的经济分析. 徐昕,徐钧,译. 北京:中国法制出版社,2002:91.

为国药准字 Z44023081、Z44023082。2003 年 8 月 2 日，永康公司生产的"补肺活血胶囊"领取了国家食品药品监督管理局核发的"药品注册批件"，载明：经审查，本品符合新药审批的有关规定，发给新药证书，同时批准生产本品，发给药品批准文号，药品批准文号为国药准字 Z20030063。

2004 年 10 月 8 日，永康公司和广东汉方医药有限公司（以下简称"汉方公司"）签订"总代理协议书"一份，约定：经双方友好协商，达成"新鱼腥草素钠注射液"（商品名：欣青素，规格：5ml：10mg）全国总代理事宜；永康公司作为欣青素针的生产厂家，负责该产品的生产，必须确保产品的质量，并承担因生产引起的药品质量问题；总代理期间，汉方公司必须在第一年度完成上诉人永康公司欣青素针 2 200 件的销售回款任务，以后每年度按 25% 的任务量递增，否则永康公司有权提前终止本协议；结算方式按欣青素 6 元/支计，带款提货；汉方公司完成本协议的年销售回款任务后，当年销售的欣青素针按 4.5 元/支结算，差额部分永康公司以免费提供欣青素针的形式奖励汉方公司，并计入下一年度的销售任务；本协议履行期限暂定三年，有效期自 2004 年 10 月 8 日至 2007 年 10 月 8 日止等内容。

上述协议签订后，永康公司依约向上诉人汉方公司提供"新鱼腥草素钠注射液"。截至 2006 年 5 月，永康公司分别于 2004 年度向汉方公司供应"新鱼腥草素钠注射液"152 000 支、2005 年度 11 月前供应 250 500 支、2005 年 12 月至 2006 年 5 月供应 139 000 支，合计共供应"新鱼腥草素钠注射液"541 500 支（规格：5ml/支）。

2004 年 11 月 20 日，永康公司和汉方公司双方签订"总代理协议书"一份，约定：永康公司作为"补肺活血胶囊"的生产厂家，负责该产品的生产，必须确保产品的质量，并承担因生产引起的药品质量问题；总代理期间，汉方公司必须在第一年度完成"补肺活血胶囊"200 万盒的销售回款任务，以后每年度按 50% 的任务量递增，否则永康公司有权提前终止本协议；从代理之日起，永康公司不得以任何理由、任何方式将"补肺活血胶囊"售予其他单位，否则汉方公司有权向永康公司追讨违约金（按本协议总金额的 10%）；结算方式为"补肺活血胶囊"40 粒装和 60 粒装按 5 元和 6.5 元结算，带款提货；本协议履行期限暂定三年，有效期自 2004 年 11 月 20 日至 2007 年 11 月 20 日止，期满后，汉方公司享有优先续约权等内容。2007 年 11 月 20 日，永康公司和汉方公司双方签订"补充协议"一份，约定：鉴于双方原签订的"补肺活血胶囊总代理协议"到期，永康公司和汉方公司双方经友好协商，延续执行原协议并增加和修订如下条款：汉方公司承诺2008年1月至12月完成不低于80万盒的销售任务（按40粒规格计），并按月向永康公司付款提货；2009年1月至2009年12月完成销售任务120万盒，以后每年的销售量保持在每年200万盒以上；永康公司保证按汉方公司的要货计划及时供货；永康公司承诺不因永康公司的股东变更而改变本协议内容，本协议有效期自2007年11月20日至2009年12月31日，期满后，在汉方公司完成销售任务的条件下协议继续顺延。

"补肺活血胶囊总代理协议"及其补充协议签订后，上诉人永康公司依约向上诉人汉方公司供应40粒/瓶规格的"补肺活血胶囊"694 400瓶，60粒/瓶规格的35 200瓶。

但是，在履行上述两份总代理协议书的过程中，由于药品质量问题发生多次退货行为，同时，双方对结算价格也产生争议，因此，永康公司与汉方公司就货款纠纷诉至法院。

在庭审中，汉方公司称，虽然"总代理协议书"约定好了"新鱼腥草素纳注射液"的价格按6元/支计算，但是在实际履行过程中，永康公司与汉方公司达成口头协议，约定2004年度的"新鱼腥草素纳注射液"按照4.5元/支结算，2005年度11月之前的货物按照4元/支结算，2005年12月至2006年度按照3元/支结算，因此永康公司供应的"新鱼腥草素纳注射液"价值应当是2 103 000元。汉方公司为此提交了广东增值税专用发票、2004年11月至2007年10月广东汉方医药有限公司退货明细的传真件作为证据。经庭审质证，永康公司对汉方公司提交的广东增值税专用发票的真实性没有异议，但认为发票显示的价格不能代表合同履行过程中实际的结算价格。对"2004年11月至2007年10月广东汉方医药有限公司退货明细"，永康公司表示该传真件上的显示的号码"07667332204"虽然是永康公司的传真号码，但永康公司从来没有传真上述文件给汉方公司，且该传真件上没有永康公司的盖章，也没有永康公司员工的签名确认，对其真实性不予确认。另外，永康公司向法院提交证据"广东汉方医药有限公司2004年11月至2008年1月销售永康产品明细表"，用以证明永康公司向汉方公司交付货物的数量，汉方公司指出该表上亦可以证明"新鱼腥草素纳注射液"的结算价格。"广东汉方医药有限公司2004年11月至2008年1月销售永康产品明细表"是由汉方公司传真给永康公司的传真件，并没有永康公司的签名及盖章确认，永康公司表示向法院提交该证据仅用以证明永康公司向汉方公司交付货物的数量,并非货物的价格。

汉方公司表示在两份"总代理协议"履行过程中,均存在退货的情况。其中,"新鱼腥草素纳注射液"共有六批退货,分别于:(1) 2005 年 11 月 28 日退 33 000 支;(2) 2006 年 5 月 9 日退 10 840 支;(3) 2006 年 6 月 7 日退 47 000 支;(4) 2006 年 8 月 3 日退 56 326 支;(5) 2006 年 10 月 10 日退 5 323 支;(6) 2007 年 3 月 16 日退 3 501 支,合计共退回"新鱼腥草素纳注射液"155 990 支。按照退货药品的生产批号,当时价格分别为:2004 年批号的按 4.5 元/支、2005 年批号的按 4 元/支、2006 年批号的按 3 元/支的价格计算,退货价款总计 582 985 元。"补肺活血胶囊"共有七批退货,分别于:(1) 2006 年 3 月 29 日退规格 40 粒/瓶的 112 800 瓶、60 粒/瓶的 19 600 瓶;(2) 2006 年 10 月 10 日退规格 40 粒/瓶的 1 501 瓶、60 粒/瓶的 1 601 瓶;(3) 2007 年 3 月 16 日退规格 40 粒/瓶的 8 400 瓶;(4) 2007 年 4 月 25 日退规格 40 粒/瓶的 12 000 瓶;(5) 2007 年 6 月 26 日退规格 40 粒/瓶的 6 582 瓶、60 粒/瓶的 3 200 瓶;(6) 2007 年 8 月 24 日退规格 40 粒/瓶的 3 584 瓶、60 粒/瓶的 1 091 瓶;(7) 2007 年 12 月 4 日退规格 40 粒/瓶的 1 623 瓶,合计共退回 40 粒/瓶的"补肺活血胶囊"146 490 瓶,60 粒/瓶的 25 492 瓶,货款价值 898 148 元。

针对"新鱼腥草素纳注射液"和"补肺活血胶囊"的退货数量问题,汉方公司向法院提供肇庆市全通货运服务有限公司托运凭据、广州以利物流有限公司托运单及其出具的证明、深圳市金大物流服务有限公司广州分公司货运单及其出具的发货证明回单、2006 年 6 月 20 日确认函、退回药品入库凭单、2007 年 10 月 15 日的"2004 年 11 月至 2007 年 10 月广东汉方医药有限公司退货明细"作为证据。

2006 年 6 月 20 日确认函载明:自 2005 年 11 月至今,汉方公司退回永康公司的药品明细如下:(1) 2005 年 11 月 28 日,退回 5ml×5 支欣青素新鱼腥草素纳注射液,数量:33 000 支(33 箱),其中批号 0503003 数量 12 000 支(12 箱)、0503004 数量 21 000 支(21 箱);(2) 2006 年 3 月 31 日,退回 60S"补肺活血胶囊"数量 19 600 盒(49 箱)、批号 050302,退回 40S"补肺活血胶囊"数量 112 800 盒(282 箱)、批号 050303、04、05;(3) 2006 年 5 月 11 日,退回 5ml×5 支欣青素"新鱼腥草素纳注射液"数量 10 840 支(10 箱+168 盒)、批号 0410001、0410002;(4) 2006 年 6 月 8 日,退回 5ml×5 支欣青素"新鱼腥草素纳注射液",数量 47 000 支(47 箱)、批号 0604001。上述确认函上加盖了永康公司的公章，经庭审质证，永康公司表示对确认函上加盖公章的真实性不能确认，法院当庭告知永康公司在庭后 3 天内以书面形式向原审法院提出对确认函公章真实性进行司法鉴定的申请，并预交鉴定费用，逾期不提交，视为对确认函予以确认，在法院指定的期间内，永康公司没有提出鉴定申请。

对汉方公司提供的肇庆市全通货运服务有限公司托运凭据、广州以利物流有限公司托运单及其出具的证明、深圳市金大物流服务有限公司广州分公司货运单及其出具的发货证明回单，永康公司确认托运单上的收货人"张某刚"是上诉人永康公司的员工，但认为张某刚从未签收过上诉人汉方公司退回的货物。汉方公司提供的上述货运单上没有收货人的签收，对此，汉方公司提供了广州以利物流有限公司以及深圳市金大物流服务有限公司广州分公司出具的送货证明，永康公司对货运公司出具的证明真实性不予确认。对汉方公司提供的退回药品入库凭单，永康公司认为汉方公司未能提供上述单据的原件，对该单据的真实性亦不予确认。对 2007 年 10 月 15 日的"2004 年 11 月至 2007 年 10 月广东汉方医药有限公司退货明细"，永康公司质证认为该证据上的"07667332204"虽然是永康公司的传真号码，但永康公司并没有传真过该函件给汉方公司，故对其真实性不予确认。

本案中针对双方的货款有两个与证明标准相关的争议点：一是发票能否证明实际货物的价格？二是印有永康公司传真号码的传真件是否能够证明从永康公司发出，从而证明退货明细得到了双方的认可？

首先针对第一点，发票并不是银行转账凭证，不能直接证明实际支付的金额。但是，发票作为完税凭证，在商业实践中也是收到货款的标志。所以在司法实践中，开出了发票，也就意味着收到了货款，发票的金额也就等同于实际收取的金额。在民事案件中，发票用来证明实际支付的金额，应当认为是满足了民事案件要求的合理标准。

而针对第二点，传真号码是区分不同的传真的唯一编码。从永康公司的号码发出来的传真，系其发出的可能性远远大于不是其发出的可能性。如果永康公司不能提出其他证据，如传真被盗用、作废、遗失或者能够进一步证明不是其发出的证据，那么我们有理由相信，唯一编码已经足以证明传真发自相应主体，达到了民事案件的证明标准。

第三章 证据分析的内容与方法

证据分析的内容主要是分析证据的属性。证据属性是指证据所具有的某种性质或特性。主流学术观点是"三性说"（客观性、相关性和法律性）。[1] 曾经还有证据法学教材提出了"四性说"（客观性、相关性、合法性、一贯性）[2] 的观点。在证据属性的争论中，"三性说"虽是通说，但近年来，证据可采性、证据能力和证明力也逐渐被人们所接受，同时，人们也对证据的客观性提出了质疑。[3] 张保生教授在归纳总结各种观点的基础上，认为证据确实具有三大属性，但它们不应包括证据的客观性和证据的法律性，而应该包括证据的可采性（证据能力）和证明力。故其提出一种新"三性说"，即认为证据具有相关性、可采性（证据能力）和证明力。[4] 我们结合多年来的办案经验，认为在法律实务中比较合适的证据属性学说应该是新"四性说"，即证据的相关性、合法性、可信性和证明力。

第一节 证据的相关性分析

【案例3.1】　　　　　　谭某诉育人中学合同纠纷案

1993年，育人中学经市教育局许可，在市民政局登记设立，登记在册的学

---

[1] "三性说"，参见刘金友. 证据法学. 北京：中国政法大学出版社，2001：115-127；何家弘，张卫平. 简明证据法学. 北京：中国人民大学出版社，2007：29-34.
[2] 高家伟，邵明，王万华. 证据法原理. 北京：中国人民大学出版社，2004：8-26.
[3] 卞建林. 证据法学. 北京：中国政法大学出版社，2005：141-152.
[4] 张保生. 证据法学. 北京：中国政法大学出版社，2009：20.

校主办人为邓某鹏、运达公司。1995年，因学校资金及管理问题，引入了谭某在内的九位个人和师范学校一家机构，实行联合办学。邓某鹏担任育人中学的校长。

谭某于1995年1月加入育人中学后，任育人中学的专任董事兼副校长，负责学校的基建、后勤工作。育人中学在1995年5月20日出台了《关于专任董事待遇问题的几项规定》，对谭某在内的六位专任董事的权利义务进行了约定。规定约定："第1条，专任董事在校工作期间，按任职付工资，创办初期未付足的欠款，按实结算，由学校在适当时候补足。第2条，六位专任董事每年可免交代培费，送2名亲属入学。第3条，专任董事可享受3个学额的优惠投资待遇参与联合办学，即每人投资3万元，每年占3个学额，其投资报酬办法按同类联合办学合同规定执行，由董事会分别与六人签订联合办学协议，已参加联合办学的董事，不再参加这项投资，不再占学额，可按照此项优惠规定，每人发给投资差金额2.4万元。第4条，专任董事退出学校的实际工作后，仍保留董事身份，参加董事会，参与学校重大问题的讨论和决定，按月发董事津贴，其津贴标准按本人退出当年工薪标准的50%计算，并一次性发给生活补贴费4万元。第6条，本规定由每名专任董事各执一份，从签字之日起生效，具有合同同等法律效力。"六名专任董事均在规定上签字，育人中学也加盖校章。

1997年2月，谭某与陈某共同投资18万元，成为育人中学联合办学持股人，育人中学向其出具"持股证书"，证书约定：持股人对所投入股金享有收益权，从1997年起每年凭此证向学校支取当年十个学生所交捐资款之和数额的股息或者每年接受持股人新生十人，不另收捐资款。1997年4月30日，谭某通过汇款的方式向育人中学转账9万元。育人中学于1997年5月2日出具收据。1998年5月1日，谭某再次向育人中学投资5.4万元，并与育人中学签订了"投资办学合同"。合同约定，育人中学无偿给谭某三个学生名额（集资费，不含学杂费），于当年12月底付款给谭某，三个学额的报偿从1998年起算。1998年5月28日，育人中学出具收到了谭某5.4万元的收据，并注明"投资办学款"。

联合办学开始后，育人中学开始招生，并且生源红火。谭某在担任董事期间，至2000年，根据"持股证书""投资办学合同""关于专任董事待遇问题的几项规定"，共在育人中学领取工资、补助、投资回报173 400元。但正因为学校利润可观，邓某鹏试图让其他投资人退出。2001年，邓某鹏与谭某协商，称按"关于专任董事待遇问题的几项规定"对谭某进行结算，一次性发给谭某应得款项和补发被停发两年的工资、奖金、补助等共计 18.5 万元，谭某则退出学校的实际工作，但不退股，仍保留董事身份，参加董事会议和重大事项的决策。谭某同意后，邓某鹏将 18 万元汇入谭某账户。但在双方就上述事项签署"结算书"之时，谭某发现"结算书"中存在"本息全清"的退股条款，此时发觉受骗，遂拒绝签署"结算书"。其后谭某向邓某鹏要求退回 18 万元并恢复其职务和工作，但邓某鹏未同意，谭某也因此被排除在育人中学的日常工作和经营之外。谭某遂于 2005 年 3 月向法院起诉育人中学，要求确认"持股证书""投资办学合同""关于专任董事待遇问题的几项规定"的效力和自身的学校股东身份。

相关性通常被认为是证据的根本属性或基本属性。从性质上看，相关性实际上可以说是证据的逻辑属性。为了便于理解这一逻辑属性的内涵，我们有必要先区分一下逻辑相关与法律相关的概念。

一、相关性的概念

（一）相关性的内涵

证据的相关性，又称"相关性"，是指对案件事实的认定具有证明力、有助于事实认定者判断或评价要件事实存在可能性的证据。对证据相关性实质内涵的界定，涉及相关性在证明待证事实过程中的作用或影响力问题，它是对证据相关性在证据效力上的定位与价值评估。因此，对证据相关性的界定需要考虑以下两个因素：一是从逻辑角度看，证据是否有助于证明或否定某个事实主张，即适用逻辑学的一般原理，考察证据能否推论出所要证明的案件事实的全部或一部分的存在或是不存在。二是从证明力的角度看证据与待证事实是否有影响关系，也就是说证据所反映的内容能否影响人们对案件事实存在与否的判断。

在庭审中，法官以"有什么相关性"这样的问题打断律师，这在如今已经成为惯例，而不是什么例外。[①] 美国《联邦证据规则》第 401 条规定："相关性证据是指任何具有下述倾向的证据，即任何一项对诉讼裁判有影响的事实的存在，若有此证据比没有此证据时更有可能或更无可能。"简单地说，相关证据就是指任

---

① 詹妮·麦克埃文. 现代证据法与对抗式程序. 蔡巍，译. 北京：法律出版社，2006：16.

何能够用于证实或证伪一个或多个案件中争议的主要事实的证据。[①] 用逻辑上的术语可表示为,在一个推断中,如果一个证据能改变你对该论证中一些重要事项的可能性信念,那么,它就是相关的。由此可见,相关性不是证据本身所具有的一项内在属性,而是证据与假设证明对象之间的一种联系或关系。

相关性并不是任何证据本身所固有的属性,它只反映证据与案件中需要证明的事实之间的关系。相关性的检验标准不是由法律所提供的,而是借助逻辑和一般经验作出的。就是说,什么证据具有相关性不是由法律所规定的,而是要借助逻辑、常识或一般经验来作出判断。证据有助于事实认定者评估要件事实存在的可能性,而可能性是基于知识和经验的归纳概括作出判断的。

相干逻辑认为,"A 相干蕴含 B,当且仅当,A 与 B 之间具有某种共同的意义内容,使得 B 可以逻辑地从 A 推出"。这种"共同的意义内容"就是相关性的实质属性。[②] 实质性的相关是一种逻辑相关。从这一点来看,相关性是可以建立

[①] 许多学者对"相关性"给出了不同的定义。例如,杰罗姆·迈克尔(Jerome Michael)和莫蒂默·阿德勒(Mortimer Adler)认为,"司法证明的相关性是指直接地或间接地为最后待证的实质性命题提供证明或证据的性质"(Michael Jerome and Mortimer Adler. The Trial of an Issue of Fact. Columbia Law Review, Vol. 34, 1934: 1279)。帕特森(Patterson)认为相关性是"一种关于对命题关系的本质关系,这种关系是该命题结论的命题证据"。证据的相关性由"从证据得出的推论"决定(Patterson, Lyman Ray. The Types of Evidence: An Analysis. Vanderbilt Law Review, Vol. 19, 1965: 1)。舒姆认为,"我们说证据是相关的,如果它允许我们修正关于任一现存的假设的信念,或者如果它允许我们修正一个或更多现存的假设或产生一个全新的假设"(David A. Schum. The Evidential Foundations of Probabilistic Reasoning. Evanston: Northwestern University Press, 2001: 71)。沃尔顿(Walton)认为,相关性理论由三个必要部分组成。第一,需要一个基于论证链的逻辑相关概念,这个概念并不完全由语义型的形式相干逻辑刻画;第二,这种理论需要更深层次地处理各种不相关谬误;第三,还需要相关性的会话框架。沃尔顿还认为,决定逻辑相关的两种实用方法是论证推断(Extrapolation)法和论证图表(Diagramming)法(Douglas Walton. Relevance in Argumentation. Mahwah, New Jersey: Lawrence Erlbaum Associates, Inc., Publisher, 2004: 120)。米尔建·R. 达马斯卡(Mirjan R. Damaška)认为,相关性涉及的是某项信息在支持或否定某事实结论(待证事实)的存在方面的证明潜力。相关性概念表达的思想是,一项证据是通过逻辑或经验联系而与待证命题相联结的(米尔建·R. 达马斯卡. 漂移的证据法. 李学军,等译. 北京:中国政法大学出版社,2003: 76)。

[②] 斯特龙(Strong)认为,相关证据存在两种属性:实质性(Materiality)和证明价值(Probative value)。实质性涉及案件提出的证据命题和争议命题之间的关系。如果提出的证据帮助证实一个不是争议中问题的命题,则该证据就是非实质性的(immaterial)。争议中的问题是指在法律规定的范围内主要由起诉方按照诉讼规则提出的并由实体法控制的问题。因此,在一个劳动者赔偿诉讼中,无论起诉与否,受伤一方自己的粗心应该是非实质性的,因为劳动者的粗心并不影响获得赔偿的权利。而证明价值是证据对需要证实的命题的一种倾向(Strong, John William. McCormick on Evidence. 4th edition. St. Paul, ed.. West Publishing Co., 1992: 773 - 774)。一般认为,证据的相关性与证据的证明价值在界限上可能是相互渗透的:证据是相关的,所以才有证明价值;同时,因为证据有证明价值,所以证据是相关的。而在司法实践中,事实审理者是基于证据的证明力对事实形成心证。因此,我们的处理是:证据的相关性是证据的证明力(证明价值)的前提。这样,就可以认为斯特龙关于相关证据两种属性是从不同方向来定位的,即实质性是相关性的前提,而证明价值是相关性的结果。也就是说,证据因具有实质性才具有相关性,具有了相关性才具有证明价值。

的。例如，根据相干逻辑的公理，要建立 A 与 C 之间的相关性，如果我们能够找到一个 B，且 B 与 A 相关，也与 C 相关，那么，我们就通过 B 建立起了 A 与 C 之间的相关性。通过一系列有关联的论证，这串论证最后得出了案件问题的最终结论。每个链条上的前提和结论是似然性的，因而，我们通过似然性建立了前提和结论的相关性。每个链节通过相关性把一些似然的证明力传递给最后的结论。证据的相关性只是决定证据证明力的因素之一，而且相关性同样存在程度问题。

决策逻辑理论认为，如果一个事件发生的概率取决于另一个事件是否发生，那么，可以说这两个变量相关。在庭审中，通常一方律师想提出一个证据，对方律师会考虑两个问题。第一，证据是否可靠？如果证据不可靠，该证据就可被当作无关证据丢弃；第二，证据是否可帮助法官或陪审团作出裁决？如果不是，该证据就像无关证据一样，不被认可。

威格莫尔把逻辑相关看成法律上相关性概念的一个基石。他认为，审判证据规则中存在一种"证明的科学"（science of proof）或推理的逻辑结构。[①] 他的论证图表就是用于展示审判中任何单个证据与最终证实或反驳的命题的逻辑相关性。尽管这在逻辑上不能为证据的相关性给出一个精确的数值标准，但我们仍然有许多不同的理由来说明为什么证据是相关的。"在有些情形下，证据似乎是相关的是因为我们能够构建一串从证据到大前提或最终假设的直接推理。尽管在另外一些情形下，我们拥有的证据不能形成类似的推理链，但是证据似乎仍然是相关的，因为它对我们已经从其他证据建立起的推理链的强度或最弱的链环节有影响。"[②] 这里实际上提出了两种不同形式的相关。我们把第一种情形下的相关称作"直接相关"，如目击证人的证词。而把第二种情形下的相关称作"间接相关"，如犯罪现场留下的脚印。直接相关给人以简单而又明确的说服力，因而它是证据提供者首先追求的。但是，直接相关的证据的证明力并不必然大于间接相关的证据的证明力。由于间接相关证据对案件事实的支持需要通过论证的方式来实现，因此，对间接相关证据的评估，除考虑作为前提的证据本身的真实性之

[①] Wigmore, John H. The Principles of Judicial Proof. Boston: Little, Brown and Co., 1931.

[②] David A. Schum. The Evidential Foundations of Probabilistic Reasoning. Evanston: Northwestern University Press, 2001: 71.

外，还需涉及论证的有效性。[1]

  一般来说，在一个法律程序中，一个事实的证明能支持你所提出的主张或反驳，并且没有相反的规则使其变得不可接受，那么，这个事实的证明就是相关的。[2] 在一个推断中，如果一个证据能改变你对该证明中一些重要事项的可能性信念，那么，它就是相关的。根据格拉汉姆·罗伯茨（Graham Roberts）的观点，在一个法律案件中，一个论证的相关性基本上是由案件中"争议的事实"以及论证提出的证明方式决定的。[3] 克里斯托弗·米勒（Christopher Mueller）和莱尔德·柯克帕特里克（Laird Kirkpatrick）认为，法律相关性由当事人所提出的问题、其他引入的证据及可应用的实体法决定。[4] 但现在的问题是事实认定者还未对案件中的"争议事实"作出认定，怎么可能来决定证据的相关性呢？况且，在庭审中，事实认定者往往在作出事实认定之前就要对证据的相关性作出评估，这样就陷入了循环论证。作为中立的事实认定者在当事人提供有效证据之前，只能将当事人的事实主张视为一种假设。本书认为证据的逻辑相关性是由当事人提出的假设或主张、其他引入的证据及可应用的实体法决定的。例如，假设控方律师试图把一把刀作为证据提交法庭，并声称该刀属于被告。如果所提供的证据不能使陪审团确信该刀属于被告，那么，该证据与案件就没有关联。如果被害人是因枪杀致死的，那么，即使该刀属于被告，则该证据也与案件没有关联。

  法律上的相关性可分为证据能力相关性和证据价值相关性两种。前者属于调查范围，亦即调查前之相关性；后者属于判断范围，亦即调查后之相关性。[5] 法律上的相关性是证据证明力的主要源泉，但相关性不等同于证据力。[6] 法律上的

---

  [1] 关于法律论证的有效性，see Zhang Nan-ning & Tang Ling-yun. On the Validity of Legal Argument. The Uses of Argument: Proceedings of a Conference at McMaster. David Hitchcock, ed.. Ontario, 2005: 519-560。

  [2] Jovan Brkic. Legal Reasoning: Semantic and Logical Analysis. New York: Peter Lang Publishing, Inc., 1985: 19.

  [3] Roberts, Graham B. Methodology in Evidence-Facts in Issue, Relevance and Purpose. Monash University Law Review, Vol. 19, 1993: 91.

  [4] Mueller, Christopher B. and Laird C. Kirkpatrick. Modern Evidence: Doctrine and Practice. Boston: Little, Brown and Co., 1995: 249.

  [5] 陈朴生. 刑事证据法. 台北：三民书局，1979: 275-276.

  [6] 这里的法律相关是狭义上的概念，仅指证据上的法律相关。在判例法国家，法官在选择先例时需要考虑的法律相关是指当前案件与先例在实体法问题上的类似性或相关性（David Hricik. Law School Basics: A Preview of Law School and Legal Reasoning. Nova Press, 1998: 101）。此外，沃尔顿认为逻辑相关是法律相关的一部分（Douglas Walton. Legal Argumentation and Evidence. Pennsylvania: The Pennsylvania State University Press, 2002: 353）。显然，沃尔顿的法律相关也是一种广义上的概念。

相关性是法律规定的对相关性的一种拟制。逻辑相关和法律相关作为相关性的两个滤子（filter），两者对证据进行过滤。逻辑相关性滤子中的滤网就是当事人提出的假设或主张、其他引入的证据及可应用的实体法，法律相关性滤子中的滤网是程序法。如图3-1所示，首先通过逻辑相关性滤子把一些不具逻辑相关性的证据排除掉，然后再通过法律相关性滤子把虽具逻辑相关性但不具法律相关性的证据也排除掉。① 换句话说，通过证据排除规则的过滤，把证据的逻辑相关性转变为法律相关性。例如，在英美法国家，在将证据提交给陪审团之前，证据的证明潜力被严格地审查并以排除规则进行细致地过滤。这样，我们就可以说，如果一个证据与争议中的问题是相关的，那么就可以被采纳，除非它与某些排除规则发生冲突。

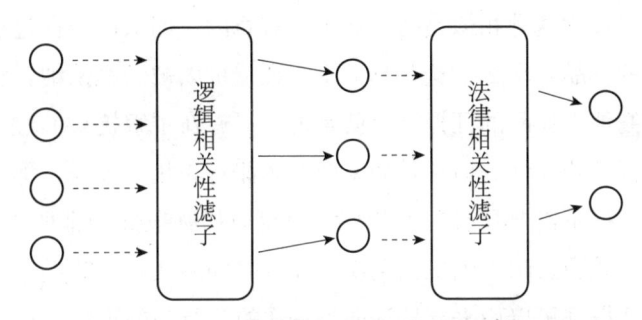

图3-1 相关性滤子对证据的过滤示意图

在实际庭审中，在决定一项证据是否与待证事实相关的时候，事实认定者必须考虑两个问题：（1）提出用于证明某个事实的证据对于案件是要素性的（of consequence）吗？（2）该证据实际上将通过使某个事实更可能（或更不可能）存在，从而证明（或证伪）那件事实吗？② 由此可见，在相关性的结构里至少涉及三方面的要素，如图3-2所示。

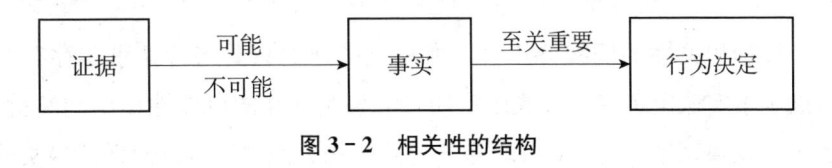

图3-2 相关性的结构

---

① 例如，美国《联邦证据规则》第403条规定："证据虽然具有相关性，但可能导致不公正的偏见、混淆争议或误导陪审团的危险超过该证据可能具有的证明价值时，或者考虑到过分拖延、浪费时间或无须出示重复证据时，可以不被采纳。"

② 罗纳德·J.艾伦，等.证据法：文本、问题和案例.张保生，王进喜，赵滢，译.北京：高等教育出版社，2006：149.

这里的事实是指相对于行为决定来说是举足轻重或至关重要的事实。该事实是行为决定必需的条件，也就是第一章中介绍的最终待证事实（penultimate probanda）。[①] 然而，在现实的审判中，法庭可能面临很多的相关性难题，也就是所谓的相似事实的相关性。比如品格证据的相关性难题就是其中较为典型的一种情况。假设某商场被盗，如果必须证明某人是犯罪嫌疑人的话，那么他入室行窃的犯罪记录是否相关呢？显而易见，有盗窃前科的人比从未干过这种事的人更有可能实施一个特定的盗窃行为。法律处理这类事情的原则是"因事审判"，而不是"因人审判"，即被告人必须是因为他做了什么事，而不是因为他是谁而受到审判。但是，在有些情况下，相似事实的证明力也会被法庭所接纳。例如，在审理侵犯版权、伪造文书、违反忠实义务的案件时，假如被告承认自己发表的作品与原告的相似，但辩称这种相似是巧合而不是有意的。如果被告在过去曾多次发表过与他人相似的作品，那么，这些相似事实证据可以被法庭采纳，将其作为证明被告人有意复制他人作品的证据。也就是说，只有在了解抗辩的性质后，才有可能确立品格证据的相关性。但是，如果两个犯罪行为相互关联，那么，两个证明力较弱的指认证据不需要具有显著相似，就可以增强彼此的证明力。[②] 例如，在系列犯罪案件中，通过陪审团确信两次抢劫都是同一伙人实施的，那么，每次抢劫行为的指认证据都可以用来支持证明另一次抢劫行为的证据，尽管每个犯罪行为的指认证据证明力都很弱。除了品格证据的相关性难题，还有性侵害案件中被害人的先前性行为的相关性、正当防卫者对被害人暴力名声的证据的相关性等，都是事实认定者经常可能面临的证据相关性问题。

（二）相关性的特征

1. 相关性是证据与事实之间的逻辑联系

（1）证据相关性的门槛并不高，所提供的证据只要与待证事实存在逻辑联系，有助于事实认定者（法官或陪审团）对事实存在的可能性作出判断就够了。按照美国《联邦证据规则》第401条规定："'相关证据'是指使任何事实的存在具有任何趋向性的证据，即对于诉讼裁判的结果来说，若有此证据将比缺乏此证

---

① Terence Anderson, David Schum, William Twining. Analysis of Evidence, Cambridge University Press, 2005: 61, 299.
② 詹妮·麦克埃文. 现代证据法与对抗式程序. 蔡巍, 译. 北京: 法律出版社, 2006: 77-78.

据时更有可能或更无可能。"按照澳大利亚《1995年证据法》第55条规定："诉讼程序中具有相关性的证据是指，若其被采纳，就能合理地（直接或间接）影响对诉讼程序中的争议性事实之存在可能性进行评估的证据。"

（2）证据相关性不是哲学上的普遍联系，而是逻辑上的特殊联系，即证据与证明对象或特定证据与待证事实之间必须具有一种逻辑相关性。因此，我们不能用普遍联系的哲学观点推测特定证据与事实之间关联的可能性，而应当按照特殊联系的信息观点具体考察证据与案件事实的信息相关性，并遵循严密的逻辑规则进行经验推论。作出证据相关性的判断或评估需要三个连续性推论：一是从证据性事实（证据提出者主张的事实）得出推断性事实（事实认定者推断的事实），二是由此推出要件事实（事实认定者经推论确信的且对该争端的法律解决至关重要的事实），三是由此推出其与实体法规定相联系的要件。[①]

2. 相关性是一种"度"

我们可以将相关度的范围区间定为 $[-1, 1]$。[②] 这样根据相关度的不同取值就可以来定义不同种类的相关性了。第一种是正相关（positive relevance），定义为"对于两个陈述，如果陈述 A 对于陈述 B 是正相关的，当且仅当 A 支持 B"。在正相关条件下，一个变量会随着另一个变量的增加而增加。第二种是负相关（negative relevance），定义为"对于两个陈述，如果陈述 A 对于陈述 B 是负相关的，当且仅当 A 反对 B"。在负相关条件下，一个变量会随另一个变量的增加而减少。第三种是零相关或不相关（irrelevance），定义为"如果陈述 A 对于陈述 B 是不相关的，当且仅当 A 既不支持也不反对 B"。在零相关条件下，变量间不存在任何关联。如果相关度 R 满足 $-1<R<1$，那么，当 $0<R<1$ 时，变量间相关性就是正相关，当 $-1<R<0$ 时，变量间相关性就是负相关，当 $R=0$ 时，变量间相关性就是零相关。相关性理论是一种似然性理论，证据的相关度在数值上等于似然度。[③] 从逻辑关联角度看，证据的相关性与其说是对证据的要求，倒

[①] 罗纳德·J. 艾伦, 等. 证据法：文本、问题和案例. 张保生, 王进喜, 赵滢, 译. 满运龙, 校. 北京：高等教育出版社, 2006：149-158.

[②] 这里的相关度取负值时并不是数学上的负数概念，而只是在性质上表明证据对命题的对抗程度。

[③] 华尔兹认为，相关性与时间有关，如果一个旁证事件与受审查事件发生时间很近，那它就具有相关性，如果它与受审查事件的间隔时间很近，那就不具有相关性了。(乔恩·R. 华尔兹. 刑事证据大全. 何家弘, 译. 北京：中国人民公安大学出版社, 1995：83.) 他还举例说，为了确认个人财产的价值，证明盗窃罪发生的当年内，与集市上出售的1 000美元的相似物品就具有相关性。而证明在20年前出售的1 000美元的相似物品就不具有相关性。这种说法表面上看似有道理，但实际上并不完全正确。也许某证据在某个时间点上是相关的，而在另一个时间点上就不是相关的，但这并不能说明证据的相关性由时间来决定。

不如说是对证据提供者的要求。

3. 相关性是相对的

案件的相关证据提供了用以证明要件事实的信息。在判断一项证据是否具有相关性时,法官必须考虑两个问题:第一,提出某个证据,与证明案件中的某个"要件事实"(fact of consequence)是否有关?这个问题又称"实质性"(materiality)问题,是指运用证据将要证明的问题归于依法需要证明的要件事实。第二,提出的证据对该"实质性"问题是否具有证明性,即提出该证据是否有助于确立"实质性"问题。① 证据中保留着事实发生和存在的各种信息,控辩双方应当提供与待证事实主张相关的信息,规制案件的实体法要件决定着什么样的事实是"要件事实"。由于任何一个案件都有可能包含众多的不同层级的事实主张,那么就存在某一个证据可能只与一部分事实主张相关,而与另外一些事实主张不相关的情况。尤其是在庭审中,当一方的事实主张不断变化时,那么,某一证据的相关性就不可能是固定的。所以,证据的相关性是相对的、动态的。这就提醒我们在庭审质证中,除了万不得已,一般情况下不要轻易说某个证据没有相关性,除非它确实与案件所有事实主张完全没有联系。

(三)相关性的分类

相关性可以分为直接相关和间接相关。如果证据 E^* 是直接相关的,那么,是因为它通过推理链条与次终待证事实 P_1 直接联系起来(如图 3-3 所示)。其他四项证据 A_1^*、A_2^*、A_3^* 和 A_4^* 也是相关的,但只是间接相关。虽然它们本身不与次终待证事实直接联系,因为它们每一个都对由一项直接相关证据建立起来的推理链条中的环节起着增强或削弱的作用。因此,这四项证据是间接相关的或附属证据(indirectly relevant or ancillary evidence)。②

二、证据相关性的判断

从一定意义上讲,证据的相关性就是证据事实对于案件待证事实加以解释、

---

① 罗纳德·J. 艾伦,等. 证据法:文本、问题和案例. 张保生,王进喜,赵滢,译. 满运龙,校. 北京:高等教育出版社,2006:149. 乔恩·R. 华尔兹. 刑事证据大全. 何家弘,等译. 北京:中国人民公安大学出版社,1993:19.

② 安德森,等. 证据分析. 张保生,等译. 北京:中国人民大学出版社,2012:82.

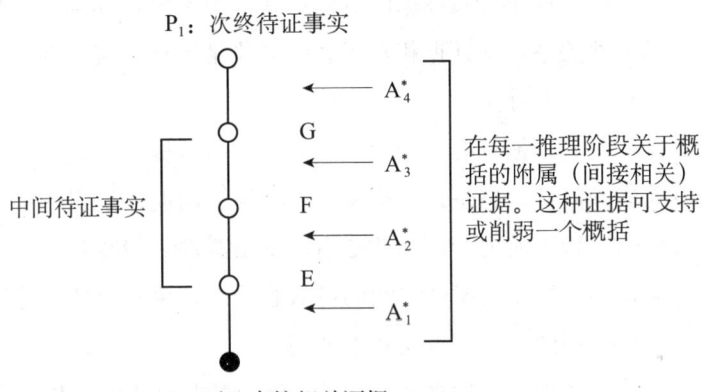

```
         P₁：次终待证事实
          ○
          │  ← A₄*
          │ G
     ┌    ○  ← A₃*       在每一推理阶段关于概
     │    │              括的附属（间接相关）
中间待证事实  │ F             证据。这种证据可支持
     │    ○  ← A₂*       或削弱一个概括
     │    │
     └    │ E
          ○  ← A₁*
          │
          ●
       E*：直接相关证据
```

图 3-3　直接相关和间接相关

说明的可能性。证据必须与案件的待证事实保持一定的联系。证据相关性的判断可以控制诉讼案件的证据总量与辩护的范围，从而将无相关性的证据排除在法庭之外，以提高事实认定的准确性和效率。

从事实认定的角度看，证据相关性的判断是一个法官自由裁量权范围内的事。而在绝大多数情况下法律并没有规定具体的证据相关性标准，而是将该问题交给逻辑和一般经验。因此，具体地判断某一证据的相关性在本质上是一个事实问题，而非法律问题。

（一）证据相关性判断的内容

沃尔顿认为，在相关性的判断上可分为两个部分。首先是通过论证，发起人生成一个从起点到终点的论证推断。如果不能生成这样的一个论证推断，则给出的论证是不相关的。但如果可以生成这样的一个推断，则下一步就是检查论证图表，寻找薄弱点。图表中个体的陈述是有理的吗？推断链中个体的论证薄弱吗？任一缺陷都表示论证是不相关的。链条中缺陷越多，则有越多的证据表明论证是不相关的。如果所有个体的陈述是有理的，并且链条中的所有论证都是强的，那么这种证据就表明起点上的论据是相关的。[①] 可见，沃尔顿并没有区分证据的相关性和论证的相关性。严格地讲，证据的相关性是相对于证据力而言的，而论证的相关性是相对于论证结论的评估而言的。通说认为，证据相关性是实质性和证

---

① Douglas Walton. Relevance in Argumentation. Mahwah，New Jersey：Lawrence Erlbaum Associates，Inc.，Publisher，2004：181.

明性的结合，证据相关性不涉及证据的真假和其证明价值，其侧重的是证据与证明对象之间的形式性关系，即证据相对于证明对象是否具有实质性，以及证据对于证明对象是否具有证明性。

所谓证明性，就是证据具有证明价值，它指的是所提出的证据支持其欲证明的事实主张成立的倾向性，它也是依据逻辑或者经验而使欲证明的事实主张更为可能或更无可能的一种影响力。证明性是由证据与案件之间客观存在的逻辑联系所决定的，它体现的是证据与案件之间的逻辑联系。如果一个证据能够对某个主张起到证实或证否作用的话，它就具备了证明性。

实质性涉及的是证据与案件之间的关系，注重的是证据欲证明的主张与案件中的待证事实的关系。如果某项证据与案件有关、能够证明待证事实，对案件的裁判具有特定的法律意义，我们就可以称该证据具有实质性。至于何为案件待证事实，这主要由实体法所决定，并通过当事人的诉讼主张表现出来。证据必须能够证明对案件裁判具有重要意义的待证事实主张的成立与否，证据才具有实质性。从这个意义上讲，实质性体现的则是实体法对证据的要求。

由上可见，证明性涉及的是逻辑问题，实质性涉及的是实体法问题。只有证明性和实质性相结合，证据才具有相关性。它们作为相关性的两个基本构成要素，无论欠缺二者中的哪一个要素，证据的相关性都不成立。

（二）证据相关性判断的方法

对证据相关性的判断其实并没有固定的标准，这只是一个经验的判断，很大程度上依赖于人们的常识与经验。

1. 证明性的判断

依据美国《联邦证据规则》第401条，如果提出的证据使其欲证明的事实主张的成立更为可能或者更无可能，那么，该证据就具有证明性。然而，如何判断某一证据使其欲证明的事实主张的成立更为可能或者更无可能，就需要运用逻辑和经验上的方法。逻辑上有"演绎"和"归纳"两种基本形式。此外，我们还要看其论证是否遵循了形式逻辑的基本规律，即同一律、矛盾律和排中律。经验上的方法依赖于判断者的生活经验和背景知识。

2. 实质性的判断

判断某项证据是否具有实质性，其关键就在于考察证据欲证明的是不是案件待证事实。因此，判断证据的实质性，首先就是要厘清什么是"案件待证事实"。诉讼中，最常见的待证事实就是争议事实。争议事实就是原告为获得胜诉而必须予以证明的事实以及被告为成功抗辩而必须证明的事实。案件中的争议事实是由实体法和当事人的主张所决定的。所以，我们要判断某项证据是否具有实质性，主要就要考察当事人提出该证据的证明目的，即考察该证明目的是否有助于证明本案中的争议事实。如果特定证据的证明目的并非指向本案的待证事实，则该证据不具有证据实质性，也就没有证据相关性。

第二节 证据的合法性分析

【案例3.2】 林某劲涉嫌故意杀人、贩毒案

2000年，邵某坪在江苏省T市因经营棉布生意与同行程某结怨，因此雇用了林某劲、黄某雨、张某三人，欲趁程某在T市S县经商之际实施报复行为。为此，邵某坪准备了尖刀、铁棍，林、黄、张三人购买了连裤袜等作案工具。因多次寻找程某未果，邵某坪决定对程某的姐夫兼合伙人许某下手。2000年10月2日晚，邵某坪驾车与林、黄、张三人一起携作案工具至许某住宿的招待所，将许某劫持至车中。许某以为遇到了抢劫，主动将身上6 000元现金交给林某劲。后邵某坪驾车，张某坐在副驾驶，黄某雨坐在驾驶员后面，林某劲坐在副驾驶后面。开车时，几人用连裤袜绑着许某的手并蒙住眼睛，同时用胶带封住许某的嘴，在挣扎中许某昏迷。当车快要上国道时，邵某坪停车，几人将许某拖下车并用铁棍殴打，此时许某已不会动弹。邵某坪等人以为许某已死，将其抬至后备厢内。在继续开车的过程中，林某劲等人借着后面车子照来的灯光发现许某的手指头伸了出来，因此停车，几人拿着刀下车后在许某身上捅了两刀。然后，几个人又开车开了一两个小时，邵某坪打开后备厢，四人将许某的尸体抬到公路旁的一破房子里，然后用汽油将尸体焚烧。后四人逃离现场。在回去的路上，林某劲将许某的6 000元分给黄某雨、张某二人各2 000元，自己留2 000元，后四人潜逃。2000年10月5日，浙江省S市公安机关立案侦查，邵某坪、黄某雨、张某等人落网。经审理，法院判决邵某坪犯故意杀人罪，判处死刑。林某劲潜逃在外，被网上追逃。

2013年，刘某和他人在缅甸游玩时，认识了当时潜逃在此处的林某劲，开

始从林某劲处购入毒品甲基苯丙胺片剂（俗称"麻古"）。2014年1月，刘某向林某劲提出购买麻古，约定以24.5元/粒的价格从缅甸运送至湖南省C市。刘某向林某劲提出购买3万粒甲基苯丙胺片剂，并与林某劲达成交易条件，即毒品运抵C市时支付现金30万元，余款在毒品销售后再付。随后，林某劲安排他人将3万粒甲基苯丙胺片剂运至C市，刘某按照约定支付了30万元。2014年8月，林某劲又向刘某提出可以以每粒18元的价格向刘某出售毒品，刘某同意后，2014年8月21日，林某劲驾车将3万粒甲基苯丙胺片剂运送至C市，并在世纪大酒店的停车场将3万粒甲基苯丙胺片剂交给了刘某。当日17时许，公安机关在世纪大酒店2806号房抓获了刘某、林某劲及相关贩毒人员。后，公安机关当日在刘某家中和车上查获8包疑似甲基苯丙胺片剂，并对在车上和在家中查获的毒品进行了混同，且未对毒品的原始状态进行拍照或者录像。之后，公安机关于2014年8月23日对查获毒品进行称量、封存，并对其中1包取样检验。称量和检验结果表明，查获毒品共计2 041.6克，经鉴定甲基苯丙胺含量为15.8%。

林某劲落网后，被羁押于湖南省L市看守所。2016年10月，浙江警方通过人像对比怀疑因贩毒被羁押的林某劲系当年杀人烧尸案件的犯罪嫌疑人，随后通过抽取血液进行DNA对比。在抽取血液后，林某劲于2016年11月25日，在公安机关确认其身份前，主动向L市看守所管教干警交代了2000年参与杀人的犯罪事实。

检察机关以贩毒罪、故意杀人罪、抢劫罪对林某劲提起公诉。

一、合法性的内涵

关于合法性是不是证据的属性问题，学理上是存在争议的。在某种程度上，如果认为证据必须具有合法性，这实际上就是承认了证据的主观性。通说认为合法性是有效证据的基本特性之一。证据的合法性，是指在诉讼中，认定案件事实的证据必须符合法律规定的要求，不为法律所禁止，否则不具有证据效力。对证据合法性的要求，主要目的是维护他人或其他组织的合法权益，体现了人们对程序正义的要求。

证据的合法性涉及证据的各个方面，包括主体合法、形式合法、收集的程序合法等。

(一) 证据主体合法

证据主体合法，是指形成证据的主体须符合法律的要求。主体不合法也将导致证据的不合法。对证据主体作出法律要求，也是为了保障证据的真实性。因此，法律根据证据特点，对某些证据的证据主体规定了相应的要求。例如，不能正确表达意志的人不能作为证人，作出鉴定意见的主体必须具有相关的鉴定资格等。因此，无民事行为能力的未成年人、精神病人作为证人提供的证言，因不符合法律对证据收集、提供主体的规定，所以属于不合法证据。

(二) 证据形式合法

传统上证据形式的合法性，是指作为证据不仅要求在内容上是真实的，还要求在形式上也要符合法律规定的要求。我国《民事诉讼法》第 66 条及《行政诉讼法》第 33 条规定了证据的 8 种表现形式，即书证，物证，证人证言，当事人陈述，电子数据，视听资料，鉴定意见，勘验笔录、现场笔录。这是为了从形式上保障证据事实内容的客观性而作出的规定，如不符合以上 8 种形式，即收集的证据不合法。本书认为法律规定的这些证据形式主要是方便司法实践中证据运用，并不是除了这几种形式的证据就没有其他形式的证据了。按照我们在第一章中对证据概念的界定，任何能证明事实主张的材料或信息都是证据。那么，证据的形式就不局限于以上 8 种。

另外，对于有些特殊的证据，法律要求有特殊的形式。例如，单位向法院提交的证明文书须有单位负责人签名或盖章，并加盖单位印章。如果是没有单位负责人签名或盖章，或者未加盖单位印章的证明文书，就属于形式不合法。

(三) 证据收集的程序合法

证据收集的程序合法是指证据的取得必须符合法定程序，这是证据合法性的主要方面。例如，利用视听资料来证明案件事实时，就要求视听资料的取得不得侵犯他人的合法权利，如他人的隐私权等。常见的容易侵犯他人隐私权的证据取得方式是所谓偷录、偷拍。以威胁、欺骗、引诱等非法方式收集证据，这是不合法的；法律要求应当具备特定形式或履行法定手续才能成立的书证，还必须符合特定形式。例如，证明婚姻关系成立的书证，必须是经过婚姻登记机关登记后取得的结婚证。在行政诉讼中，被告向原告和证人收集的证据，因为不具备收集程序的合法性，这种情况下，收集的证据不合法。在一些特别程序中，如果没有遵循相关的程序规定，那么，证据的合法性就得不到保障。如在 DNA 鉴定和公证程序中，必须遵循相关法定操作程序。

在案例林某劲涉嫌贩卖毒品、故意杀人案中，侦查机关对于毒品的称量、封存就存在违反法定程序的情形。根据《公安机关缴获毒品管理规定》（公禁毒〔2001〕218 号）第 5 条，在案件现场收缴毒品时，对收缴的毒品一般要当场称量、取样、封存，当场开具"扣押物品清单"。但是在该案中，侦查机关在 2014 年 8 月 21 日查获的毒品，实际称量、封存的时间却是 2014 年 8 月 23 日，明显不符合当场称量的规定。在此种情况下，我们就很难判断称量数据和鉴定结果的准确性，以此方式收集到的证据也不具备收集程序的合法性。

在刑事诉讼中，证据的合法性除了前述意义上的证据合法性问题，对于违反法定程序收集的证据还有可能构成非法证据。按照相关法律规定，在刑事诉讼中对于非法证据的审查和排除是通过非法证据排除程序来实现的。非法证据排除程序是一个特殊的证据审查程序，适用对象和具体程序均为法定。从立法看，它的启动仅针对五类证据：采用刑讯逼供等非法方法收集的犯罪嫌疑人、被告人供述，采用暴力、威胁等非法方法收集的证人证言、被害人陈述，以及收集取证不符合法定程序，可能严重影响司法公正且不能补正或者作出合理解释的物证、书证。[①] 有的地方文件把非法证据排除程序的适用范围扩大，这是不符合刑诉法规定的，这实质上是把非法证据排除程序与证据合法性审查混同了。在庭审中，我们应当对任何一个据以定案的证据进行合法性审查，但启动非法证据排除程序只能针对五类法定对象。关于非法证据及其排除程序的问题，我们将在本书第五章详细阐述。

（四）合法性框架下证据的可采性和证据能力

"可采性"（admissibility）和"证据能力"（competency of evidence）是与证据合法性相关的两个概念。学术界认为，可采性和证据能力的实质是相同的，都是指证据的"容许性"、"适格性"或"资格"，它们是规制何种证据应当被采纳、何种证据不应当被采纳的证据规则。可采性和证据能力的必要条件都是相关性。

[①] 最高人民法院、最高人民检察院、公安部、国家安全部、司法部《关于办理刑事案件严格排除非法证据若干问题的规定》及《人民法院办理刑事案件排除非法证据规程（试行）》等司法文件，虽然对非法证据规则的具体适用对象作了扩张性解释，但仍严格地限于上述证据类型。

换句话说,"相关证据一般具有可采性;不相关的证据不可采"[1];同样,"与待证事实具有相关性的东西才具备证据能力"[2],没有相关性的证据则不具有证据能力。但是,相关证据一般具有可采性或证据能力,并不意味着其必然具有可采性或证据能力。证据相关性只是证据可采性和证据能力的必要条件。该必要条件包括两层含义:其一,不具有相关性的证据没有可采性或证据能力,所以,与案件事实没有相关性的证据,应当绝对排除,因为这样的证据没有证据资格。其二,具有相关性的证据并不必然具有可采性或证据能力。

二、证据合法性的判断

(一)证据来源和取证主体的合法性

《公安机关办理刑事案件程序规定》对公安机关扣押物证、书证有着严格的规定,如果不按照这些规定去做,就有可能使公安机关提取的物证、书证丧失了合法性。因此,必须认真审查物证、书证的来源。在实践中,一些侦查人员往往会向检察机关、审判机关移送一些物证、书证。但是,他们有时往往忽视用提取笔录、扣押笔录、搜查笔录等形式说明这些物证、书证的来源,对物证、书证提取情况缺乏清楚的记载,从而导致物证、书证的来源不清。对犯罪嫌疑人或被告人口供,应当认真审查审讯的时间、地点,以便从中发现刑讯逼供的线索。当被告人提出审讯人员在庭前审讯中,有长时间连续审讯,不让休息的辩解时,我们应当注意审查审讯人员对犯罪嫌疑人审讯的时间长短,而这只需要看守所在提押票上的签字时间或者审讯笔录上的记录的时间就可以查明。对于连续审讯时间超过12小时的情形就要引起审判人员的高度重视,对在此情况下作出的有罪供述的合法性表示怀疑。当被告人提出有提外审进行刑讯逼供情况时,这也应当引起审判人员的高度重视,因为《看守所条例实施办法》明确规定,除因侦查工作需要,提人犯出所辨认罪犯、罪证或者起赃的以及开庭审判之外,对人犯是不得提外审的。

按照我国《刑事诉讼法》的规定,对刑事诉讼证据取证的合法主体只能是拥有侦查权的公安、司法机关的公安、司法人员,以及拥有受托辩护权的辩护人。

---

[1] 美国《联邦证据规则》第402条。
[2] 何家弘. 证据法学研究. 北京:中国人民大学出版社,2007:94.

（二）证据收集程序的合法性

在收集物证、书证时，如果违反相应的程序，可能造成物证、书证成为瑕疵证据或者无效证据，使物证、书证的证明力受到影响或者无证明力。在下列情形下取得的证据，我们就可以认为是有瑕疵的证据：（1）收集调取的物证、书证，在勘验、检查笔录，搜查笔录，提取笔录，扣押清单上没有侦查人员、物品持有人、见证人签名或者物品特征、数量、质量、名称等注明不详的；（2）收集调取物证照片、录像或者复制品，书证的副本、复制件未注明与原件核对无异，无复制时间、无被收集、调取人（单位）签名（盖章）的；（3）物证照片、录像或者复制品，书证的副本、复制件没有制作人关于制作过程及原物、原件存放于何处的说明或者说明中无签名的；（4）物证、书证的收集程序、方式存在其他瑕疵的。

对于死刑案件中，根据《关于办理死刑案件审查判断证据若干问题的规定》第9条的规定，物证、书证的取得明显违反法律规定，可能影响公正审判的，应当予以补正或者作出合理解释，否则，该物证、书证不能作为定案的根据。如果物证、书证出现了前述所规定的情形，其处理原则有三，一是经勘验、检查、搜查提取、扣押的物证、书证，未附有勘验、检查笔录，搜查笔录，提取笔录，扣押清单，不能证明物证、书证来源的，不能作为定案的根据。二是物证、书证的收集程序、方式存在瑕疵，通过有关办案人员的补正或者作出合理解释的，可以采用。三是对物证、书证的来源及收集过程有疑问，不能作出合理解释的，该物证、书证不能作为定案的根据。

（三）司法鉴定意见的合法性

（1）审查鉴定人员有没有应当回避的情形。鉴定人员应当回避的情形很多，比如与案件当事人有利害关系，曾经担任过本案的鉴定人等，特别是如果当事人提出回避申请后，一般都会引起审判人员的注意。但是，有一种情形则往往被办案人员忽视，那就是侦查人员同时作鉴定人时。现在一些地方的公安刑侦技术人员被提拔为刑侦队的领导，他们往往既当侦查人员又当鉴定人。我们一般认为这种鉴定意见不具有合法性，理由是侦查机关的鉴定人员的职能是客观地对案件中的专业性问题提供意见证据，与侦查人员的侦查职能是有区别的。

（2）审查鉴定意见的形式要件。由于电脑科技引入日常办公活动，因此，现在鉴定意见报告书一般都是电脑打印的,而鉴定人往往忘记在报告书上签名并加盖鉴定技术章。这样,在形式要件上就使该鉴定意见成为无效证据。

(3) 审查鉴定的程序、方法、分析过程是否符合本专业的检验鉴定规程和技术方法要求。

(4) 审查检材的来源、取得、保管、送检是否符合法律及有关规定,与相关提取笔录、扣押物品清单等记载的内容是否相符,检材是否充足、可靠。这个问题也是经常被公安、司法人员忽视的,即往往有鉴定,但是检材的来源不清。

另外,在一些公诉机关提前介入的案件中,如果检察人员与公安机关人员联合审讯犯罪嫌疑人并制作了笔录,那么,关于这样的笔录是否违法的问题,司法实务中存在争论。有观点认为,我国《刑事诉讼法》第3条及第7条规定了公、检、法三机关在刑事诉讼中的侦查、起诉、审判阶段应当分工负责、互相配合、相互制约、各司其职的基本原则。而这样的笔录不仅违反了《刑事诉讼法》的基本原则,还因为检察机关的越俎代庖行为,使三机关彼此之间的制约和监督失去了意义。本书认为,无论是从刑事诉讼的构造上来看,还是从检察机关的监督职能上来看,检察机关提前介入,获得犯罪嫌疑人口供应该是可以的。

【案例3.3】　　　　　　新城物业公司涉嫌盗窃案

2011年,高升超市租用了新城物业公司持有的楼盘一至四层,新城物业公司也在该楼盘8楼。该楼盘负一层系停车场,其中高升超市免费使用25个,其余归该楼盘其他业主有偿使用。同时,地下停车场的照明也系物业公司负责。2012年3月,新城物业公司的电工将地下停车场的电线搭在高升超市的电线上,使地下停车场的照明一直使用的是高升超市的电。2018年7月高升超市发现后报案,公安机关以盗窃罪予以立案。

公安机关聘请品正电力咨询有限公司对地下停车场窃电金额进行鉴定。2018年11月9日,品正电力咨询有限公司出具鉴定意见书,认定窃电电量为47 168千瓦时,窃电金额为40 328.64元。品正电力咨询有限公司成立于2017年12月,其营业执照载明的经营范围为:电力项目的咨询;电能质量监测;电力电子技术服务;电气设备服务;配电网的技术咨询;能源技术咨询服务;信息技术咨询服务;法律咨询(不含诉讼);标准及标准化咨询;项目调研咨询服务。

庭审过程中,新城物业公司的辩护人提出,品正电力咨询有限公司没有司法鉴定执照,公司营业执照载明的经营范围没有电量鉴定,其出具的鉴定意见书不能作为证据予以采信。法院最终没有认定该鉴定意见书。

第三节 证据的可信性分析

证据的可信性是指证据是否能被人合理地相信。证据的可信性包括真实性和可靠性。也就是说,具有真实、可靠性的证据是可以被人合理地相信的。事实认定者只有合理地相信了该证据,才有可能把它作为认定事实的依据。

一、有形证据的可信性

有形证据主要是指物体、文件、传感图像、测量结果,以及诸如示意图、地图和图表等各种表现形式的证据。在评价有形证据的可信性时,有三个重要属性必须加以考虑。

(一) 有形证据的可靠性

有形证据的可信性主要来源于证据的可靠性。证据的可靠性主要指证据的来源或证据的生成过程是否可靠。可靠性又叫可重复性或稳固性。《牛津英语词典》把"可靠性"定义为"可靠的性质",接着又把"可靠的性质"定义为"可以依靠的、可以寄予依赖或信心的、值得信任的、安全的、确信的"。作为科学和统计学中的一个术语,"可靠性"主要是指资料的可再生能力。一个可靠的测试能在相同的环境下反复进行并产生同样的结果。结果可能是一致地错误,但那是有效性的问题,而不是可靠性问题。[1] 有效性反映证据的准确性;而可靠性意味着重复性,回答的是"应用原理能产生一致的结果吗?"这样的问题。另外,如果结论不可重复,那么,这就意味着方法论出了问题。虽然存在一项调查可能是无效的而仍然是可靠的,但不可能存在一项调查是不可靠的却是有效的。如果它是不可靠的,那么,它总是无效的,因为测试不能被相信,所以结果的解释和结论也不能被相信。[2]

---

[1] Kenneth R. Foster, Peter W. Huber. Judging Science: Scientific Knowledge and the Federal Courts. Cambridge, Massachusetts, London: the MIT Press, 1999: 111.

[2] Richard Gott, Sandra Duggan. Understanding and Using Scientific Evidence, SAGE Publications, 2003: 8.

(二) 有形证据的真实性

有形证据可信性审查的主要内容是可靠性，但并不是说有形证据不存在真实性的审查。真实性又叫客观性或准确性，是指证据的内容是否是真实的。有形证据的可信性是指证据自身是否可靠及其可信赖程度。物证不直接指向犯罪，还需要推理，但可信性高；而言词证据直接指向犯罪，不需要推理，但可信性变化大。一般来说，影响有形证据真实性的因素有三个主要来源[①]：第一，为误导他人而故意设计的证据，如伪造的文件。第二，在记录、传输或处理证据过程中的错误。在提交审判之前，有形证据可能经过许多人之手。伴随着有形证据传递次数的增多，处理或传递中的各种错误发生的机会也在增加。比如，血液样本可能会被贴错标签，甚至被另一个代替。这就是应当建立证据保管链条的理由，这一保管链条从证据被发现（带有血迹的手套）或生成（进入业务档案）之时开始，一直到该证据在庭审中出示为止。如果我们不知道保管链条中的所有环节，我们就不能确保一个有形证据的真实性。第三，证人可能误认了某些事情或者是不诚实的。

（1）物证的真实性。由于物证的产生、存在、收集各个环节都可能造成物品或痕迹失真，如被雨水冲洗过的衣服可能褪色，被化学药品侵蚀过的作案工具可能生锈等。判断物证的真实性可以从以下几个方面进行：一是物证是否为原物，物证的复制品、照片或录像是否与原物相符；二是物证是否经过辨认或鉴定；三是物证在收集、保管、鉴定过程中是否受到破坏或改变；四是物证的复制品、照片或录像是否由两人以上制作，有无制作人关于制作过程及原物存放地的文字说明及签名。

（2）书证的真实性。书证的实质真实指书证所要表达的内容符合真实情况。书证的真实性包括形式真实性和实质真实性。形式真实性是指书证是否被伪造、变造；是否和原件相符；是否为当事人真实签章等（如行为人私刻或盗盖公章）。形式真实性是判断书证真实性最主要的环节。从司法实践看，文书形式真实一般推定为内容真实。但是，由于书证的特殊性，形式真实并不能完全等同于内容上或意思表示上的真实。例如，限制行为能力人为当事人书写的文书，如果文书内容与限制民事行为能力人年龄、智力、精神健康状况不相当，应推定该书证无实

[①] 安德森，等.证据分析.张保生，等译.北京：中国人民大学出版社，2012：85.

质真实性；受威胁、胁迫、引诱、欺骗的人或在乘人之危的处境下所书写的文书不具有书证的实质真实性。

（3）电子证据的真实性。电子证据的真实性可以从以下几个方面来审查：一是电子数据生成、收集、存储、传输所依赖的计算机系统等硬件、软件环境是否安全、可靠；二是电子数据的生成主体和时间是否明确，表现内容是否清晰、客观、准确；三是电子数据的存储、保管介质是否明确，保管方式和手段是否妥当；四是电子数据提取和固定的主体、工具和方式是否可靠，提取过程是否可以重现；五是电子数据的内容是否存在增加、删除、修改及不完整等情形；六是电子数据是否可以通过特定形式得到验证。①

（4）影像证据的真实性。影像证据的真实性可以从以下两个方面来审查：一是原始性，即保留视频摄制的原始信息、未经格式转换、编辑等操作、具备原始视频的性质。二是完整性，即对现场概貌、中心现场以及现场物证细目的记录构成了完整的影像证据，且没有被修改编辑。

（三）有形证据的准确性/灵敏度（accuracy/sensitivity）

所有种类的感应装置都能以诸如照片或其他传感记录的图像形式提供有形证据。这里的可信性问题关注的是一个感应装置是否为我们区别或许记录在图像中的可能事件，提供了解决问题的必要条件。在某些情况下，感应装置的准确性可能由于控制装置的设置不适当而降低。例如，一部照相机如果未适当聚焦，所获得的图像就可能是模糊的。在这种情况下，我们就不可能说，该照片是否像证据提出者所宣称的那样确实显示的是张三。这个准确性问题也可应用于诸如统计分析等示意证据，其结果可以用图示或图画形式演示。②

【案例 3.4】　　上海添蓝制衣公司诉 Andrew Lee 合同纠纷案

2005 年 1 月 31 日，上海添蓝制衣有限公司（以下简称"添蓝制衣"）与深圳步欣贸易有限公司（以下简称"步欣贸易"）签订了委托代理出口协议一份，约定由步欣贸易代理添蓝制衣向指定客户 Andy Lee 出口服装，步欣贸易办理外汇结算，外汇收妥后 7 日内向添蓝制衣结清款项。协议签订后，添蓝制衣将 169 532 件服装按 10 批送交步欣贸易委托其出口，但出口后制定客户并未支付款

---

① 参见 2018 年 9 月 7 日施行的最高人民法院《关于互联网法院审理案件若干问题的规定》第 11 条。
② 安德森，等．证据分析．张保生，等译．北京：中国人民大学出版社，2012：85．

项，步欣贸易未收到应收外汇，且为添蓝制衣的出口业务垫付了巨额款项。

2005年10月16日，添蓝制衣、步欣贸易与Andy Lee就出口服装的货款支付事宜签订备忘录，备忘录约定由Andy Lee以及添蓝制衣的袁女士对上述出口服装的欠款承担收汇责任，并按如下计划汇缴：

1. 2005年10月25日前向步欣贸易支付人民币500万元；

2. 2005年10月30日前向步欣贸易汇款美元30万元；

3. 最晚不迟于2005年11月10日前付清其余应收外汇1 274 877美元；

4. 步欣贸易在收到全部外汇款并扣除本方垫付款项及相关费用后，应及时向添蓝制衣支付其余款项；

5. 如各方未能按上述条款执行，违约方应向对方赔偿由此造成的损失；

6. 本备忘录签字人对备忘录全部条款的执行承担无限连带责任。

该备忘录最后有添蓝制衣与步欣贸易的盖章，以及Andy Lee的签字（护照号71069××××）与袁女士的签字。

备忘录签订后，袁女士向步欣贸易偿还了600万余元，但是Andy Lee并未履行备忘录的约定。添蓝制衣遂向法院起诉了Andrew Lee（护照号71069××××，与备忘录相同）与袁女士，要求按照备忘录的约定支付货款。

我们在接受Andrew Lee的委托后，发现备忘录上的签字与其在律师委托合同和委托书上的签字完全不一样，而且字母的组成都不一样。于是我们对该证据的形式真实性提出了质疑，认为备忘录上的签字是虚假的。对方当事人曾一度申请了笔迹鉴定，但由于签名相差甚远，无须鉴定都可以判断该签名与我们当事人的签名是不一致的。最终对方放弃了鉴定并撤回了起诉。

二、言词证据的可信性

（一）言词证据可信性的含义

广义上讲，言词证据包括外行言词证据和专家证言。但是在我国，专家证言主要是以鉴定意见的形式表现出来的。即使是专家出庭作证，也只是对鉴定意见作出解释或回应。因此，本部分的言词证据主要是指外行言词证据，即当事人陈述和证人证言。

可信性的证明对案件实体事实的证明来说，属于辅助性证明。一般认为，法官在宣称一个证人证言足够值得信任可以被采纳前，至少需要四个方面的证明。首先，证人必须对他所证明的事实对象拥有第一手知识；其次，在庭审中证人必须能够记住他所耳闻目睹的事实；再次，证人必须相信他自己；最后，证人必须能与法官或陪审团交流，以便他们能明白他所说的是什么。[1] 言词证据提供人如果与本案处理结果或案件当事人存在一定利害关系，该关系通常会直接影响言词证据的真实性。犯罪嫌疑人（被告）可能为了逃避责任，作出虚假的供述，或者避重就轻，其内容多带有一定虚假性。在有明确被害人的案件中，案件被害人基于其感性控方立场，在欲给予犯罪嫌疑人（被告）严厉惩罚的报复心理和诉求支配下，常夸大、虚构案件事实；与当事人存在亲、友等关系的证人，其证言带有一定倾向性。证人可以用其他的事实或品格证据证明自己关于本案证言的可信性。一般认为，证人证言是否可信，有两个重要的决定因素：一个因素是证人对案件事实是否有正确的感知、记录和回忆能力，以及证人是否能够正确地表达这一感知；另一个因素是证人是否愿意如实地陈述其感知的案件事实。[2] 西蒙·格林里弗（Simon Greenleaf）指出，我们"对证言的信任由经验来支持；即根据我们对于陈述真实的一般性经验——陈述者正直、具备观察的能力和机会、为人诚实——予以确认。如果我们以前了解叙述者的名声、不存在相矛盾的证言和提出了经证实的、补强性的证据，我们对证言的信任度将会增强。"[3] 我国台湾地区学者陈朴生教授认为，"证人之证言是否具有凭信性，应视证人之观察记忆及报告是否正确为准。因之，凭信性，本得分为证人信用性与证言凭信性二种。证人之观察不正确，例如，观察事实发生当时，证人精神有障碍，或正在泥醉中，其观察能力并不正确，其证言固难凭信；即使证人之观察，原非并不正确，但因证人陈述时，记忆不清或有错误，致其报告内容与观察不相符合，其证言亦缺乏凭信性。其证言之不正确，有由于证人之偏见，有由于受劝诱或被收买者，则为证人缺乏信用性。故证言之所以缺乏凭信性，其原因，有由于能力之缺陷者，有由

---

[1] Sheldon Margulies & Kenneth Lasson. Learning Law: The Mastery of Legal Logic. Carolina Academic Press, 1993: 88.

[2] 在英美法系，将对证人证言的审查判断称为对证人可信性（credibility）的审查判断。例如，澳大利亚《1995年证据法》在术语（Dictionary）部分规定："证人的可信性（credibility of a witness）是指证人证言（the evidence of the witness）任何一部分或全部的可信性，包括证人对其已经、正在或将要作证的事实或事项的观察或记忆能力。"

[3] 巴巴拉·J. 夏皮罗. 对英美"排除合理怀疑"主义之历史透视//王敏远. 公法. 第4卷. 北京：法律出版社，2003: 75 脚注③. Simon Greenleaf. Treatise on the Law of Evidence. 2nd, ed., Boston, 1844: 14.

于证人之缺乏信用性者,不一而足"①。在分析证人证言的可信性之前,我们先来看看舒姆提出的关于人类观察的一般普遍经验的三个概括:

(1) 当某人报告他观察到了某事件出现,这个人通常相信这个事件已经发生。

(2) 如果某人相信某个事件已经出现,那么他通常已经接收到这一事件的感觉证据。

(3) 如果某人的感觉提供给某一事件作为证据,那么这一事件通常已经出现。

根据以上三个概括,可以将陈朴生教授的"凭信性"进一步区分为客观性(objectivity)和观察灵敏度(observational sensitivity),这样就得到了证人证言可信性的三个重要属性,即证人的诚实性(veracity)、客观性和观察灵敏度。②下面我们将对这些属性进行详细分析。

如图3-4所示。假设证人W在法庭上作证,他的证言T报告事件E出现,那么,事实认定者就要作出推理来判断事件E是否像证人W报告的那样已经出现。按照上面提到的第三个概括,事实认定者就要在内心自问:"证人W相信E出现吗?"这个问题包含了证人的诚实性或是否讲真话(truthfulness)。还有一个问题是,若一事件实际上没有出现,而一个人在报告一件事件出现时可能完全是诚实的,因为他相信自己的报告。作为一个观察者,他可能是不准确的或不客观的,但他是诚实的。例如,一个有色盲症的人相信自己眼前的交通信号灯是红灯并告诉我们现在是红灯,而实际上是绿灯,我们不能说他不诚实。图3-4表明了在证人可信性判断的第一个阶段是考察主体是否相信他所报告的东西。实际上,证人的诚实性涉及的是证人自身的信念问题。

假设事实认定者相信证人W相信事件E已出现,即事实认定者认为证人是诚实的。事实认定者接下来的问题是:"W的感觉是否赐予E以证据"?这里涉及的证人可信性的属性就是客观性。一般来说,证言的客观性,包括:(1)证人是否有正确的感知、记忆和回忆能力,是否能够正确表达这一感知;(2)证人是否已感知案件事实;(3)证人是否愿意如实陈述其感知的案件事实。一个客观的观察者应该是这样一个人:他留意他的感觉证据并且他不让他的动机或期望来决

---

① 陈朴生. 刑事证据法. 3版. 台北:三民书局,1979:410.

② David A. Schum. The Evidential Foundations of Probabilistic Reasoning. Evanston:Northwestern University Press,2001:101.

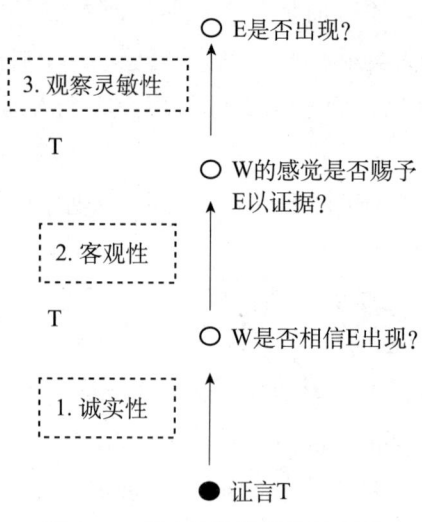

```
                          ○ E是否出现？
                          ↑
    ┌ ─ ─ ─ ─ ─ ┐
    │ 3. 观察灵敏性 │
    └ ─ ─ ─ ─ ─ ┘
          T
                          ○ W的感觉是否赐予
                          ↑  E以证据？
    ┌ ─ ─ ─ ─ ─ ┐
    │  2. 客观性   │
    └ ─ ─ ─ ─ ─ ┘
          T
                          ○ W是否相信E出现？
                          ↑
    ┌ ─ ─ ─ ─ ─ ┐
    │  1. 诚实性   │
    └ ─ ─ ─ ─ ─ ┘
                          ↑
                          ● 证言T
```

图 3-4　证人可信性属性示意图

定他将要相信的东西。[①] 在这一阶段，事实认定者从 T 到 E 的推理涉及证人 W 是否获得事件 E 的感觉证据，也就是说事实认定者面临的问题是：证人关于 E 的信息与他获得的感觉证据相一致吗？假设事实认定者相信证人 W 确实获得关于事件 E 的感觉证据，那么，这个证据有多好呢？这就涉及证人证言的第三个属性，即观察灵敏度或准确性（accuracy）。

任何证人证言的力度和准确性都取决于某些证言能力：证人必须能够观察有关事件，能够记住它们，并且能够诚实和准确地叙述它们。为了相信证人在庭上所说的东西，事实认定者必须就证人诚实作证的能力、准确叙述的能力、感知能力和记忆能力作出判断。例如，事实认定者必须推断，证人是在试图说明对方当事人当时正在做某事，证人诚实地相信这一主张，并且证人的信念是建立在该证人对所发生的有关事件之准确感知和记忆基础上的。社会心理学方法是从心理学方面对证人证言的三个内在属性进行表述，使事实认定者能更直观地评估证人证言的可信性，从而形成对该证据的信念。按照这一方法，在评估证人证言时，不仅要看其内容是否合乎逻辑，而且还要将其作证时的举止、面部表情、语速、与当事人的关系等诸多因素考虑在内。[②] 边沁认为在决定证言的证明力时需要回答

---

　　① David A. Schum. The Evidential Foundations of Probabilistic Reasoning. Evanston：Northwestern University Press，2001：102.
　　② 最高人民法院《关于民事诉讼证据的若干规定》第 96 条规定："人民法院认定证人证言，可以通过对证人的智力状况、品德、知识、经验、法律意识和专业技能等的综合分析作出判断。"

四个问题：(1) 证人对断定事件真实的自信如何？(2) 断定的事件与一般经验得出结论的一致性如何？(3) 是否存在对证人不值得信任的怀疑根据？(4) 是否存在其他证据对证言产生支持或怀疑？[①] 第一个问题与第三个问题涉及证人本身的诚实性，第二个问题涉及证言的客观性。

(二) 证人的诚实性

事实真相不可能从不愿意说实话的人那里得到。证人的诚实性（veracity）涉及证人是否相信他自己的证言，即证人是否在说谎，它是一个品格问题。假定证人 W 告诉我们，事件 E 发生了，我们后来发现它并没有发生，这意味着，我们现在有事件 E 没有发生的确切证据，那么，证人 W 在其证言里对我们撒了谎吗？这个问题的正确答案是："不一定"。证人 W 可能仅仅是在其观察中犯了错误，或在形成其信念时不够客观。所以，一个人只有在作证时违背了其信念，这个人在其证词中才是不诚实的。[②] 在日常生活中人们对于撒谎并不陌生，因为撒谎是人们经常做的事之一。人们撒谎有各种目的，例如，罪犯撒谎是为了逃避法律的惩罚，证人撒谎可能是为了获得个人的好处，商人隐瞒公司的财务状况是为了防止股票持有人抛售股票，异性之间相互撒谎有时是为了在他人心中留下积极印象或避免尴尬，小孩有时也会撒谎是不希望承认他犯了一个愚蠢的错误。此外，还有善意的谎言，例如一位遗传学顾问在检查婴儿的先天缺陷时发现某男人不可能是他妻子刚生下的孩子的父亲，该顾问对此却保持沉默。但是，证人在法庭说谎就非同一般。证人在法庭上的谎言可能终结一个人的生命，也可能导致巨额财产的转移。[③]

当然，在绝对条件下去了解一个证人是不可能的。事实认定者是否接受证人证词取决于他对这一问题有多么相信这个人及他所认识的其他证人的诚实度。证人得知案件情况并向法庭陈述是一个复杂的过程，在这个过程中，许多因素都可能影响证人对客观事物的正确感受、记忆和表述。例如，证人本身是否有正确的感知、记忆与回忆能力，证人观察事实的环境（时间、地点、地形、地貌、光

---

① Twining W. Theories of Evidence：Bentham and Wigmore. Stanford：Stanford University Press，1985：52-56.
② 安德森，等. 证据分析. 张保生，等译. 北京：中国人民大学出版社，2012：87.
③ 从某种意义上来说，谎言也是有证据力的。因为假证据（谎言）本身也是一种理由，只不过由其得出的是与当事人主张相反的结论。在某些情况下，谎言可以削弱其他证据的证明力，在另外一些情况下，谎言可能成为有利对方的证据或增加对方证据的证明力。

线、声音、天气能见度等),证人之间的影响,证人的偏见等。证人还可能因为偏见而提供不真实的证词。偏见可分为主动偏见和被动偏见。主动偏见又称主观偏见,主要是指证人与当事人因利益关系而在主观上形成的偏见。被动偏见是由证人本身的认知缺陷所产生的偏见,如旧的观念及在感知、记忆和表述上的障碍等,因而又称客观偏见。主动偏见涉及的是证人的诚实性问题,而被动偏见涉及的是证人的观察灵敏度问题。主动偏见在法律上的结果是伪证,被动偏见在法律上的结果是错证。伪证和错证的区别在于主体是否存有故意。证人作伪证的主要原因是其与当事人的利害关系。证人作伪证一般有两种方式:一是为利害关系当事人作正面的虚假证言;二是为利害关系当事人的对立方作虚假证言,并通过虚假证言的暴露而削弱该方的综合证据力,从而达到支持利害关系当事人的目的。善意的证人也可能提供虚假的证言,即使主观上愿意如实反映情况,但由于受到种种因素的影响,反映的情况也可能并不真实。证人对自己证言的相信与证言的正确性是不同的,有时证人相信他们所说的,但是他们所说的是错误的,因为人们经常会犯一些诚实的错误。

证人的谎言具有以下的特征:(1)撒谎是一个故意行为,一个人因过错而没有讲真话不是撒谎。有时两个证人对他们就目击的同一事件提供不同的说明,这并不必然意味着他们中有一个人在撒谎。有可能证人误记了该事件。只有证人相信他自己所说的是假的,他的陈述才是谎言,这就是说,即使某人说的是实际真实的,也可能是谎言。(2)只有当某人没有事先通知他人关于撒谎的意图时,方可认为他在撒谎,因此,魔术师在表演时并不是在撒谎,因为观众期望被欺骗。

证人在法庭上的谎言根据程度不同可分成三类:(1)彻底的谎言(outright lies)。它与撒谎者相信的是真的东西完全不同或矛盾。例如,一个有罪的嫌疑人向警方保证说他没有犯罪就是彻底的谎言。(2)夸张的(exaggerations)的谎言。这类谎言对存在的事实进行夸大的表述。(3)轻微的谎言(subtle lies)。这是指由于误导性的文字引发的不真实或通过回避问题而隐藏信息或省略相关情节。[1]

现代探测谎言的方法是使用"测谎仪"(Polygraph)。测谎仪被世界许多国家和地区用于刑事案件调查,如加拿大、美国、爱尔兰、日本、韩国、墨西哥、

---

[1] Vrij, A.. Telling and Detecting Lies. In N. Brace & H. L. Westcott (eds.), Applying Psychology, Milton Keynes: Open University, 2002: 179 - 241.

巴基斯坦、菲律宾。目前使用的测谎仪测试有两种类型，一种是在刑事调查中最常用的"控制问题测试"（the control question test），另一种是"犯罪知识测试"（guilty knowledge test）[①]。测谎结论基于这样一个假说，即谎言是可以被识破的。但目前对测谎仪的作用和效果仍存在争议。争议者认为测谎仪只是衡量手掌出汗程度的仪器，只能表明被测试人神经紧张，而神经紧张可以由许多原因所引起。准确的测谎结论并不能证明案件事实，而只能说明被测试人是否在说谎。人类感知是一种自然现象，说谎是对这一普遍现象的偏离。尽管不存在对付谎言的普遍规律，但欣慰的是人们有一种讲真话的明显趋势。

（三）客观性

1. 证人证言的客观性的含义

证人证言的客观性是指证言所反映的内容是否与客观发生的事实一致。这种一致性还蕴含了其作为证据与其他证据之间的一致性。这种一致性不是同一性，而是相互之间的协调性。所有一致的证据描述与案情就像咬合紧密的齿轮一样。一致性强调对某一事实作出的不矛盾的陈述，而融贯性更强调某一事实与其他事实之间的融贯，即与其他事实相符。那么，怎样才能确信关于过去发生的事情的某个陈述为真呢？假定我们相信，证人W是在根据其信念作证。他作证说事件E发生了，并且他坚定地相信事件E确实发生了。那么，现在的问题是：他根据什么形成这一信念？他形成这个信念，是根据对其感官证据准确和客观的理解，还是根据其预期或想要发生的事情？心理学家告诉我们，不论感官告诉我们什么，我们都倾向于相信自己期盼或希望的事情将发生。所以，一个客观的观察者应该是基于证据而形成一个信念，而不是基于猜测（预期）或基于愿望而形成一个信念。

路德维希·维特根斯坦（Ludwig Wittgenstein）说："在法庭上证人仅仅保证说'我知道……'是不会让任何人相信的。必须表明他能够知道。"[②] 言词证据来自证人对案件中事实或部分情节的观察。"客观性"是证人的感觉是否赐予事件以证据的问题，即"有没有"的问题。如果证人是如此强烈希望或期望某事件出现，以致他相信事件出现而不管他的感觉如何，那么证人的证言就缺乏客观

[①] 关于两类测谎方法的详细程序，see Amina Memon, Aldert Vrij, Ray Bull. Psychology and Law: Truthfulness, Accuracy and Credibility. 2nd, ed.. John Wiley & Sons Ltd., 2003：22 - 25。

[②] 路德维希·维特根斯坦.论确实性.张金言，译.桂林：广西师范大学出版社，2002：70.

性的支持。一个客观的观察者应该是这样的一个人:他专注他的感觉证据而不让他的动机和期望来决定他所相信的。前面提到证人的认知偏见都是影响证人观察的客观性的因素。客观性的载体是观察语句(observation sentence)。威拉德·奎因(Willard Quine)和约瑟夫·尤里安(Joseph Ullian)认为,使一个句子成为观察语句的不是它所描述的事件或情形,而是它是如何描述的。① 也就是说,一个观察语句是我们能依靠其他证人当时同意的对一事件或情形的描述。他们举了一个例子:我们可能看到法学院院长给在比利时的女儿邮寄了一张生日支票。上述术语的描述并不是一个观察语句。如果用另一种方式描述同样的事情就可能构成一个观察语句,比如:"看到一个结实的男人,宽宽的脸,灰色的胡须,戴无框眼镜,戴着帽子,拄着手杖走路,把一个小的白色的扁平的支票放入箱槽"。

一个证人可能随后忘记或给出有歧义的证词,或者可能直到受到提示后才能注意到当时的一些特征。但是,如果当时问起证人这些,证人能够核实和同意。这种赞同的理由是观察语句中使用的术语是我们能够全部应用于视觉对象的术语,如"邮箱""结实的男人""灰色胡须""无边眼镜""拄着拐杖走路"等。而"法学院院长""生日""在比利时的女儿"之类的术语,却需要文件证明或经验判断方能应用到目前的情形。这样,"地垫上有只猫"的语句有资格成为一个观察语句,而"我的猫在地垫上"的语句却不能,因为另外的证人只能看见地垫上的猫,而不知道猫是否是我的。但是,奎因认为有时可以真实地论说一个观察语句,而不报告一个现在的观察。这样"猫在地垫上"的语句有时可以表示一个基于早期观察的或仅仅是传闻的信息。我们称它为观察语句的意思就是说,它是一种能用于报告一个现在的事件或情形的词句,其他的证人如果当时在场也会同意。也就是说,对于一个对象,客观性使不同的目击证人对其观察的意见保持内容上的一致。

2. 证言客观性的判断

观察的客观性并不是一个简单的观察的结果,它还受到各方面因素的影响。正如有位学者所说:"感觉包含判断行为,而且可以说就是判断行为,我们所看到的事很明显是我们过去经验的某种加权重平均数的函数。"② 尽管许多因素如证人的期望、客观性偏见、记忆等会影响证言的客观性,但在实践中影响证言客观性的因素主要包括:(1)证人观察的可能性;(2)证人的注意程度;(3)证人

---

① Quine W. V. & Ullian, J. S. The Web of Belief. McGraw-Hill, Inc., 1978: 24.
② 沈达明. 英美证据法. 北京: 中信出版社, 1996: 3.

对观察对象的先前描述的准确性；（4）证人表现出来的确定性程度；（5）证人观察与陈述之间的时间间隔。此外，证人的偏见和类似事件也能影响证人解释、评价他们的观察或知觉。

通常来说，自发的陈述更可靠，因为一个自发的陈述一定与刺激该陈述的事件紧密相连，以至于在陈述时陈述者的意识仍然完全被该事件掌握着。而在安静的氛围中，如果陈述人考虑了很久，那他可能正在准备说谎。但是，证人在作证时出现无法恢复记忆的情况，如有必要，可在法庭允许的情况下参考书面文件。甚至对记忆有特殊困难的证人，如老年证人，可在作证时带上非当时记录的文件，以帮助恢复记忆。[①] 这些做法并不悖于证言的客观属性。这种情况下，文件本身并不是证据，因为文件的内容已经包含在证人的口头证言中了。判断某个人的陈述是否客观，麦考密克认为迄今我们能够找到的最好的理由是，相比于其他陈述，该陈述与我们关于人类行为因果关系和动机的那些普遍信念更相协调，并且与一系列其他具有内在协调性的关于特定事实的命题相协调，在这些事实命题中，有一些是奠定在当下的感知基础之上的。不过，这种理由并不具有最终的决定性意义。[②] 如果一名证人在一段时间内一直做相同的陈述，那么，证人所做的证言看起来就更可信。但这仅仅是形式上的审查，因为证人可能在多个场合不断重复一个错误的陈述。

证言客观性的判断还可以通过比对分析法来实现。比对，即对证明案件事实的两个或两个以上的证据进行比较和对照，分析证明的内容是否重合、交叉或指向是否同一，找寻证据之间可衔接的信息点，以证据的相互支持和印证查明案件事实。简单地说，比对分析法就是对证明某一事实主张的证据进行比对以判断证据是否相互印证或矛盾的一种证据分析方法。该方法主要是针对证据的真实性属性而言的。印证就是要求认定案件事实至少有两个以上的证据，其证明内容相互支持（具有同一指向），排除了自身矛盾以及彼此间矛盾，由此而形成一个稳定可靠的证明结构。证据的相互印证，是达到证据确实充分最重要的要求。[③] 对证据之间相互支持、印证的关系的事实的认定，是进行认识活动的基本经验和基本理性思维形式。分析证据之间是否相互印证的主要的目的是发现证据之间的矛盾，从而确定某个证据是否可以被采纳作为事实认定的依据。根据逻辑规律，两

---

① 詹妮·麦克埃文. 现代证据法与对抗式程序. 蔡巍, 译. 北京：法律出版社, 2006：131.
② 尼尔·麦考密克. 法律推理与法律理论. 姜峰, 译. 北京：法律出版社, 2005：85.
③ 龙宗智. 中国法语境中的排除合理怀疑. 中外法学, 2012 (6).

个相互矛盾的命题不能同真，但可以同假。因此，证据之间不能相互印证通常会出现三种情况：一是能确定其中一个证据为真，那么，不能印证的另外一个证据就为假；二是能确定其中一个证据为假，那么，不能印证的另外一个证据可能为真，也可能为假；三是无法确定任何一个证据是否为真还是假，那么，不能印证的证据都不能被采纳。即便是相互印证的证据，也应区分不同情形区别对待。证据相互印证表现在证据之间在信息内容上基本重合，一项证据的信息内容被其他若干项证据的信息内容分别印证，那么，这就说明证据与证据之间在信息内容上具有同向性，或者说明证据之间只有部分信息内容相互印证。

比对又可以分为对证明同一事实的不同种类的证据的横向比对和对同一事实作出多次陈述、供述的言词证据的纵向比对。[①] 纵向对比主要针对言辞证据而言，即对同一案件事实做过的多次陈述或供述进行对比，辨明其前后内容有无矛盾之处以及如何排除和解决矛盾；横向对比是指对证明同一案件事实的不同种类的证据进行比对。有时还需要对案件中证明同一事实的两个或两个以上的证据材料进行比较和对照，审查其所印证的内容是否一致，以确定案件事实能否被认定。

(四) 观察灵敏度

"观察灵敏度"是证人观察事件的准确度问题，即"有多少"的问题。它取决于证人的感知能力。例如，对于一个驾车路过的司机和一个行人对交通事故现场所作的描述性证词，法官对行人的证言信任度要高于对司机的。因为司机驾车时的注意力相对于行人来说，他投入到事故现场的注意力要少，而注意力的减少就会降低其观察灵敏度。[②] 在进行观察时，很大程度上取决于证人的一般身体状

[①] 李勇. 审查起诉的原理与方法. 北京：法律出版社，2015：96.

[②] 心理物理学（Psychophysics）上常用信号侦测理论（signal detection theory，SDT）来评估观察灵敏度（Green，D. M.，Swets，J.. Signal Detection Theory and Psychophysics. New York：Wiley，1966）。SDT 的初衷是提高雷达和其他机器感传装置的设计，但一些心理学家认为，SDT 可以为人类观察中的信息传递"信号"的侦测和识别提供一个丰富的概念框架。SDT 并不把人类观察者看成是被动的信号采集者，而是积极的感觉材料加工者。它假定观察者对应该相信什么和陈述什么作出决策。心理学中传统的研究方法不允许研究者在报告人类观察者的行为时区分感觉的效果和决策变化。然而，SDT 试验方法允许独立对人的感觉灵敏度和他在回答关于信号或刺激出现问题时决定是否说"是"和"不"的标准进行评估。不像早期的研究，SDT 试验假定某人陈述的关于观察的信念不是他实际所感知到的决定性证据。SDT 试验假定某一主体在某一场合当信号没有出现时他将相信信号出现，而在另一场合当信号出现时，他将不相信信号出现（Peter Tillers，David Shum. Hearsay logic. Minnesota Law Review，1992：818.）。另外，SDT 研究还常常假定人们是诚实的报告者，即观察者会真实地报告他们实际上所相信的。但实际上，正如前面所述，人们并不总是诚实的。SDT 研究还表明，决策标准（说"是"和"不"）包含诸如期望或愿望之类的东西。这说明期望或愿望会影响证人的证言。所以，信号侦测方法的运用需要考虑其适用条件。

况。如果一个人处于醉酒状态，或处在某种麻醉剂或其他化学物质的影响下，我们就不能指望这个人充分运用他的感官能力。另一个一般考虑因素与进行观察的条件有关。在照明水平非常低的情况下，一个有非常敏锐视觉能力的人也不能利用这些能力。在强烈的背景噪声下，听觉非常敏锐的人也无法听清演讲的内容。归纳起来，涉及观察灵敏度的问题主要有：（1）感觉缺陷，如色盲、近视、远视、散光、白内障等视觉缺陷；（2）一般物理条件；（3）观察条件，如现场灯光、地理环境等；（4）观察质量或持续时间；（5）专业知识或注意力分配；（6）感觉偏差。

三、证人诚实性的弹劾与正誉

证人的诚实性是证人证言可信性的核心要素。在以证人证言为依据的事实认定过程中，对证人诚实性的弹劾与正誉是判断证人证言可信性的重要方法。弹劾（impeachment）是试图对证人证言的可信性进行质疑，意图排除证人证言的过程。具体讲，这是在试图证明证人也许对事件并非有意地作了不正确的叙述，也许是不诚实的（也就是在说谎），或者对证人作证所要证明的事件之感知是不正确的，或者忘记了某些或全部发生的事情。如果事实认定者相信对证据的弹劾，则事实认定者就应当得出这样的结论，若没有对证据的弹劾，证人所说的东西就可能更不准确。[①] 正誉（rehabilitation）是针对对方对己方证人诚实性的弹劾提出反驳，意图重新建立己方证人的诚实性的行为。它与弹劾是相互对应的一个过程。

（一）证人诚实性弹劾概述

通常人们可以通过提出旁证和通过对证人的盘问（通常是交叉盘问）来对证人进行弹劾和正誉。旁证是指非通过对证人的直接盘问或交叉盘问而导出的任何证据，如由一个证人就另一个证人的诚实品性提供意见或声望证言。它可以是展示件，也可以是另一个证人弹劾第一个证人的证言。例如，通过揭示成见或第一

[①] 罗纳德·J. 艾伦，等. 证据法：文本、问题和案例. 张保生，王进喜，赵滢，译. 北京：高等教育出版社，2006：388.

个证人否认曾作出的不一致陈述来对其加以弹劾。① 但是，过度依赖旁证性弹劾证据可能会大大拖延案件的审理期限，并且分散对关键性实质问题的注意力。

通过交叉询问来探知证人的诚实性是法庭上律师们通常使用的方法。通过证人在庭上回答提问的形态、语气和内容来判断证人是否在撒谎。在判断某个证人是否撒谎时，形式上要考虑证人陈述的一致性。如果一名证人在一段时间内一直做相同的陈述，那么，证人所做的证言看起来就更可信。但这仅仅是形式上的审查，因为证人可能在多个场合不断重复一个错误的陈述。值得注意的是，并非所有撒谎的人都会表现出烦躁、紧张、局促不安的情绪，相反，撒谎成性的人都会表现得镇定自若。有经验的撒谎者甚至可以抵挡任何强硬的怀疑。而有时诚实的证人如果受到拷问反而会变得紧张而不能令人信服。有时对枝节问题撒谎的人，比对重要事实撒谎的人更可能是一个坚定的撒谎者。在判断证言之中是否存在谎言时，我们还需要区分证言的一致性与融贯性。一致性强调对某一事实作出的不矛盾的陈述；融贯性更强调某一事实与其他事实之间的融贯，即与其他事实相符。

交叉询问中质疑证人的方法有很多：(1) 证人具有不诚实品格特征的证据表明，该证人也许在证人席上不诚实。(2) 通过揭示证人在本案中有成见或私利来表明，证人可能存在不诚实的动机。如在后文案例 3.5——谭某岷诉正配建筑石料用灰岩有限公司股东会决议效力纠纷案中，出纳王某在另案中因协助大股东挪用公司资金一并被公司起诉，因为更换法定代表人后撤回了对大股东及王某的起诉，那么，王某在更换法定代表人中有明显获益，其主张更换法定代表人的股东会履行了法定程序，这一陈述就存在强烈的不诚实动机。(3) 对诸如证人叙述或感知能力等其他证言品质进行攻击，也可以破坏证人的可信性。这样的攻击可以集中在一般能力上（如色盲），或集中在这些能力与本案有关场合中的具体运用上（如证人在观察有关事件时没戴眼镜）。(4) 对证人不一致陈述的证明表明，事实认定者应当对该证人证言的准确性持怀疑态度。同样在后文案例 3.5 中，财务秦某、司机岳某在一开始都声称与原告没有私人矛盾，但是在后续的询问中，他们的陈述又都明显证实与原告结怨，这不仅表现出证人有成见，更表现出证人前后证言不一致，使证人的证言被怀疑。(5) 从其他途径得到的使该证人陷入矛

---

① 罗纳德·J. 艾伦, 等. 证据法：文本、问题和案例. 张保生, 王进喜, 赵滢, 译. 北京：高等教育出版社, 2006：391.

盾的证言，可以降低该证人的可信性。①

但是，交叉询问的作用有时被高估了。交叉询问有时会使本身诚实的证人由于缺乏出庭经验而产生紧张情绪，甚至语无伦次，这会使事实认定者误解为撒谎的表现。尤其是，"交叉询问在揭露现实生活中证人精心策划的谎言方面的成效要小得多"②。交叉询问与侦查中对嫌疑人的审讯无本质的区别。如果交叉询问能使证人说实话，那么，所有的罪犯在警察的盘问下都会自认了。

然而，弹劾并不是可能引起对证人可信性质疑的唯一原因。证人的举止或紧张感也可能引起事实认定者对证人可信性的怀疑。如果证人叙述的故事似乎有点不可能，事实认定者就可能怀疑证人的可信性。如果两个证人讲述了相互矛盾的故事，每个证人都潜在地对另一方的可信性提出弹劾，但也许并不存在对证人可信性加以弹劾的正式意图。

（二）以品性证据弹劾证人的诚实性

品性证据是指关于某人品行和性格的证据。③ 在英美法国家，通常的证据规则禁止提供证人在诚实性方面具有良好品性的声望或意见证据，除非该证人在诚实性方面的品性受到了攻击。这一禁止是一般普通法规则的具体适用，即在有人试图弹劾证人可信性之前，禁止当事人拿证人的可信性证据来证明案件事实的存在。如果没有某些特别的理由来对证人提出质疑的话，常常假定证人是诚实的。规制以品性证据进行弹劾与正誉的规则，以及规制其他形式弹劾与正誉证据的规则，适用于所有证人和所有种类的案件。但问题是能不能使用证人诚实品性的证据来推断特定场合下的行为与其品格特性相一致（推断该证人在证人席上也在撒谎或者在说真话）。当证据仅仅为弹劾证人的可信性而具有可采性时，这种有限的可采性有三个重要后果。第一，弹劾证据的提出者如果反对指令裁决或简易判决动议，便不能使用该证据来完成举证责任。第二，证据提出者在结审辩词中不能凭借弹劾证据对争议事实作实质证明。第三，在证据具有相关性却不能为某些非弹劾目的而采纳的情况下，被该证据所反对的当事人可以提出美国《联邦证据

---

① 罗纳德·J. 艾伦，等. 证据法：文本、问题和案例. 张保生，王进喜，赵滢，译. 北京：高等教育出版社，2006：389.

② 罗纳德·J. 艾伦，等. 证据法：文本、问题和案例. 张保生，王进喜，赵滢，译. 北京：高等教育出版社，2006：461.

③ 关于品性证据的研究，参见道格拉斯·沃尔顿. 品性证据：一种设证法理论. 张中，译. 北京：中国人民大学出版社，2012。

规则》第 403 条规定的异议，而且，如果证据被采纳，则有权要求法官作出限制性指示。① 这就是说，在某些情况下允许为弹劾和正誉目的而使用品性证据。以品性证据弹劾证人的诚实性，就是用提供声望或意见证据的办法去证明证人在诚实方面的品性，以表明证人在证人席上是正在说谎还是在说实话。

首先，像所有被采纳的其他证据一样，提出用于弹劾证人诚实性的证据，必须在证明或反驳某些对于争议解决具有重要意义的事实方面是相关的。如果不是这样，该弹劾证据就是不可采的。提出用于"弹劾"目的的证据和提出用于"实质"目的的证据之间的区别，就是在最终目的指向上的相关性理论不同，也就是说，它是对某些要素性事实进行证明还是反驳。

其次，该证据必须集中于诚实性，而不是泛泛的道德品性。这意味着尽管允许用有关该证人自己的表明诚实品行的具体行为的询问，来对证人进行弹劾和正誉，但盘问者要受到证人对该问题的回答的约束，即不得提出旁证来对该回答进行质疑。但是，关于证人具有良好诚实品性的声望和意见证言在该证人的品性受到"攻击"之前，是不能被采用的。也就是说，只有在对方当事人对证人诚实品性加以"攻击"之后，才允许提出名声或意见证据来证明证人在诚实性方面具有良好品性。然而，究竟什么样的弹劾构成对诚实品性的"攻击"呢？美国《联邦证据规则》第 608 条规定，"证人可信性可以意见或声望形式的证据予以攻击和支持，但要受到如下限制：（1）该证据只可提及诚实与否的品性；并且（2）诚实品性的证据只有在证人诚实品性受到意见或声望证言或者其他证据的攻击后才可被采纳"。另外，要注意的是，美国《联邦证据规则》第 608 条还规定，"除先前的有罪判决外，不得以旁证证明证人的'行为具体实例'的方式，来攻击或支持证人的（可信性）诚实品性"。然而，如果法院依据自由裁量权认为它们对于诚实与否具有证明作用，可以在交叉盘问中就以下事项对它们进行调查：（1）有关证人诚实与否的品性；或（2）有关另一证人诚实与否的品性，受交叉盘问的证人曾为这种品性作证。也就是说，禁止使用证人的具体行为旁证来证明诚实品性，以证实证人席上的证人不诚实还是诚实。对旁证使用的禁止，意味着盘问者要受到证人回答的约束，弹劾方不能提出旁证来反驳证人，但可以对证人自己的行为进行调查。

---

① 罗纳德·J. 艾伦，等. 证据法：文本、问题和案例. 张保生，王进喜，赵滢，译. 北京：高等教育出版社，2006：390-391.

最后，当品性证人就另一个证人的诚实品性提供意见或声望证言时，应允许对方当事人询问该品性证人关于另一个证人可能做过的对于诚实性有证明力的具体行为。这种询问的目的是检验该品性证人的意见或声望证言的基础。证人偶尔会作证说他们一直是诚实的，因而事实上是在就其自身的诚实性提供意见证言。或者说，对意见或声望证人的交叉盘问，检验着他们对自己作证之声望的知识或其意见形成的根据。在普通法中，一旦品性证人提供了意见或声望证言，则对方当事人可以弹劾提供意见或声望证言的品性证人的同样的方式弹劾该品性证人，除了以该品性证人自己不诚实行为的提问来对该品性证人进行弹劾，弹劾方可以问这位品性证人，该品性证人是否知道就其品性作证的某人所为的相关具体行为。需要注意的是，在（对提供意见或声望证言的品性证人的）交叉盘问中，允许对相关的具体行为实例进行调查。询问的目的是弹劾品性证人的可信性，而不是证明正被询问的主要证人的品性。因为使用该品性证人关于其对主要证人的具体行为的证言来证明该主要证人的诚实性，将违反禁止使用旁证来证明主要证人的品性之原则。

（三）对证人先前陈述的弹劾

在案件审理中，我们经常会碰到证人前后不一致的陈述。证人在作出当前证言之前，在另一个时间和地点所作的陈述称为先前陈述。如果证人的前后陈述存在不一致性，不论哪个陈述是真的，都说明该证人在作某个陈述时撒了谎，或者该证人由于某种原因在某个场合没有对发生了什么作出准确的报告。这就给弹劾证人的可信性提供了一个尤其重要的机会。有经验的律师在交叉盘问过程中经常使用先前不一致陈述来让证人对质。但是，通常情况下，当事人不能提出先前不一致陈述的旁证，除非证人有机会解释或否认该陈述，并且对方律师有机会就该陈述对证人进行询问。

有的时候，证人的先前陈述因属于传闻规则的例外或传闻定义中明示的豁免，而可因其真实而被采纳。例如，根据美国《联邦证据规则》第803条第（4）款的规定，传闻规则的身体条件的例外，原告为诊断或治疗目的而对医生所作的陈述可以被采纳。与此类似，根据美国《联邦证据规则》第801条第（d）款第（2）项第（A）目，提供用以反对某一方当事人对某行为的先前陈述，可以因其真实性为自认而被采纳。如果证人的先前陈述可以被采纳来证明其真实性，则就不需要考虑该陈述是否也可以为非传闻目的而被采纳来对证人进行弹劾或正誉。

与仅仅依据一致或不一致的事实相比，依据先前陈述的真实性将必然使审判中的证言更可信或更不可信。这里，我们所关注的是对不能单独采纳来证明其真实性的先前不一致陈述和一致陈述的非传闻使用问题。有一种情况是，如果证人所作的陈述与证人现在的证言一致，则说明，除先前陈述真实之外，证人在谈论与该陈述有关的事项时是认真并经过考虑的。这样，除非有理由相信证人是在故意叙说前后一致的谎言，知道这种一致性与不知道这种一致性相比，我们就更有理由相信和信赖证人的证言。

由于每个人都会偶尔作出不一致的陈述，微不足道的不一致性证据对弹劾证人的可信性而言，成效甚微（如果说有任何弹劾作用的话）。在某种情况下，如果曾就某事件作过先前陈述的证人作证说其对该事件记忆不清了，有时可以认为这种所谓当前记忆的丧失和先前陈述之间彼此是不一致的。因此，如果可以合理地认为这种记忆丧失是假的，并且实质上与否认早先作过的有关陈述无异，则将这种陈述归结为不一致陈述就是合理的。然而，如果这种不一致性与诉讼的主旨有关，则我们有理由对于证人的证言保持怵惕之心。无论哪一个陈述是真实的，这种不一致性都表明，证人要么是在诉讼主旨问题上故意说谎，要么，至少是证人在报告与诉讼的解决有关的重要信息方面太随意或不准确。

要求证人有机会对该陈述作出解释，这给事实认定者就所称的不一致性进行评估提供了一个合理的基础。例如，证人可能会就为什么表面上不一致的陈述并非事实上的不一致这一问题作出一个合理解释，或者该证人可能会否认曾作过这样的陈述。在这种情况下，事实认定者将不得不对旁证和该证人的否认之间的相对证明力加以评估。如果证人否认作过先前不一致陈述，或者否认该陈述具有不一致性，则通过对先前陈述与证人在庭审时的证言是否具有一致性加以证明，这就可以表明证人也许没有作出过所谓的先前不一致陈述，或者在具体背景下，事情也许并不像弹劾方所说的那样不一致。

还有一点值得注意的是，弹劾理论所依据的是存在不一致性的事实陈述，而不是使证人可信性受到质疑的先前不一致陈述的真实性。因此，在这种不一致并非微不足道或不能为之轻易找到理由的情况下，即使是与案件的争点无关的不一致性，对于弹劾该证人而言也有相当高的证明力。那么，先前一致的陈述是否表明证人曾经就某事项有过一致的表述，而对证人的可信性进行正誉和支撑呢？在普通法中，先前一致陈述在证明其自身的真实性方面不具有可采性。它们可以被采纳用来对证人的可信性进行正誉，但这只适用于反驳最近的捏造或受到不当影响的明示或暗示的指控。在普通法上，当先前一致陈述具有可采性时，该证据所反对的当事人有权获得一项指示，即该先前陈述不能被用来证明其真实。但是，当证人因作过与先前不一致的陈述而受到弹劾时，通常的观点是，当时作出的先前一致的陈述，可以被采纳用来澄清或解释所谓的不一致性。

【案例3.5】 谭某岷诉正配建筑石料用灰岩有限公司股东会决议效力纠纷案

正配建筑石料用灰岩有限公司（以下简称"公司"）于2015年3月13日登记设立，谭某岷占股30%，张某益占股70%。2015年3月11日公司股东会一致决议决定谭某岷为公司的执行董事，担任法定代表人，并通过"正配建筑石料用灰岩有限公司公司章程"（以下简称"公司章程"）。

公司章程约定：

第十二条　股东行使下列职权、职责：……（二）确定公司的执行董事、经理、监事、法定代表人；……（八）制定、修改公司章程……

第十三条　公司股东行使上述职权、职责的规定：（一）股东行使上述职权、职责，对相关事项作出决定时，应当采用书面形式，并由股东在相应的决定上签字……

第十四条　公司不设董事会，设执行董事一人，由股东任命……

第十五条　公司经理由公司股东任命……

第十六条　公司的法定代表人由公司股东确定……

第三十二条　本章程经股东共同订立，自公司股东签署之日起生效。

谭某岷和张某益皆在章程上签字。

其后，张某益任命其堂兄担任公司出纳，挪用公司资金600多万元，以致公司资金链断裂，经营困难。谭某岷以公司法定代表人的身份，以公司的名义对张某益的挪用行为提起诉讼。张某益利用自身大股东的身份，在未通知谭某岷参加会议的情况下，于2017年4月7日自行召开了股东会议并出具了"正配建筑石料用灰岩有限公司股东会决议"（以下简称"股东会决议"），将法定代表人从谭某岷更换为吴某，执行董事从谭某岷更换为张某益，同时通过了修改后的公司章程。

修改后的公司章程规定：

第十六条　股东会由全体股东组成，是公司的权力机构，行使下列职权：……（二）选举和更换非由职工代表担任的执行董事、监事……

第二十一条　股东会会议应对所议事项作出决议，决议应由股东表决通过，股东会应当对所议事项的决定作出会议记录，出席会议的股东应当在会议记录上签名。

股东会会议作出修改公司章程、增加或者减少注册资本的决议，以及公司合并、分立、解散或者变更公司形式的决议，必须经代表三分之二以上表决权的股东通过；股东会作出其他决议，须经代表二分之一以上表决权的股东通过。

该修改后的公司章程仅有新法定代表人吴某和张某益的签字。

张某益在私自召开股东会议后，在工商行政管理部门完成了法定代表人和执行董事的变更，并以新的法定代表人的名义，代表公司在法院撤回了公司要求张某益归还挪用资金的诉讼。

于是，谭某岷以股东身份，以4月7日的股东会议并未履行会议召集程序、未通知自身参加会议为由，提起撤销股东会决议之诉。在庭审中，张某益称4月7日的股东会议通知了谭某岷，是谭某岷自己选择不参加。为此，张某益方申请了三位证人出庭，分别是公司原财务秦某、出纳王某以及张某益的司机兼保镖岳某。三位证人在庭审时作证，声称是在3月26日由三位一起将纸质版书面股东会会议召开通知交予谭某岷。原告律师以三位证人与张某益有利益关系且与谭某岷存在个人矛盾为由，质疑三位证人的诚实与证言的真实性。

【庭审询问】

公司财务秦某

原告律师："证人是否和原告存在个人矛盾？"

秦某："没有。"

原告律师："证人以前是否系大股东张某益聘请作为公司财务人员，后因工作能力不行被原告开除？"

秦某："我不是能力不行，是他们嫌我工资太高，换了便宜的财务人员。"

原告律师："那证人的确是被原告开除出公司的，对吗？"

秦某："是，但我不是能力不行！"

原告律师："证人称3月26日向原告亲自送达了股东会会议书面召开通知，是否留下了照片或者原告的签收证明？"

秦某："没有，但是，我是和王某、岳某一起送给了原告，原告不肯收，我还口头告诉了他。"

原告律师："在3月26日之时，原告已经代表公司起诉了股东张某益，两者之间已经存在了不可调和的矛盾。如果真的存在当面送达，证人去送达通知的时候也应当预见原告可能不收的事实，为什么不留存照片等文件？"

秦某："没有拍照，但是，我们是一起送了。"

出纳王某

原告律师："证人是否与大股东张某益存在利益关系？"

王某："没有。"

原告律师："证人是否与原告存在矛盾？"

王某："没有。"

原告律师："证人在公司期间，是否一直以大股东张某益的堂兄身份自居？"

王某："不是，我不是张某益堂兄。"

原告律师："证人与张某益都是同姓，怎么解释？"

王某："我们是族兄，已经出了五服了。"

原告律师："证人是否已经知晓了在本案之前原告以公司名义起诉股东张某益，要求张某益返还通过伙同担任出纳的证人挪用公司资金？"

王某："我没有挪用，也没有帮助张某益挪用。"

司机兼保镖岳某

原告律师："证人是否和张某益存在利益关系？"

岳某："没有。"

原告律师："证人是否担任张某益的司机兼保镖，接受张某益的聘用？"

岳某："我和张某益是合伙关系，当时我们一起'打天下'创立的正配建筑石料用灰岩有限公司，原告都是后来才来的。"

原告律师："证人是否和原告存在矛盾冲突？"

岳某："没有。"

原告律师："在原告代表公司起诉张某益挪用资金一案时，庭审中证人是否与原告发生推搡，还试图抢夺原告的车钥匙？"

岳某："车是公司的，我只是拿回公司财产。"

从庭审的对话上，我们很难相信三位证人的证言是诚实的。三位证人无一例外地在一开始就表示与被告不存在利益关系、与原告不存在矛盾，以此表明自身的证言不存在虚假、偏颇和捏造。但是，在接下来的询问中，三位证人都存在与被告明显的经济依附，以及与涉案法律关系的牵连，甚至直接表现出对原告的私人恩怨，表明证人于原被告双方之间形成不中立的立场，表明一开始证人声称的与被告不存在利益关系、与原告不存在矛盾的回答都为不诚实的回答。同时,对于送达通知的事实也存在多处漏洞而不能自圆其说。这种明显前后不一致的表述,使证人证言的可信性大幅度降低。

(四) 以成见来弹劾证人的诚实性

尽管普通法禁止凭借证人宗教信仰方面的内容来评估证人的可信性[①],但对证人成见的揭露,对于弹劾证人的可信性是相关的,因为,成见说明了证人存在撒谎或至少不能做到完全坦诚的特定原因或动机。而且对任何成见的证明,对证人的质疑而言,都是特别有效的,因为这对不诚实性具有很高的证明力。所以,法律允许通过对证人的盘问或提出旁证来证明证人的成见。但提出成见旁证仍要受到限制。例如,当成见证据是证人的先前陈述时,该陈述的旁证不具有可采性,除非该证人先有机会对该陈述加以解释或加以否认。另外,我们所有人至少都会偶尔作出不一致的陈述,在诚实性方面的不良品性可能不过是意味着该人常常比大多数人多一点不诚实。这些形式的弹劾都不能说明据以认为证人在现在作证的特定场合下是不诚实的具体理由。

关于成见的证据可以有多种形式。某些类型的成见,例如,因与当事人存在某种关系而产生的成见,并不必然涉及证人道德品性方面的任何问题,只能表明该证人的证言可能会因为与不诚实之一般倾向无关而无意地出现偏倚。如果这样的话,品性证据在回应这种攻击方面并不具有相关性。另外,如果通过贿赂证人等行为而寻求证明,那么,基于敌意或自私的偏见则可能会具有更大的影响。通常认为,关于证人腐败行为的证据应当被视为对其诚实性的攻击,因而需要使用支持性的证据。

(五) 以证人的精神或感官缺陷来弹劾证人的诚实性

任何感官或精神缺陷,如果抑制了证人在有关事件发生时对之精确感知的能力,或者抑制了其在审判进行时准确回忆和叙述的能力,则它们对质疑证人的可信性都是相关的。因此,例如,如果能够证明证人有记忆缺陷、存在使证人缺乏辨别事实与虚幻的能力的某种精神疾病、在所要证明的事项发生时或者在证人席

---

① 例如美国《联邦证据规则》第610条规定,"有关证人的宗教事务方面的信仰或意见的证据,不得采纳用来说明由于这些宗教信仰或意见的性质,证人的可信性受到了损害或得到了增强,但允许使用有关非正统宗教信仰、成见、精神或感官缺陷以及自相矛盾来对证人进行弹劾。"

上处于醉酒状态、在颜色的准确性具有重要意义的情况下是色盲等情况，则这些证据都具有相关性。确实，任何事实只要与证人进行叙述、感知和记忆的一般证言能力或者在相关特定场合与这些能力的运用有关，它们在对证人的弹劾问题上就具有相关性。① 所以，一旦证人隐瞒了这种缺陷，那么证人的诚实性就会被弹劾。如果证人不否认存在这种缺陷，那么就是观察灵敏度和客观性的问题。

在英美法国家，除了在交叉盘问中进行质询，当事人还可以提出证人具有精神或感知缺陷的旁证。传统上，法院认为这种证据所证明的事项不同于道德缺陷或品性特点所证明的事项。因此，对品性证据所设的限制并不适用。例如，法院允许使用诸如以下事项的旁证，包括：行为怪异，证人明显的非理性行为，精神病医生关于证人精神能力的专家证言，或证明证人记忆或视力方面存在缺陷的法庭试验。

但是，在考虑一个人的精神缺陷问题时，很重要的一点是，不要把作为弹劾主旨的精神缺陷问题和完全禁止作证的精神缺陷问题混淆在一起。传统上，法律禁止精神错乱或有缺陷的人作证。现代法理假定每个人都具有作证人的适格性，包括有精神疾病的人。只有在一个人的精神状况使得他不能理解宣誓或履行如实作证的义务时，才是拒绝让该人作证的合法理由。

（六）用证言自身的矛盾来弹劾证人的诚实性

对证人可信性进行弹劾的最后一个传统方法是用矛盾方法，即提供使证人所说的某些事情陷入自相矛盾的证据。如果我们能证实，在某件事情上证人是不正确的，就可以适当地推断该证人可能在其他事情上也存在错误，包括证人证言中可能是实质重要的方面。正如威格莫尔所说的那样：自相矛盾的证据可以证成存在一个或多个缺陷的推断。我们只要知道在某一问题上作了一个错误陈述，就可推断该证人在其他问题上也可能作出错误陈述。没人问我们，我们也没试图详细说明哪个特定的缺陷是造成已经得到证实了的错误的根源，以及它因而可能是另一个错误的根源。这种根源可能是关于观察力或回忆能力方面的精神缺陷；可能是缺少诚实品性；可能是成见或腐败……对于这种已证实的错误而言，其推论不过是，由于某些未明确指出的缺陷成了错误的根源，同样的缺陷可能同样会成为

---

① 罗纳德·J. 艾伦，等. 证据法：文本、问题和案例. 张保生，王进喜，赵滢，译. 满运龙，校. 北京：高等教育出版社，2006：443.

其他错误的根源,虽然并不明显。①

但问题却并非总是如此简单。我们所有人都时常作出一些可能自相矛盾的错误陈述。因此,至少在不能表明同一证人存在许多矛盾的情况下,对于与争点无关事项上的矛盾的证明,对弹劾证人的可信性常常仅有边际证明力。

第四节　证据的证明力分析

【案例3.6】　希玛公司诉杨某、马某借贷担保纠纷案

2016年12月14日,悦达公司拟向C市农村商业银行(以下简称"农商行")借款2 300万元,借款期限一年,农商行要求悦达公司提供相应的担保。但因其及其关联公司名下房产处于建造过程中而无法取得权证,所以无法办理抵押登记,无法满足银行对于抵押担保的要求。因此,悦达公司找到赤城公司,请求赤城公司为其提供担保,并承诺以其关联公司希玛公司及希玛公司名下房产为赤城公司的担保提供相应的反担保。因相关反担保房产没有权证,所以双方协商以办理网签的形式,将反担保房产网签到赤城公司指定的自然人名下,以保证赤城公司对于反担保物的控制。赤城公司、希玛公司遂与悦达公司签订了"委托担保合同",对上述事项进行了约定。其中,"委托担保合同"约定,"(悦达公司)提供相应的反担保:1.(人保)希玛公司及李某在内的八位自然人为悦达公司对本合同约定的全部义务提供连带保证。如悦达公司在银行贷款或委托担保合同到期未归还时,则由保证人及保证公司无条件归还全部本金及利息。2.(物保)希玛公司以其旗下开发楼盘西庭3#栋商业综合楼整栋为悦达公司对本合同所约定的全部义务提供连带保证。(具体位置、面积及处置价格见附件,须办理网签,网签给赤城公司指定的自然人)"

合同签订后,赤城公司以自身名下房产为悦达公司在农商行的2 300万元借款提供了抵押担保。但西庭3#栋商业综合楼还未办理预售登记证,无法办理网签,因此希玛公司将该楼盘8#、18#栋的对应价值的房产作为反担保房产,通过网签登记在赤城公司指定的自然人杨某(赤城公司总经理)、马某(赤城公司保安队长)名下。

---

① John Henry Wigmore. Evidence. James Chadbourn rev.,1970:§1000,957-958.

一年后贷款到期,悦达公司没有如约偿还农商行借款。但农商行暂未对悦达公司提起诉讼。但是,希玛公司以商品房销售合同纠纷将杨某、马某诉至法院,声称杨某、马某在希玛公司购房,相关房产已办理了网签,但杨某、马某二人却未支付购房款,要求杨某、马某二人支付购房款,否则就解除网签。杨某、马某二人主张该案名为买卖,实为借贷担保,然后提供了赤城公司、希玛公司及悦达公司签订的"委托担保合同"。但该合同由希玛公司及悦达公司先行签署后交与赤城公司,赤城公司收到后直接在公司内进行了归档,未进行签署,因此该合同上仅有希玛公司及悦达公司的印章,没有赤城公司的盖章。

【问题讨论】

与对应网签房产不一致且缺乏赤城公司签章的"委托担保合同",在本案中是否具有证明力?

一、证明力的内涵

"证明力"(probative value)又称证明价值或"证据力"(probative force),是指证据对待证事实存在的可能性具有的支持程度。我们将其列为证据属性的主要原因在于,在目前的司法审判中,通常法官要求一方当事人对另一方当事人的证据的"三性"(相关性、合法性和真实性)进行质证。在很多情况下,这些证据的合法性没有问题,也是真实的和相关的。那么,通常一方当事人或其代理人就会说"对证据的三性没有异议"。"没有异议"就意味着法官可以采纳该证据。但是,在大多数情况下,这些证据的证明力很小,不能证明证据提出者所主张的事实。所以,在这种情况下,有必要把证明性纳入质证的范围。其实,这种做法是有法律依据的。例如,依据最高人民法院《关于适用〈中华人民共和国民事诉讼法〉的解释》第104条规定:"人民法院应当组织当事人围绕证据的真实性、合法性以及与待证事实的关联性进行质证,并针对证据有无证明力和证明力大小进行说明和辩论。"

(一)证明力是一种以相关性为基础的说服力

证据的相关性程度影响其证明力的大小。例如,在希玛公司诉杨某、马某借贷担保纠纷案中,"委托担保合同"在该案中对于借贷担保关系的证明力,就取决于"委托担保合同"与该案的相关性。相关性是指一种逻辑上的证明力,"相关性涉及的是某项信息在支持或否定某事实结论（待证事实）的存在方面的证明潜力。相关性概念表达的思想是，一项证据是通过逻辑和经验联系而与待证命题相联结的。"[1] 换句话说，证据由于具有相关性而具有证明力，因而有助于法官审查判断案件事实存在的可能性；不相关的证据没有证明力。

证明力是对事实认定者的一种说服力。要检验一个证据对于一个待证事实是否具有证明力，"法官必须首先分析该证据的说服力，即提供用以证明的证据可能将对陪审团思考要素性事实产生的说服力。这就是其证明力"[2]。澳大利亚《1995年证据法》第 55 条把证明力解释为："指证据可以合理地影响评价系争事实存在可能性的程度。审判人员必须首先分析该证据的说服力，即提供用以证明的证据对自己思考要素性事实所产生的证明力。"

（二）证明力是相关程度或证明作用强弱的"指示器"

证明力是指"各证据与案件事实的关联程度"[3]，即某个证据对某个事实存在与否的可能性加以证明的程度。一个证据对于待证事实存在的可能性有无证明作用，意味着有无相关性，而证明作用的强弱则属于证明力问题。例如，在希玛公司诉杨某、马某借贷担保纠纷案中，如果"委托担保合同"中所写明的反抵押房产正是实际办理网签的西庭8♯、18♯栋商业综合楼，那么，这就跟待证事实有着更高的关联性，证明力更大；而"委托担保合同"写明的反抵押房产是3♯栋商业综合楼，那么，这与待证事实之间关联性相对就低一些，因而证明力也小一些。

"证明力意味着某种程度，即证据将要改变要素性事实的概率性及诉讼要件的程度。"[4] 证据的证明作用有一个程度问题，即证明力的大小。"所谓证明力，是指证据对于案件事实所具有的证明作用和效力，即证据对于案件事实的存在与否，有没有以及多大程度上有证明作用。"[5] 证明力通常由一些量词来描述，比如"很强""很弱"，用于测量概率的强度。

---

[1] 米尔建·R. 达马斯卡. 漂移的证据法. 李学军，等译. 北京：中国政法大学出版社，2003：76.
[2] 罗纳德·J. 艾伦，等. 证据法：文本、问题和案例. 张保生，王进喜，赵滢，译. 满运龙，校. 北京：高等教育出版社，2006：161.
[3] 最高人民法院《关于民事诉讼证据的若干规定》第88条.
[4] 罗纳德·J. 艾伦，等. 证据法：文本、问题和案例. 张保生，王进喜，赵滢，译. 满运龙，校. 北京：高等教育出版社，2006：180.
[5] 汪建成，孙远. 刑事证据立法方向的转变. 法学研究，2003（5）：24.

(三)"直接"和"间接"证据的划分并不反映证明力大小

1. 直接证据和间接证据的区别

相关证据可以分为直接证据和间接证据。"直接证据一般被定义为,如果相信了就能证实某个要件的证据。"① 一个证据与待证事实之间的联系是直接的,不要求中间推断环节,这种类型的证据称为直接证据。例如,如果有一位目击证人作证说,他看见被告甲抄起乙摊位上的水果刀刺向被害人,在该证言被相信的情况下,它就成为甲对被害人行凶的直接证据。

但在许多情况下,一个证据与待证事实之间的联系不是直接的,而是间接的,即需要一些中间推断环节。这种类型的证据称为间接证据。假定一位证人作证说,一家首饰店刚被抢劫后,他看见被告(被控犯有抢劫罪)从首饰店跑向另一条街。这可以被视为被告有罪的间接证据,因为,这一证言并没有直接证明身份要件。要证明被告同抢劫联系在一起,还需要一些补充性推断,例如,被告犯罪后正在逃跑,以免被抓。

2. "直接证据的证明力一般大于间接证据的证明力"的谬误

过去一段时期,人们普遍有一种错误观念,即直接证据优于间接证据,或者说直接证据的证明力大于间接证据的证明力。事实上,证明力是指一个证据对待证事实有无证明作用以及证明作用的大小,而并非指证据与待证事实之间的联系方式。直接证据与待证事实具有直接联系,但其证明力不一定大于或优于间接证据的。例如,口供是直接证据,但口供的证明力就不一定大于间接证据的。相反,间接证据可能常常比直接证据更可靠,因而具有比直接证据更大的证明力。例如,留在凶器上的指纹或血痕属于间接证据,但经过指纹分析或 DNA 检测,也许可以成为比口供具有更大证明力的证据。"在一个推理链条中,更多的推论步骤并不自动减少证明力。的确,例如 DNA 证据,要求复杂的推理链条,却依然产生很高的概率。"②

---

① 罗纳德·J. 艾伦,等. 证据法:文本、问题和案例. 张保生,王进喜,赵滢,译. 满运龙,校. 北京:高等教育出版社,2006:155.
② 罗纳德·J. 艾伦,等. 证据法:文本、问题和案例. 张保生,王进喜,赵滢,译. 满运龙,校. 北京:高等教育出版社,2006:169.

二、证明力的审查与判断

(一) 证明力的大小

在司法实践中，法官的审判能力主要体现为在可采性和证明力之间的权衡。法国证据法学家波尼厄尔在《证据论》一书中，讲述了 17 世纪法国一些地区法官对证明力（证明价值）进行加减的做法。他指出：如果一个证言受到对方的质疑，那么法官将酌情减小其证明价值。法官不会一笔勾销该证言的价值，而是酌情将其降低为八分之一、四分之一、二分之一或四分之三个证言。这些降低了价值的证言需要其他证据佐证才能构成一个完整的证言证据。假设在一起案件中，一方当事人的四个证言都受到对方的质疑。根据质疑的情况，其中两个证言的价值减半，一个减为四分之一，一个减为四分之三，那么加在一起，就是两个证言。由于两个良好的证言就可以构成一个完整的证明链条，所以，尽管这四个证言都在不同程度上受到对方的质疑，但是仍然可以构成一个完整的证明链条，法官仍然可以据此作出判决。[①]

在美国，《联邦证据规则》第 403 条（以偏见、混淆或费时为由排除相关证据）规定：只有在证据的证明力被《联邦证据规则》第 403 条所列因素产生的危险性"实质上"超过的情况下，即法官对证据的有害方面超过了其证明力的情况十分自信时，该证据才应当被排除。《联邦证据规则》第 403 条倾向于宽容采纳证据的错误决定，而不是宽容排除证据的错误决定。那么，法官究竟在什么情况下才倾向于排除证据呢？伯克利对此进行了一些实证研究，表 3-1 反映了法官进行《联邦证据规则》第 403 条平衡检验的适当操作方式[②]：

表 3-1 证明力与可采性平衡检验的自由裁量权

所提出的相关 证据的证明力	《联邦证据规则》第 403 条 所列因素的消极影响	审判法院是否会 排除证据
高	高、中或低	否

---

① 何家弘. 对法定证据制度的再认识与证据采信标准的规范化. 中国法学，2005 (3).
② Newell Blakely. Article Ⅳ: Relevancy and Its Limits. 30 U. Hous. L. Rev. 1993: 281, 317. 罗纳德·J. 艾伦，等. 证据法：文本、问题和案例. 张保生，王进喜，赵滢，译. 满运龙，校. 北京：高等教育出版社，2006: 175.

续表

所提出的相关 证据的证明力	《联邦证据规则》第 403 条 所列因素的消极影响	审判法院是否会 排除证据
中	高	否（也许是）*
	中或低	否
低	高	是
	中	否（也许是）*
	低	否

* 如果证明力接近"中"等范围的下限，且消极影响非常高，或者，如果证明力非常低，且消极影响接近"中"等范围的上限，《联邦证据规则》第 403 条可能允许排除证据。

对于证明力的程度大小，我们可以使用不同的表述方式。如表 3-2 所示，其分别采用了频度、赌注、信念（主观）、客观支持强度及分数分别表示了不同层级，共 11 个级别的证明力大小。在司法实务中，最常见的是信念（主观）和支持强度（客观）两种表述方式。

表 3-2　证明力的程度表示

机会	频度	赌注	信念（主观）	支持强度（客观）	分数
1.0	100%	无竞争	我知道	无疑	A+
0.9	90%	9-1	我肯定	压倒性的	A
0.8	80%	8-2/4-1	我可以肯定	强有力的	A-
0.7	70%	7-3	我深信	强烈的	B+
0.6	60%	6-4/3-2	我以为	比不可能更可能	B
0.5	50%	同额赌注 1-1	我不知道是否	均衡的	B-
0.4	40%	4-6/2-3	我怀疑	不太可能	C+
0.3	30%	3-7	我猜测	不可能	C
0.2	20%	2-8/1-4	我质疑	虚弱	C-
0.1	10%	1-9	我非常质疑	极小的	D+
0.0	0%	0	我拒绝相信	无	D/F

（二）证明力与价值的权衡

"在宪法上特别使用的一种司法学说，其中法院权衡竞争方之间的利益——个人权利与政府权力之间，或者在州权力和联邦至上之间——并决定应支持哪些利益。"[1] 综观世界各国法律制度的历史沿革，我们既可以看到社会发展的轨迹，也可以看到价值取向的变迁。任何法律制度都会面临多种利益或价值的冲突，包

---

[1] Black's Law Dictionary. 8th edition. Thomson West, 2004: 153.

括个人利益与群体利益或社会整体利益的冲突、打击犯罪与保护人权的冲突、实体公正与程序公正的冲突、查明事实与司法成本的冲突、程序保障与司法效率的冲突等。证据制度的基本价值是发现真实,但并不把它作为唯一的价值。① 证据制度同样面临着发现真实与其他价值的冲突选择。任何一种证据制度都不得不在这错综复杂的冲突关系中寻找自己的定位,以求得不同利益的平衡。例如,联邦证据规则起草咨询委员会对《联邦证据规则》第403条的注释,提到了法官在适用规则的平衡检验标准时可能要考虑的另外两个因素。首先,注释告诫法官,应当在"证据证明力、对证据的需要和采纳该证据可能造成的损害"之间进行平衡。其次,注释在结束语中说,在以不公正偏见为由而决定排除证据时,"其他证明手段的可用性"也可作为考虑因素。②

(1) 证明力与保护个人利益的权衡。证明力与保护个人利益的权衡主要体现在刑事诉讼中追诉犯罪与被告人个人利益之间的冲突上。被告人的个人利益包括经济收益、生活安全、权力地位、名誉声望等。在如何协调这种矛盾冲突的问题上,不同国家在建立司法制度时,采取了不同的态度。有些国家在司法活动中强调要优先追诉犯罪行为;有些国家则在司法活动中强调要把个人利益的保护放在首位。东方国家具有国家利益高于个人利益的价值取向传统,西方国家在这一问题上多采用向个人利益倾斜的价值定位,而美国无疑是其中最有代表性的国家。按照美国社会的主流价值观念,个人是社会的基本单位。因此,司法系统必须首先保护个人利益,在证明力的权衡上就应采取有利于被告人的原则。例如,无罪推定就是对刑事被告人在法律上所作的保护性假定,并非对被告人身份和地位的事实描述。在司法实践中,审判人员经常遇到这样的情况:公诉方提供的有罪证据不是非常充分,不能肯定被告人有罪;尽管被告方提供的证据也不能肯定被告人无罪,但根据无罪推定原则,就应该判决被告无罪。另外,沉默权规则维护的主要是被告人防卫自身和自主选择诉讼行为的能力,违反沉默权规则的口供尽管具有很强的证明力,也应当予以排除。

(2) 证明力与保护人权价值的权衡。从历史的角度看,刑事司法制度的基本功能就是打击犯罪。但是随着社会的发展,保护人权的观念越来越受到重视,并

---

① 证据规则有四个价值支柱:准确、公正、和谐和效率。张保生. 证据规则的价值基础和理论体系. 法学研究, 2008 (2).

② 罗纳德·J. 艾伦, 等. 证据法:文本、问题和案例. 张保生, 王进喜, 赵滢, 译. 满运龙, 校. 北京:高等教育出版社, 2006:168.

成为刑事司法追求的目标之一。刑事诉讼中举证责任的分配就在很大程度上体现了一个国家在打击犯罪与保护人权之冲突问题上的价值取向。就刑事司法制度而言，保护人权的重点当然是保护被告人或犯罪嫌疑人的权利。在有些情况下，打击犯罪和保护人权的目标是相互吻合的，但是在有些情况下，打击犯罪和保护人权的目标则是互相冲突的。片面强调打击犯罪的需要，就会影响到对犯罪嫌疑人和被告人权利的保护；而过分强调对犯罪嫌疑人或被告人的权利保护，又会影响到打击犯罪的效率。根据各国在确立刑事司法制度时选择的"价值定位"不同，在对证明力与保护人权之间进行权衡时会有不同倾斜。但是，在一些基础价值上，各国都基本遵守。例如，对于非法取得的口供，尽管有很强的证明力，但大多数国家的证据法都将其排除。这就体现了在证明力的权衡上采取的是有利于保护人权的原则。

（3）证明力与程序公正价值的权衡。司法公正有两层含义，即"程序公正"和"实体公正"。就司法系统而言，实体公正是指系统的最终"产品"是否公正。证据证明力的价值就在于实现实体公正。程序公正是指该"产品"的"生产过程"是否公正。虽然实体公正和程序公正是统一于司法公正的两个方面，二者是相辅相成的，但是二者有着相互区别的价值标准。坚持程序公正并不必然导致实体公正，获得实体公正也不一定都要遵循程序公正。在有些情况下，实体公正和程序公正不仅是相互区别的，而且是相互对立、相互冲突的，追求实体公正就可能伤害程序公正，而坚持程序公正又可能牺牲实体公正。例如，侦查人员通过刑讯逼供得到的被告人供述能不能在审判中作为证据使用，就反映了程序公正的价值取向。在现代法治国家中，刑讯逼供是严重违反法律的行为，这样取得的口供是非法证据，一般都不能被采用。诚然，这个口供中交代的案件情况可能是真实的，这个口供的内容也可能是很有证明价值的，但是，它不能在审判中用作证据。这看起来是对证据的"浪费"，是对司法资源的"浪费"，但是，为了实现程序公正，这种"浪费"是必要的，这是由证据制度的价值取向所决定的。

（4）证明力与社会公共价值的权衡。社会公共价值包括经济发展、文明进步、社会安宁、公共秩序等。在诉讼中，如果遇到案件的事实调查与这些社会公共价值发生冲突，法律就需要对这种冲突作出选择。证据法中特免权规则的设立就是这样一种选择。特免权规则要求在具有因特定身份或职业而导致其作证可能损害特定的利益和价值的场合下，证人的作证义务应加以免除。这就是为了保护特定社会关系而对证明力与社会公共价值的冲突作出的权衡。特免权规则主要包括公务或职务特免权、拒绝自陷于罪的特免权、婚姻关系或亲属关系特免权等。设立作证特免权的主要目的是保障法庭之外的特定关系和利益，这些关系和利益被认为具有充分的重要性，值得司法程序以失去有用证据的方式来承担这些成本。[1] 任何一名证人都会承担一定的社会工作，成为社会某种特定服务的施益者或受益者，这些人与人之间因工作而联结在一起形成的社会关系是否稳定标志着一个民主社会的工作秩序是否运转良好。然而维系这些关系存在的一个必要条件就是内部交流的秘密信息。证据法应在追求真实的同时，还要注重从根本上维护而不是破坏基本社会生活、工作关系。因此，为了整个社会行业群体与职业道德感的形成，为了有效维护社会公共利益，需要赋予某些证人作证特免权，这是这种利益均衡的产物。[2] 美国证据法专家华尔兹认为，这种特免权存在的一个基本理由是："社会期望通过保守秘密来促进某种关系。社会极度重视某些关系，宁愿为捍卫保守秘密的性质，甚至不惜失去与案件结局关系重大的情报。"[3] 从社会职业关系来看，基于职业秘密的作证特免权维护的是特定职业者与其服务对象的信赖关系，而这些信赖关系对于整个社会的正常运转是至关重要的。如律师与委托人之间的信任关系、医生与病人之间的信任关系、神父与忏悔者之间的信任关系等。作证特免权虽然造成个案真实的困境，但将使特定关系人之间的相互信任感增强，稳固各种基础社会关系。从伦理效益上看，作证特免权有利于维护社会存在基础的情感理念、伦理道德观念以及信赖关系，充分维护了个人的尊严。它体现了对人文精神的关怀和亲情关系的尊重，有利于社会的和谐与稳定。

（5）证明力与诉讼效率的权衡。效率指从一个给定的投入量中获得最大的产出，即以最少的资源消耗取得同样多的效果，或以同样的资源投入取得最大的效果。诉讼效率表现为诉讼收益与诉讼成本之间的差额。诉讼收益主要表现为发现真实及诉讼对于社会形成的积极影响，如公正的判决会使人们对于良好的法治形成信赖。而诉讼成本主要表现为获得诉讼收益而付出的代价，如证据的收集与认定成本。在诉讼中强调效率，就在于以最少诉讼成本的投入，最大程度地满足人们对于诉讼公正的追求。追求公正、发现真实需要证据，但证据的收集、评判、认定需要花费成本。因此，需要在证明力与诉讼效率之间进行权衡。例如，在一

---

[1] 罗纳德·J. 艾伦, 等. 证据法：文本、问题和案例. 张保生, 王进喜, 赵滢, 译. 满运龙, 校. 北京：高等教育出版社, 2006：905.
[2] 房保国. 证人作证豁免权探析. 法律科学, 2001 (4).
[3] 乔恩·R. 华尔兹. 刑事证据大全. 何家弘, 译. 北京：中国人民公安大学出版社, 1995：283.

定的情形下，需要对非法证据、传闻证据、意见证据、无证明价值或证明价值不大的证据、超越举证期限的证据予以排除。关于证据排除规则与诉讼效率的关系，可以从两个方面考察。一是对于某些证据的排除，其立法目的主要是保障真实或者是保护其他社会价值。此类证据排除规则从提高诉讼收益或降低间接诉讼成本的角度来提高诉讼效率的结果。二是对特定证据的排除专门是为了降低直接诉讼成本，从而提高诉讼效率，如将没有证明价值的证据排除在诉讼之外。

第四章 证据组织

第一节 证据组织的模式

一、证据组织的含义

俗话说"打官司就是打证据",但很多人打官司不知道如何组织运用证据,不知道怎样向法庭提交证据,提交哪些证据。最为糟糕的是,有人没有向法庭提交对自己有利的证据,反而将对自己不利的证据提交给法庭。如何将零散的证据排列组合,如何将证据体系与诉讼思路有机结合,让证据体系所构造的法律事实更易被法庭接受,就是每个诉讼律师必须面对的问题。证据组织的目的是讲好一个故事。为了能让法官深信我们讲述的法律事实就是客观事实,需要我们的每一项待证事实都能够有证据加以印证。若我们陈述的事实脱离了证据,或我们的证据不能按照严谨的逻辑顺序匹配待证事实,则会严重破坏整个故事的效果。总之,组织证据是一项十分基础的工作,但是,这对于整个案件事实的梳理以及当事人诉讼目的的实现具有十分重要的作用,甚至称之为根基也一点不夸张。因此,在组织证据时要充分认识这项工作的意义,认真、细致的完成,避免错误的发生。

（一）证据组织的误区

很多诉讼律师对证据组织没有给予足够的重视。究其原因,主要是对证据组织存在误区。这些误区主要表现在以下几个方面。

(1) 把资料等同于证据。我们在第一章介绍了证据的定义，即任何能够证明案件事实的材料或信息。但是，并不是当事人提交给律师的所有资料都是证据。即使提交的材料是证据，也不一定就是对己方有利的证据。所以，对于当事人提交给律师的材料需要进行筛选。我们要挑选那些能够支持己方事实主张或反对对方事实主张的材料，将其列为证据。

(2) 把证据排列等同于证据组织。证据组织并不是把证据简单地排列起来。组织是一种有思维的排列活动。组织证据必须有一条清晰的逻辑主线，并沿着这条主线将证据进行筛选和编排。在大多数案件中，这条逻辑主线往往倾向于以时间、步骤或者流程为轴。因为案件事实都是按照一定的时间和程序、基于一定的事由而发生的，所以，组织证据必定存在操作上的先后，那么，通过时间或者步骤去梳理，会更符合人们的思维模式，这对于理解案件非常有帮助。对于涉案人员较多的案件，还可以以主体为轴，将每人所涉事实和相关证据做关联和区分。对于案件事实较多的案件，也可以通过要件事实的逻辑来组织证据。

(3) 把证据组织视为单独的庭前环节。证据的组织其实是贯穿整个案件过程的，不能将其切割为一个环节。组织证据要围绕诉讼请求对照法律进行分析、判断。筛选组织证据必须形成完整的证据链，一环套一环，不能断开。每个阶段审理重点的不同决定了证据组织思路的差异。例如，在一审中，法官审理的重点是全面查清案件事实。证据组织的整体思路是围绕还原案件原貌展开。此时，证据组织应遵循"全面"和"完整"的原则，根据己方诉讼请求组织材料，向法官讲述一个有利于己方的故事。凡是能够支持本方诉讼主张的证据，都应入册提交；凡是提交的证据，都应尽量保持完整。而在二审或再审中，案件事实基本已查明，证据组织应遵循"以新为主"且"重点突出"的原则。证据组织亦应围绕一审法庭总结的争议焦点，通过重组证据回应法庭重点关注的问题，只向法庭展示最核心的内容。譬如，一审庭审笔录涉及当事人自认，可只摘取显示笔录形成时间、地点、参与人的首页和显示自认内容的相关页，其他可不再重复提交。此阶段，组织证据的整体思路应落脚于解释法官最疑惑的问题。如出现新证据，需强调新证据对本案一审判决认定事实和法律判断的影响。

(二) 证据组织的意义

证据组织是指案件证据到手之后，对证据进行编排加工，其原则是要服务于诉讼需求。通过对不利证据的梳理，我们需要及时调整诉讼主张、发现新的待证事实、完成必要的证据补充并为开庭做更充足的准备。证据组织展示了律师对整个案件思考的视角和深度。证据组织无论对于当事人、律师还是法官，都具有非常重要的意义。

（1）对当事人的意义。证据组织对当事人来说，至少具有以下三个方面的意义。首先，证据组织可以让当事人对案件有一个合理预期。一般当事人委托律师代理案件都有一定的预期。有的甚至还有很高的期望。但是，案件的代理结果并不是代理律师所能左右的。如果代理律师简单地告诉当事人案件的可能结果，可能会引发当事人的不满意。但律师也不能对案件结果作出过高的判断或承诺。一个可行的方案是，通过对案件证据的组织，让当事人了解案件中有利和不利的方面，让当事人有一个更为理性的认知，从而对案件有一个合理的预期。其次，通过证据的组织，让当事人明白为何会案发如此，引发其反思，实现对其进行法制教育的目的。最后，通过证据的组织，让当事人了解律师的工作。法律服务不像货物买卖，看得见，摸得着。通常情况下，律师的工作是当事人看不见的。因此，通过证据组织，可以让当事人全面了解律师的工作情况，避免当事人对律师产生不满。

（2）对律师的意义。一方面，通过组织证据可以检验观点，重构思路。当事人一开始向律师介绍案情时由于受到诉讼动机的影响，可能与真实情况有所出入。那么，律师第一次对案件事实的认识就不一定准确和全面。在对证据进行有效组织后，就可以检验观点，重构思路。所以组织证据的过程，其实是在厘清诉讼思路，寻找讲"一个对己方有利的故事"的切入角度。另一方面，可以有效服务庭审。当事人最先陈述的案情并不一定都有证据材料支持。证据组织有利于对证据进行审查、判断，也有利于在庭审中对证据进行调查、质证与辩论。

（3）对法官的意义。证据组织便于法官更好地理解和接受律师讲的"故事"，为查明事实提供依据。所以，从某种角度说，证据组织其实就是给法官看的，并且书面的材料被接受的程度远超过口头的表达。

（三）证据组织的考量因素

证据组织是一项有目的的活动，在组织证据时需要考量以下因素。

1. 诉讼请求或答辩意见及其主要理由

诉讼请求是需要用待证事实支持的一个主要诉讼目的，而待证事实又是用证据来证明的，所以，诉讼请求决定了我们需要什么证据。这也就是我们证据组织的基础。而答辩意见是对诉讼请求的反驳，从另一个方面影响待证事实，同样是证据组织的考量因素。

2. 证明目的和证明对象

证明目的是指当事人的某一项主张，也是请求或答辩成立的要件。证明对象又称待证事实，指当事人拟证明的用以支持其证明目的的依据事项（例如，买卖合同约定的被申请人卖方的交货时间）、事实依据事项（例如，被申请人卖方的实际交货的时间）。例如，在民事诉讼中，应当运用证据证明的事项主要是当事人之间发生争议的法律关系产生、变更、消灭或者权利受到妨害的基本事实。而在刑事诉讼中，应当运用证据证明的案件事实更为具体，主要包括：（1）被告人、被害人的身份；（2）被指控的犯罪是否为被告人所实施；（3）被告人有无刑事责任能力，有无罪过，实施犯罪的动机、目的；（4）实施犯罪的时间、地点、手段、后果以及案件起因等；（5）被告人在共同犯罪中的地位、作用；（6）被告人有无从重、从轻、减轻、免除处罚情节；（7）有关附带民事诉讼、涉案财物处理的事实；（8）有关管辖、回避、延期审理等的程序事实；（9）与定罪量刑有关的其他事实。

3. 证据内容

这是指一份证据中直接支持证明对象的内容。例如，买卖合同中关于被申请人（卖方）交货时间的约定。再例如，可以证明被申请人（卖方）实际交货时间的交接单。

4. 证据来源

这是指证据的简要形成过程及其提供者。例如，协议书的签订主体、时间。银行账户交易明细的查询银行名称及地址、查询时间、查询人、简要过程等。

（四）证据组织的注意事项

（1）必须首先厘清组织证据的逻辑。我们要知道每一组证据的证明目的是什么，这组证据涵盖哪些内容才能够达到证明目的，从而最大限度地避免证据的遗漏。同时，检查核对步骤必不可少。检查时首先要检查是否所有编号内容均在材料中；其次需要观察是否编号连续，是否存在漏项。做好检查方可确认证据材料组织充分。

（2）证据的组织，它是结合案件的定性体现的法律要素，除了要与待证事实间有紧密切合的逻辑关系印证，更要与我们起诉时的事实和理由、答辩事由、代理意见、辩论意见等形成一致的论述结构。

（3）不同的程序、诉讼地位的差异。律师拿到收集的全部原始证据，第一步并非直接开始对证据做排序、筛选，而是应当首先明确当事人的诉讼地位、需要代理的诉讼程序。如果作为原告一方，证据组织围绕诉讼请求的构成要件展开，从本证的角度，切入案件的起因，从情理法三个维度，全面地还原整个事件的经过，形成"证据—待证事实—法律要件"的链条。例如，结合自身履行合同的行为或者基于合法目的，诚实为合同的履行创造条件或作出防范行为，而被告的行为却导致了原告的损失或双方合意的无法实现，让法官确实能感受到原告是受到了委屈，属于受损一方，需要通过利益平衡给予补偿。如果作为被告一方，则证据组织的重点在于放大己方有利因素，对被告的行为合理性进行扩大效果，让法官内心确信：最终呈现的结果，双方均有一定责任或者基于原告的破坏行为而导致被告所为结果，被告仅仅是未选择主动出击而已。同时抓住原告可能隐藏证据、未能全面提供证据的行为，充分放大，从而给法官确立原告不诚信的主观心证。在二审程序中，作为上诉人，证据组织重点在于针对原审判决中的错误展开，即基于一审判决中的本院查明部分，这种查明结果是否符合客观事实，是否包括了应当查明的全部事实或者己方当事人想要的事实，是否存在适用法律错误的情况。因而，在这种情况下的证据组织要旗帜鲜明、重点突出，有针对性地打击一审判决中可能存在的事实不清、适用法律错误的情况。即便没有新证据，我们也不能完全照搬一审的证据清单，而应该针对一审的争议焦点或者被大家都忽略的潜在问题，按照在二审击穿原审判决的可能性强弱，对证据进行相应排序。例如案例 4.1 中，在没有新证据的情况下，我们重新组织证据清单的架构，以原审程序中经过双方质证的"工程造价咨询报告"附表中的材料使用情况为核心证据，作出了针对结算情况的计算表，以精准的数学推演，论证了后期直接向材料供应商采购的材料均已用于工程的装修，从而得出结论：原告多付的 300 多万元工程款是支付给了被告。那么，被告自然应当退还原告多付的工程款。

【案例 4.1】 天池建设诉腾飞集团建设承包合同纠纷案

2012 年 1 月 6 日，天池建筑公司向腾飞集团矿业开发有限公司出具法定代表授权委托书，授权唐某代表天池建筑公司办理腾飞集团矿业开发有限公司的圆沧办公用房改造装修工程的相关事宜。委托书有法定代表人签名并加盖天池建筑公司公章。同日，腾飞集团矿业开发有限公司（发包方，甲方）与天池建筑公司

(承包方，乙方）签订"建筑装饰工程施工合同"。合同约定：

第1条　天池建筑公司承包北京市东城区××中街1号院圆沧有限公司办公用房改造装修工程。承包范围：豪华套房3间，宿舍、会议室1间，单间15间，建筑面积1 234.24平方米。承包方式：包工包料。工期自2012年2月10日开工，于2012年8月15日竣工，总工期天数为185天。合同总价款为工程总预算费用人民币4 012 459元，合同价为总预算下浮30%，计人民币2 808 721.3元，竣工后按实结算。

第3.1条　甲方委托乙方设计的，在其设计资格证书允许的范围内，按合同约定完成施工图设计或与工程配套的设计，经甲方批准后使用。

第6条　工程款的付款方式为本工程在施工进场预付30%；当完成工程量60%，支付合同总价款的40%；工程竣工验收前付至合同总价款90%，办理竣工结算后付至95%，留5%的质保金，质保期（从竣工验收合格日起3年）满一次性支付。由于设计变更或预算外增加项目，按实结算，主材差价按甲方签证单价或市场价按实结算。竣工报告批准后，乙方应按国家有关规定在交工验收后15天内向甲方代表提出结算报告或工程结算书，办理竣工结算。甲方代表收到工程结算书后应在30天内审核完毕或提出审核意见。

第12条　甲方支付给乙方的工程款，乙方承诺专款专用，不得抽挪。乙方必须按时支付经甲方代表签字确认的工程材料费和人工费。若甲方发现乙方由于资金问题影响工程进度，在警告乙方后，仍影响工程进度的情况下，甲方可以单独与材料供应商、劳务第三方签订合同，支付工程款以保证工程进度。同时乙方必须承担违约责任，上述第三方工程款直接从原工程预算内扣除，所缴税金、发票仍由乙方负责。

该合同落款处有天池建筑公司的合同专用章的盖章，及委托代理人唐某的签字。

2012年7月3日，腾飞集团矿业开发有限公司（发包方，甲方）与天池建筑公司（承包方，乙方）签订"建筑装饰工程施工合同"，合同约定：

第1条　天池建筑公司承包北京市东城区××中街1号院圆沧有限公司办公用房改造装修工程。承包范围：A区独栋149房，建筑面积972.97平方米。承包方式：包工包料。工期自2012年7月5日开工，于2012年9月25日竣工，总工期天数为80天。合同总价款为工程总预算费用人民币9 195 076.9元，合同价为总预算下浮35%，计人民币5 976 800元，包含乙方为本工程和参与本工程施工作业人员的保险费和为完成本工程所采取的措施费。采用主材费用竣工后可按实结算。

第6条 预付款为工程合同总价的30%,预付款金额为1 793 040元。支付时间为合同签订后,乙方开始进场施工5个工作日内。甲方未按约定支付预付款的,乙方可书面通知甲方,如甲方在接到通知后5个工作日内仍不能支付,乙方可暂停施工。乙方应在完成全部隐蔽工程后,向甲方提供相关质量验收合格记录。经甲方认可,甲方向乙方支付工程总价35%的中期款(不含预付款),中期款金额为2 091 880元。支付时间为工程中期验收合格5个工作日内。甲方未按约定支付中期款的,乙方可书面通知甲方,如甲方在接到通知后5个工作日内仍不能支付,乙方可暂停施工。工程中期的标准是隐蔽工程全部完成,经甲方验收合格。工程中期款的拨付应包括洽商款项(如设计变更、工程量增减等)……

第13条 甲方支付给乙方的工程款,乙方承诺专款专用,不得抽挪。乙方必须按时支付经甲方代表签字确认的工程材料费和人工费。若甲方发现乙方由于资金问题影响工程进度,在警告乙方后,仍影响工程进度的情况下,甲方可以单独与材料供应商、劳务第三方签订合同,支付工程款,以保证工程进度。同时,乙方必须承担违约责任,上述第三方工程款直接从原工程预算内扣除,所缴税金、发票仍由乙方负责。

该合同落款处有天池建筑公司加盖的合同专用章,委托代理人处有唐某的签字。

同时,2012年7月3日,在圆沧有限公司办公用房改造装修工程招投标过程中,天池建筑公司向腾飞集团矿业开发有限公司出具法人代表授权委托书,该授权书载明:特授权杨某代表天池建筑公司办理贵司圆沧有限公司办公用房改造装修工程的相关事宜。该委托书有天池建筑公司的公章和法定代表人的签名章。

杨某与唐某系夫妻关系,杨某自2012年2月起负责采购和组建施工团队,履行施工方总代表的职责。工程前期进展顺利,腾飞集团矿业开发有限公司分批向天池建筑公司支付了6 412 769.17元进度款。后因天池建筑公司内部财务管理和资金等原因,导致工程所需资金不能得到及时有效保障。于是,杨某与腾飞集团矿业开发有限公司针对上述两个施工合同签订了一份"补充协议",约定由腾飞集团矿业开发有限公司直接采购材料,天池建筑公司收取2.5%的采保费。腾飞集团矿业开发有限公司向材料供应商支付了5 631 495.87元。

2015年1月5日,新权工程造价咨询有限公司出具了"关于圆沧办公用房改造装修工程造价咨询报告"和"关于圆沧用房改造装修工程造价咨询报告",认定上述两个工程的工程造价分别为 3 432 034.16 元和 5 500 849.05 元,总计 8 932 883.21 元。

腾飞集团矿业开发有限公司在工程造价的基础上,多支付了 3 111 381.83 元工程款。因此诉至法院,要求天池建筑公司退还多支付的工程款。

二、证据筛选

律师们都会用某种手段来改进对他们数据的分析和组织。比如,大多数律师对每个证人能够提供的证据性数据,都进行分析和相互对照。他们常常会碰到很多问题,如某个证人能作出何种精确证言主张?诉辩状中的哪些主张与哪些需要被证明的事实是彼此相关的?存在哪些其他主张或者证据性数据可补强这种主张或事实,或攻击其可信性?为了解决这些问题,每一位律师都必定运用一种他能够用来分析整个案件的证据组织方法。当然,在证据组织的前阶段,一个必不可少的任务是筛选证据。

证据筛选可以按照以下四步来进行。

第一步:依诉讼主张进行证据区分。律师应全面搜集与本案有关的证据,但不意味着要悉数提交。证据最初步的分类即根据是否有利于己方作二分,有利证据留待进一步整理,不利证据用来帮助律师全面了解案情、洞悉对手策略,进而准备应对方案。此过程中,律师不仅要完成证据初步筛选,更重要的是通过二分方法,洞察整个案件诉讼双方的力量配比,对案件局势作出一个基本判断。如果我方在道理上有利,但支持主张的证据不足,律师要及时告知当事人并协助补充证据。我们建议对不利证据和有利证据保持同等的重视,甚至对不利证据更加重视。一个好律师应该知己知彼,并能料敌于先。律师要做到此点,必须深入研究不利证据,对对手方可能的诉讼策略作出全面预估。通过对不利证据的梳理,律师能够及时调整诉讼主张、发现新的待证事实、完成必要的证据补充并为开庭做更充足的准备。如果时间允许,不妨将不利证据也依下述方法整理成册。

第二步:依诉讼策略完成证据剥离。证据整理的第二步是对有利证据进一步细分。对证据的摘选要紧密贴合诉讼主张,先列明主张成立需用的证明要素,再将构成各要素的证据抽取出来,归为"提交证据",剩余的证据则归为"储备证据"。譬如,在资金往来纠纷案中,我方可主张当事人为资金出借方,亦可主张当事人因投资行为获得股东身份。两种主张分别对应两种不同的证据摘编方案，如律师最终选择主张当事人已获股东身份，则应围绕成为股东所需条件编排证据，这些证据即为提交证据。储备证据虽不出现在证据册，但仍有其特定功用：一是帮助律师准备其他应对方案；二是作为某些证据的补强证据。如上述案例中，证明我方为资金出借人的证据虽未提交，但如果对方律师依"借贷关系"提出抗辩，储备证据则能派上大用场。

第三步：依待证事项进行证据编组。确定提交证据的范围后，我们需要根据证据证明事项的不同进行编组，证明同一待证事项的归为一组。如何分组是极为关键的一步。待证事项应尽可能细分，以避免某些证据证明力不足影响整个待证事项的确认。独立成组的证据必须能够达到转移举证责任的最低证明标准。各组待证事项应满足叙述一个值得信服的故事的所有要素，否则就应切换论证角度。例如，在一起货款纠纷案中，双方一共签署了四份合同，付款人在支付货款时并没有严格区分支付的是哪份合同的货款。由于收款人因经营不善而停业，部分合同纠纷超过了诉讼时效。据此，我们采取了起诉两份没有过时效的合同纠纷，将已过时效的另外两份合同作为证据来证明货款的数量，而不是作为诉讼请求的依据的方式，从而有效地避免了诉讼时效问题。

第四步：依证明效力完成证据排序。对同一组内的不同证据，应将具有最高证明力的证据作为核心证据，排在同组证据的首位，其他的作为辅助证据位列其后。证明力的排序标准具体如下：（1）国家机关、社会团体依职权制作的公文书证的证明力一般大于其他书证；（2）档案、鉴定意见、勘验笔录或者经过公证、登记的书证，其证明力一般大于其他书证；（3）证人提供的对与其有亲属或者其他密切关系的当事人有利的证言，证明力一般小于其他证人证言；（4）原始证据的证明力一般大于传来证据；（5）直接证据的证明力一般大于间接证据。

以上四个步骤的内在逻辑是证据证明力的梯度，将所有证据按此顺序编排，能保证法官在第一时间抓取到最有说服力的证据。

三、按事实主张组织证据

按事实主张组织证据又称按照证明目的组织证据，即在某一事实主张项下将各份证据中可以支持该事实主张的所有证据内容都列出来，并按照案件事实证明逻辑组织证据的一种方法。该方法需要对案件事实进行归类、分组、分层，理顺请求或抗辩的法律路径，然后将证据嵌入案件事实体系大纲中。在一个具体案件中，事实主张可以分为若干层级。每一层级主张都与其上一层级主张是否成立直接相关。上述各层级主张中，下一层级主张都是上一层级成立的要件。

需要特别注意的一点是，同一子要件项下有多项证据共同证明某项要件事实的，多项证据之间需要按一定逻辑进行排序，让法官更有效地接受证据呈现的信息。可供参考的逻辑维度有时间、重要性及证明难度（证明力）。另外，论述事实主张是否成立，首先要说明是否有合同依据或法律依据，然后再说明是否有事实依据，因此，合同依据或法律依据主张的层级通常要高于事实依据主张的层级。

在第二章中，我们将案件事实分为最终待证事实、次终待证事实和中间待证事实。下面我们使用一个案例来看看如何按照待证事实来组织证据。

【案例 4.2】　　麟辉公司诉力邦湘博公司建筑施工合同纠纷案

A物流公司、B钢铁公司、C控股公司三家仓储物流公司共同投资设立力邦湘博公司，从事仓储业务，注册资本500万元人民币，三家仓储物流公司投资分别占40%、30%和30%。

力邦湘博公司总共只有10个员工，除了1个保洁员，其余9个全部是股东公司的人员。其中董事长、法定代表人刘某同时是A物流公司的执行董事、法定代表人、经理；董事姜某同时是B钢铁公司的总经理；董事杨某同时是B钢铁公司的副董事长、C控股公司的董事；董事石某同时是C控股公司的董事。副总经理何某由A物流公司总经理助理担任；财务负责人王某由C控股公司派遣。现场施工管理员解某、沈某由A物流公司派遣，项目管理员黎某由C控股公司派遣。

2012年4月，力邦湘博公司与大托村签署"集体土地租用协议"，年土地租金200万元。2012年5月，麟辉公司通过招标承包了力邦湘博公司的仓储仓库建设，并签署了"建设施工合同"，工程造价480万元。后由于力邦湘博公司所租用的仓储用地被收回，导致该项目中途流产，但工程建设已完成80%。力邦湘博公司自2012年以来一直拖欠了260万工程款未付。

除了土地租金每年200万元和480万元工程款，力邦湘博公司还为仓储项目基建工程支出了护坡设计费、护坡工程款437 260元，货场设计费48 800元，变电箱移位款139 000元，钢结构厂房款520 000元。力邦湘博公司维持运转需要支付其他如管理人员工资、员工工资、办公费、水电费、业务费等日常开支近

100万元。

由于力邦湘博公司仓储基地尚未正式建成，力邦湘博公司尚没有正式进行仓储运营，力邦湘博公司从2012年下半年已经歇业，除了这个基建项目，该公司现没有其他任何财产，只有支出，没有收入。麟辉公司诉至法院，并将三股东列为共同被告，请求承担连带责任。

原告提供的证据有：

PE1：力邦湘博与披塘村签订的"场地承包合同"，约定每年土地租金200万元。

PE2：三股东签署的"设立力邦湘博公司出资协议"。

PE3：三股东工商登记，经营范围为仓储等。

PE4：力邦湘博公司营业执照，注册资本500万元，经营范围为仓储。

PE5：力邦湘博公司"公司章程"，载明三股东出资成立力邦湘博公司。

PE6：2012年2月25日力邦湘博公司的"股东会会议纪要"，决定董事长、法定代表人刘某由A物流公司的执行董事、法定代表人、经理担任；董事由B钢铁公司的总经理姜某、B钢铁公司的副董事长兼C控股公司的董事杨某、C控股公司的董事石某担任，C控股公司派出黄某担任监事。

PE7："董事会决议"，A物流公司总经理助理何某担任副总经理；财务负责人由C控股公司的王某担任。

PE8：力邦湘博公司与原告签署的"建设施工合同"，约定工程造价480万元。

PE9：36张工程签证单，证明原告施工情况，及总工程量为310万元。

PE10：付款凭证，证明力邦湘博公司已支付进度工程款50万元。

PE11："长沙仲裁委裁决书"，因力邦湘博公司拖欠租金，2014年5月5日，裁决解除了"场地承包合同"。

为了方便组织证据，第一步，我们需要将所有的待证事实拆分成最为简单的原子事实。我们把这些原子事实称为关键事项。第二步，我们要编制关键事项表。上述案例的关键事项表如下。

【关键事项表】

1. 三股东对力邦湘博公司欠付麟辉公司260万工程款承担连带责任。
2. 三股东滥用公司法人独立地位侵害债权人（麟辉公司）合法权益。
3. 股东与力邦湘博公司业务混同。

4. 三股东经营范围包含了力邦湘博公司的经营范围。

5. A公司的经营范围为物流、仓储。

6. B公司的经营范围为物流、仓储。

7. C公司的经营范围为物流、仓储。

8. 力邦湘博公司的经营范围为仓储。

9. 三股东与力邦湘博公司人员混同。

10. 力邦湘博公司总共只有10个员工，除了1个保洁员，其余9个全部是股东公司的人员。

11. 力邦湘博公司董事长、法定代表人刘某同时是A物流公司的执行董事、法定代表人、经理。

12. 力邦湘博公司董事姜某同时是B钢铁公司的总经理。

13. 力邦湘博公司董事杨某同时是B钢铁公司的副董事长、C控股公司的董事。

14. 力邦湘博公司董事石某同时是C控股公司的董事。

15. 力邦湘博公司副总经理何某由A物流公司总经理助理担任。

16. 力邦湘博公司财务负责人王某由C控股公司派遣。

17. 力邦湘博公司现场施工管理员解某、沈某由A物流公司派遣。

18. 力邦湘博公司项目管理员黎某由C控股公司派遣。

19. 力邦湘博公司独立承担责任的能力不够。

20. 三股东投入力邦湘博公司的资本只有500万元。

21. 力邦湘博公司需要支出700万元。

22. 力邦湘博公司需支付麟辉公司310万工程款。

23. 力邦湘博公司需支付土地租金每年200万元。

24. 力邦湘博公司还为仓储项目基建工程支出了护坡设计费、护坡工程款437 260元。

25. 力邦湘博公司需支付货场设计费48 800元。

26. 力邦湘博公司需支付变电箱移位款139 000元。

27. 力邦湘博公司需支付钢结构厂房款520 000元。

28. 力邦湘博公司维持运转需要支付其他如管理人员工资、员工工资、办公费、水电费、业务费等日常开支近100万元。

29. 力邦湘博公司欠付麟辉公司260万元。

30. 工程结算 310 万元。

31. 力邦湘博公司已付麟辉公司工程款 50 万元。

32. "建设施工合同"。

33. 工程签证单据。

关键事项表必须被限于与最终待证事实相关的材料。一定注意不要把潜在相关的材料过早删除，在初次删除节点时宁可犯过量包含的错误，在图示完成后，再删掉关键事项表中不必要的证据性命题。

关键事项表完成后，接下来的第三步工作就是图示事实主张和证据。一般情况下，我们首先从最终待证事实和次终待证事实开始"往下"图示，一直到最后的单个证据。在技术上，可以把图示分成几个部分，每次完成一个部分。如果与特定次终待证事实有关的证据性主张在数量上可控，那就先图示它们。图示"局部图"，然后，在最终和次终待证事实图示上确定这些局部图。在图示过程中，需要注意的一点是不要假定一个证据或命题在图示中只出现一次，也不要假定一件证据只支持一个推论。图示完成后，一个必不可少的工作是检查所构建的推论是否能受到质疑。图示的作用是，在分析中能让人们发现以前不明显的缺陷，并使律师能够校正或重视这些缺陷。图示作为一种分析方法，并不能取代其他工具；它只是在分析过程任一点上，为分析事实和构建、检验论证提供一种辅助性严格方法。案例 4.2 的图示如图 4-1 所示。

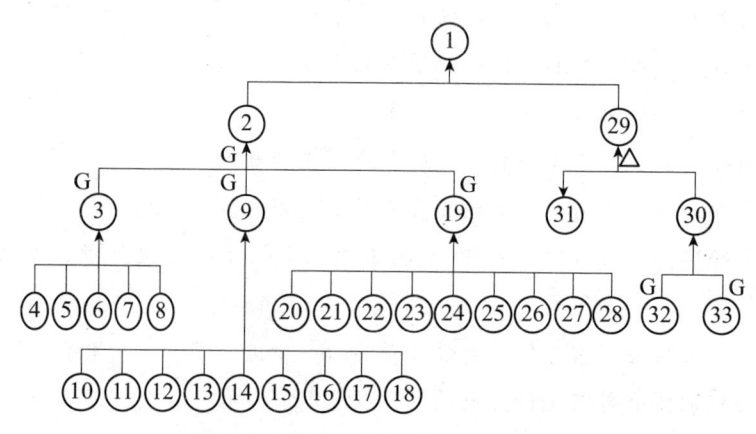

图 4-1　按事实主张组织证据示意图

图 4-1 中，最底层的就是不能再分解的证据。图示可以最清晰地把要证明的某一待证事实的所有证据都组织在一起。图中㉙下方的三角形表示该证明链条是演绎性的，也就是说只要有证据㉛以及待证事实㉚得到证明，那么，待证事实

㉙就必然成立。而其他标有 G 的证明链条是非演绎的,该证明链条并非必然成立,而是基于一种概括。这就提示我们在庭审中要重点注意非演绎的证明环节。

四、按时序组织证据

在涉及过去事件的争论之中,最有用的分析工具之一是时序法。简单地说,按时序组织证据就是按照事件发生的时间先后顺序来组织证据。该种方法是将所有证据按照其产生的时间先后顺序排列,逐一编号,再将每一份证据中的所有证据内容都在该份证据项下列出来,不同证据内容可能会指向不同的证明目的。一般以时间为顺序编写大事记,挑选其中有法律意义的事件组成有逻辑的故事,注意要确保故事里的事件能用现有证据证明,梳理出有证据作为基础的故事。这样一种时序法可实现两个目的。其一,这些事件按其被假定发生的顺序而展现,大多数人认为其中确实存在这样的顺序,因而使建构证据所支持的案情成为可能。其二,它也使辨别证据漏洞和证据冲突更加容易。同样,在刑事案件或者个人伤害案件中,主要事件发生地的地理环境常常是至关重要的,大多数律师将通过图表或模型来重建这些事件。这两种综合方法不过是将所称事件固定在一定时间和空间之中,使它们变成更加具体的手段。二者都是组织和分析的必要工具,也都是常见工具。

下面我们以案例 4.3 来介绍如何按时序来组织证据。该案中涉及的主要事实是自 2007 年到 2014 年案发时,被告人王某在担任副市长期间涉嫌利用职务便利在近十个水利工程上为他人办理请托事项,收受请托人财物。由于时间跨度长,涉案事实多。我们可以依照时间顺序还原事情经过,并制作图 4-2。

【案例 4.3】　　　　　　　　　王某涉嫌受贿案

2007 年至 2014 年,王某先后任某市市委常委、统战部部长、副市长。在任副市长期间,其分管该市的农林水利建设。其间,王某通过其岳母向其岳母的侄子、负责农林水利建设工程承包的夏某投资 100 万元人民币,并陆续从夏某承包的 15 个水利工程中获得回报共计 268 万元。2013 年 12 月初,该市纪委与市人民检察院成立联合专案组,对王某在分管农林水利建设期间涉嫌利用职务便利受贿问题进行立案调查。

王某在口供中,对相关案件事实供述如下:

1. 2007 年 4 月通过其岳母向夏某承包的工程投资 20 万元。

证据分析与组织——问题、案例与方法

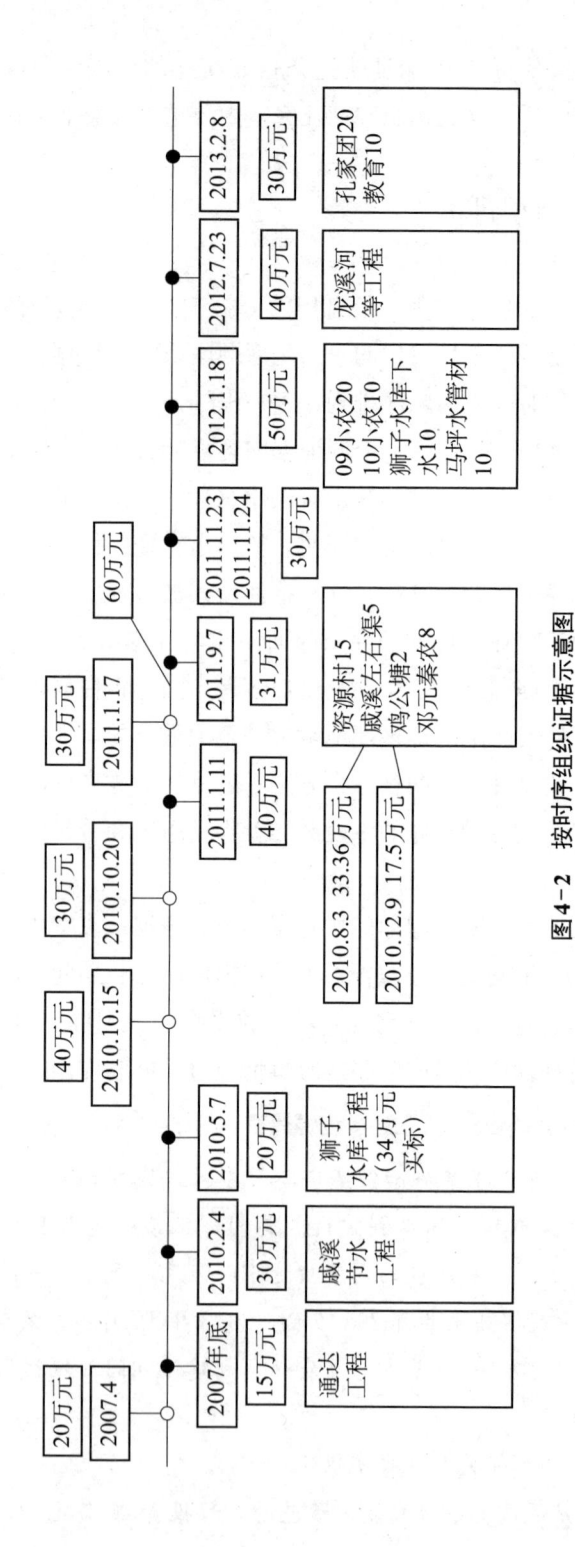

图 4-2 按时序组织证据示意图

2. 2007年3月，我担任市交通局局长不久，关照我妻子二舅的女婿夏某承包了交通局的通达工程，2007年12月，夏某领到最后一批工程款没多久，就打电话告诉我说搞通达工程一共赚了30万元左右，感谢我对他的关照，要送15万元给我，我就要他把钱交给我岳母。

3. 2010年1月，离春节还有一段时间，夏某到我家，跟我说狮子水库和威溪灌区的工程已经完工了，大部分工程款已经到位了，一共赚了100万元左右，威溪灌区节水改造工程赚了60万元，狮子水库除险加固工程赚了40万元，我们一人拿一半。我让夏某把钱打到我妻子的姐姐的账户上，几天后夏某把30万元打到了我妻子姐姐的账户上。过了两三个月，夏某又把剩下的20万元打到了我妻子姐姐的账户上。

4. 2010年10月，夏某在投标孔家团水库工程的时候，急需资金周转用于交纳招投标押金，他就向我岳母借了70万元。我岳母告诉我，她经手借了两笔钱给夏某，一笔40万元，一笔30万元，其中40万元夏某写的是借条，另一笔30万元夏某写的是投资收条，大意是"今收到投资款30万元"。

5. 2011年1月左右，夏某偿还了我40万元。2011年底，夏某又还了我30万元。

6. 2011年下半年的一天，夏某告诉我威溪灌区干渠抢险、资源村人畜饮水、鸡公塘抢险、马坪水管材料采购等四个小工程一共赚了62万元，要送31万元给我。我让我妻子告诉了夏某一个银行账户，过几天妻子告诉我夏某打了31万元到她的账户上。

7. 2012年初，农历春节前不久，夏某打电话给我，告诉我2009年、2010年小农水、狮子水库下水渠等工程一共赚了100万元，要送我50万元。过了一两天，他打了50万元到我的岳母的账户上。

8. 2012年下半年，夏某打电话告诉我龙溪河治理工程的工程款基本付清，他赚了80万元，准备打40万元给我。过了几天他打了40万元到我岳母的账户上。

9. 2013年2月，夏某到我家，说孔家团水库赚了40万元，教育工程赚了20万元，一共赚了60万元，要打30万元到我账上。过了一两天，他打了30万元到我岳母的账户上。

另，一审开庭后，王某家属发现2011年1月17日王某的岳母通过建设银行转30万元给了夏某。

图 4-2 中的实线就是时间轴。时间轴上的每个时间点标注有当时的资金往来数额。本案中，所有的资金往来均通过银行转账完成。其中空心圆点表示王某通过其岳母投资给请托人承包的水利工程项目上的资金（公诉机关认为是借给请托人的资金）。黑色实心圆点表示当时请托人支付给王某的投资收益（公诉机关认为是还借款和受贿）。这样我们就很清晰地掌握了案件的事实，并且可以发现，公诉机关提出的王某 2011 年 1 月 11 日收到请托人 40 万元，而王某辩解该笔款项是用于归还 2010 年 10 月 15 日请托人向王某借款 40 万元的说法是不符合我们日常生活习惯的。

五、按主体组织证据

在犯罪嫌疑人比较多的共同犯罪案件中，通常会涉及众多的犯罪事实。那么，我们可以按照主体来组织证据，进而还原案件事实经过。

【案例 4.4】　　　　　刘甲等人涉嫌贩毒案

2013 年春节期间，杨某将阳某波介绍给刘乙，刘乙向阳某波提出以 5.4 万元/条（6 000 粒/条）的价格向其购买 400~500 条麻古，阳某波遂返回云南西双版纳傣族自治州勐海县曼光村与其岳父商议购买毒品。阳某波岳父与同村村民商议并确认可以搞到麻古后，阳某波回复刘乙，二人商议由阳某波在云南组织麻古货源，刘乙组织资金到云南购买麻古运到湖南贩卖，并安排杨某先行赶往云南负责资金、毒品的接应事宜。随后，刘乙将联系好货源的消息分别告诉了许某、刘甲。

2013 年 2 月 20 日左右，许某邀请阿军共同投资入股购毒贩毒。阿军投资 600 万元，并答应负责运输及运输联络，运费按 2 元/粒计算；其后，许某又邀有货车驾驶资质的武某华负责把毒资运往云南并将毒品运回湖南，许诺给予武某华 10 万元的运费；武某华将此情况告诉了齐某斌，二人商议后向许某提出提高运费的要求，许某与阿军讨论后，同意将运费增至 50 万元，费用从阿军的运费中开支。2 月 21 日左右，许某、武某华、齐某斌三人从他人手中以 25.58 万元的价格购买了牌号为桂 C21××7 的红色解放牌货车用以运输，购车款由武某华支付，各方同意将该车作价 26 万元作为武某华投入购毒的资金。武某华另筹集 181 万元交予许某，其中包括齐某斌投资款 4.8 万元。齐某斌又以 10 万元的运费邀邱某共跑此趟运输。许某共筹集现金 920 万元，其中个人出资 140 万元，均用于购买毒品。

同时，刘甲纠集了刘某哲、蒋某、李某，李某又纠集了江某华、江某江、陆某平、马某熊，共同筹集资金1 116万元用于购买毒品，其中刘甲出资75万元。

2013年3月初，刘某哲、蒋某、李某、江某华、江某江、陆某平、马某熊等人按照刘甲的要求，分别前往湖北省武汉市购车、租房，为在武汉藏放、贩卖毒品做好准备。

2013年3月4日，李某、江某江、江某华陪同刘甲分别驾驶两辆汽车前往邵阳县白仓收费站出口处附近，由刘甲将其所筹集的1 116万元现金交给了刘乙。刘乙、许某将刘甲筹集的1 116万元、刘乙出资的235万元、许某筹集的920万元（共计2 271万元）用装鸡蛋的纸箱和编织袋打包成9个箱子，存放于邵阳县五峰铺镇国土所家属区刘乙弟弟的车库里。

2013年3月5日晚上，许某将打包好的2 271万元现金运往五峰铺镇与东安县交界处，与等候在此的武某华碰面，将打包好的资金转移到武某华驾驶的大货车上，随后，武某华驾驶大货车赶往永州火车站，接到齐某斌、邱某，三人轮流驾驶货车赶往云南省西双版纳傣族自治州勐海县。3月7日，武某华、齐某斌、邱某到达勐海县一大型停车场，按照许某的指示将打包好用于购买毒品的资金交给了事先在此等候的杨某。杨某驾车将资金运至勐海县勐混镇曼光村阳某波岳父家，并与阳某波妻子一起将资金卸下搬回家中。阳某波回家后将2 271万元交给其岳父购买麻古。次日，阳某波岳父和同村人一起从缅甸以4.25万元/条的价格购得麻古395条。由于所购麻古数量不够，阳某波告诉其岳父缺少30多条麻古，尽快把180万元带回家中退还老板。阳某波岳父回到家中后，遂以4.8万元/条的价格将395条麻古卖给阳某波、杨某。阳某波、杨某又以5.4万元/条的价格转卖给刘乙等人。

2013年3月8日，武某华按照许某的要求执行齐某斌、邱某与他人签订了一份运输香蕉的货运协议。3月9日，三人驾驶货车前往云南勐海县布朗山装香蕉。阳某波、杨某用事先准备好的香蕉箱将395条麻古打包成20个箱子，装上面包车。下午6时，杨某按照刘乙的指示，将装有毒品的面包车交给两名司机。不久，该面包车在一路边与武某华、齐某斌、邱某等人驾驶的装满香蕉的货车会合，并将面包车上的20箱毒品混装在货车的香蕉内。其后，武某华乘坐其他交通工具赶往昆明，齐某斌、邱某驾驶货车返回湖南。3月10日凌晨，齐某斌、邱某驾车行驶至勐海县武警星海查缉点时，被公安机关当场从该车上查获用香蕉箱包装的疑似毒品20箱。经鉴定后，20箱疑似毒品净重222.35千克，从中检出甲基苯丙胺含量占14.2%。

本案涉嫌犯罪的被告人有阳某波及其岳父、刘乙、许某、刘甲等人，每个人涉及的案件事实和事件所处的环节不同。因此，我们可以以阳某波及其岳父、刘乙、许某、刘甲等人为主体来组织证据，并绘制关系图（见图4-3）。从图中我们可以清晰地看出本案涉及的事实至少有四个链条。对于刘甲来说，其处于第三和第四链条之间，而且由于涉案毒品还未到手，因此他的这一链条还没有完成。对于这种情况，我们就可以依据图4-3中每一个主体所涉及的事实来组织证据，从而实现为被告人实施有效辩护的目的。

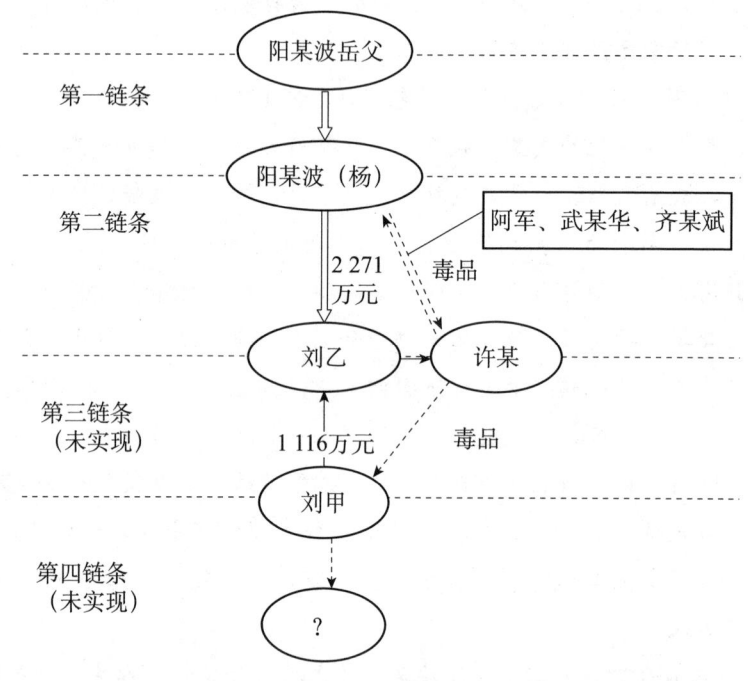

图4-3 2013年3月贩毒事件关系图

六、按法律构成要件组织证据

每个诉讼请求都包含一定的法律要件。按照法律要件来组织证据也是一种比较常见的证据组织方法。例如在侵犯其著作权案件中，原告至少应当对作品的权属（原告的权利人身份）、侵权行为的存在（与原作品比对、侵权行为种类）、侵权损害结果(收益减损、制止侵权支出)三个要素进行举证。

【案例 4.5】 王某诉扬州市某置业公司"容"字侵权案

王某系国内具有一定知名度的设计师,独立设计出一款以"容"字为基础的美术作品,该设计收录于 2010 年出版的世界经典设计丛书《世界经典标志设计》第 223 页,也入选了《2005—2007 中国设计年鉴》,在这些书籍上都载明了设计人系王某。后王某设立了品牌设计公司,将该设计"容"字作为了公司的商标,并办理了商标注册登记。

扬州市某置业公司在开发扬州容园楼盘时,使用该设计"容"字作为楼盘标志,并使用在楼盘显著位置,在户型图、展示板、网站等对外文件上,都大量使用了该设计"容"字。

在知识产权侵权的案件中,我们对于证据的组织可以按照四个方面进行:权属证据、技术贡献率证据、侵权证据以及维权支出(见图 4-4)。

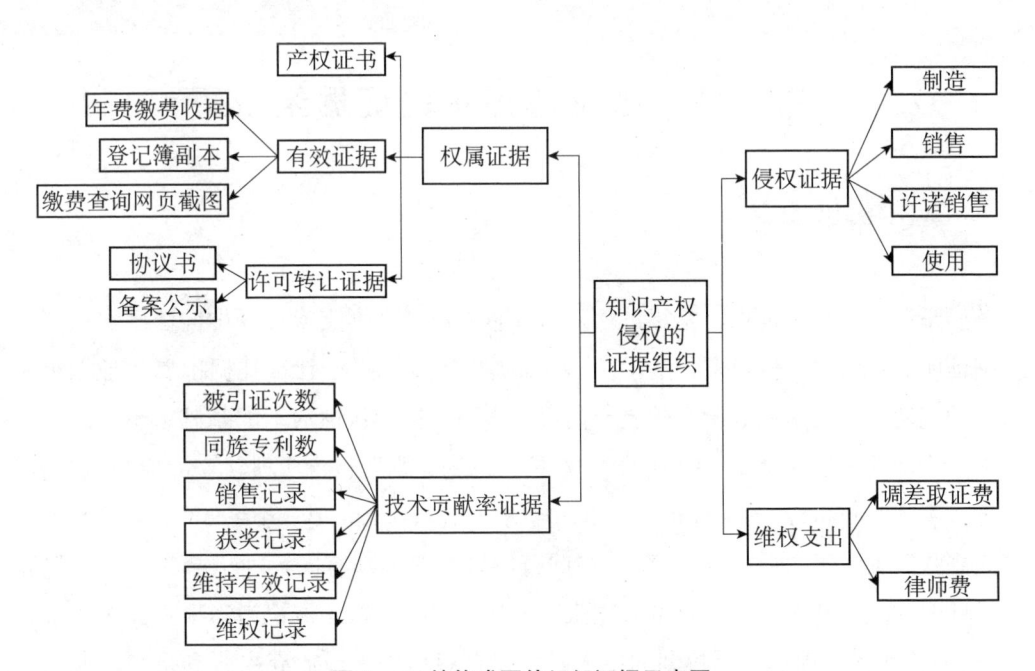

图 4-4 按构成要件组织证据示意图

以案例 4.5 为例,首先我们需要组织的是权属证据,即证明我们对相应的被侵权对象拥有权利。如果我们以王某的名义进行起诉,那么起诉的就是侵犯著作权,需要组织的就是关于创作该作品的系列证明;而如果我们以品牌设计公司的名义进行起诉,那么起诉的就是侵犯商标权,需要提供的就是商标注册证书。

在技术贡献率证据上,我们可以考虑的就是相关设计的使用情况,包括品牌设计公司在其设计作品上用该设计作为标示的证明,以及案例中提到的收录于《世界经典标志设计》《2005—2007中国设计年鉴》等书籍的证明,以及作为公司参加活动、会议或者展览时使用商标进行展示的照片、手册等。

在侵权证据上,本案的证据包括在楼盘建筑上使用设计的楼盘标志,楼盘进行宣传、销售时在相关物料上使用楼盘标示而使用的侵权设计图案,以及在相关网站上,包括自有网站和中介网站上对楼盘进行宣传时使用的侵权设计记录。但是,我们要另外注意到,侵权人在得知权利人主张权利后,通常会采取手段掩盖侵权事实,如撤换标志、下架物料和网页内容等,因此在专利侵权案件中,我们通常会需要对侵权证据在起诉前就进行保全,并进行公证,避免证据毁灭。

维权支出的证据比较明确,对于调查费和律师费只要提供相应的合同文本、支付凭证以及支出凭证即可。

第二节 举证程序中的证据组织

一、举证概述

举证,即提出证据,是指诉讼双方在审判或者证据交换过程中向法庭提供证据证明其主张之案件事实的活动。[1] 如何提出证据、提出什么证据都属于证据组织的范畴。举证是法庭调查的重要内容,也是质证和认证活动的基础。不同的诉讼原则下的举证活动是有差别的。"对抗式辩论原则"包含两项独立的原则:"当事人主张"(party-presentation)和"当事人进行"(party-prosecution)。"当事人主张"关注于"诉因的内容",在此范围内,双方都有同等的机会来调查并提供证明和法律理由,在"当事人主张"的法理之下,这还被视为当事人固有的权利。[2] 当事人是他们自己权利的主人,可以自由地提出或放弃主张和抗辩,通过对个人利益的判断,把这些权利的实现留给受其直接影响的当事人,保障法律权利的社会利益得到充分的实现。在英美传统中,这一原则不仅支配着私人争议的

---

[1] 何家弘,刘品新. 证据法学. 北京:法律出版社,2007:231.
[2] 谷口安平. 程序的正义与诉讼. 王亚新,等译. 北京:中国政法大学出版社,1996:23.

诉讼,而且支配着涉及公权机构的诉讼以及涉及一般公众关注的法律问题的诉讼。例如,在刑事案件中,负有证明责任的一方当事人必须首先向法官提出"表面上充分的证据"(Prima facie evidence),使法官相信指控事实的存在具有相当大的可能性,法官才会决定将争议事实提交陪审团。在"职权发现原则"之下,法院的职权并不限于强调对诉讼程序的迅速、井井有条地展开进行司法控制,而且法官有权力也有责任向当事人提供咨询与协助,有根据法院的动议引入事实和证据、以法官身份调查"客观真实"之司法权力和责任。但大陆法系国家民事诉讼中实行的也不是彻底的"职权发现原则",而是实行一种兼具"当事人主张"与"职权发现原则"特点的混合制度。诉讼是采取对抗式辩论原则还是职权发现原则直接决定了诉讼中举证活动的主要主体和主观的举证责任或提供证据责任的存在与否。

举证的主体分为义务主体和权利主体两类。① 义务主体是指负有举证责任的一方,如刑事公诉案件的起诉机关及刑事自诉案件的自诉人、民事案件的原告、提起反诉的被告和行政案件的被告及其委托的诉讼代理人等。义务主体在诉讼中应当提出证据以证明自己的诉讼主张,若提不出证据,就应承担败诉的风险和后果。举证的权利主体是指不负有举证责任的一方,如刑事案件中的犯罪嫌疑人、被告人(法定情况下除外)、民事案件中不提出诉讼主张的被告、行政诉讼原告及其委托的辩护人、代理人等。他们可以提出证据,也可以不提出证据,若不提出证据,也不会因此承担败诉的风险和后果。又如,根据民事诉讼法的规定,当事人经法庭许可,可以向证人、鉴定人、勘验人发问。公诉人、当事人及其委托的辩护人、诉讼代理人通过讯问、发问或询问活动,向法庭提出被告人供述和辩解、证人证言、鉴定意见、勘验笔录等证据。

根据提出证据的不同阶段,可以将举证分为庭前举证和庭审中举证,前者又称庭前证据开示(discovery)。② 举证一般囊括将证据提交给法庭的各种工作,如讯问被告人,询问被害人、证人、鉴定人,宣读未到庭的证人的证言、被害人的陈述、鉴定人的鉴定意见,出示有关的物证、书证,播放视听资料等。由于法官不是证明的主体,因此,举证的主体应当是各方当事人,而不包括审案的法官。虽然按照最高人民法院《关于行政诉讼证据若干问题的规定》第 38 条的规定:

---

① 卞建林. 证据法学. 北京:中国政法大学出版社,2005.
② 我国目前的立法中称为"证据交换",如最高人民法院《关于民事诉讼证据的若干规定》第 56~58 条。

"当事人申请人民法院调取的证据，由申请调取证据的当事人在庭审中出示，并由当事人质证。人民法院依职权调取的证据，由法庭出示，并可就调取该证据的情况进行说明，听取当事人意见"。但是法庭出示依职权调取的证据并不是履行举证的义务，而且这些证据也可以由有利的一方当事人出示。当事人举证时必须符合法律规定，如证明主体必须在法律规定的时间、地点，以法律规定的方式，向法定的机关或人员提出证据，否则，其所提出的证据不会被法院或法庭所采纳。

二、证据提出的规则

庭审中的举证是指在法庭审理过程中，双方当事人为证明其所主张之事实而提出证据之行为。司法实践中，举证一般按照下列顺序进行：（1）当事人陈述；（2）证人作证，宣读未到庭的证人证言；（3）书证、物证、视听资料和电子数据的出示、辨认；（4）鉴定人作证，宣读鉴定意见；（5）宣读勘验笔录、检查笔录、辨认笔录、现场笔录等笔录。庭审中当事人提交证据的规则因证据种类不同而不同，通常有以下几种。

（一）书证的出示

书面证据（written evidence）的举证规则是当事人在诉讼中提交书面证据所要遵循的规范，包括书证的格式、书证的提交方式等。由于书证是诉讼中最为常见的一种证据，因此，相关法律规定对书面证据的提出进行规范。书证应当提交原件，提交原件确有困难的，可以提交复制件、照片、副本、节录本。提交书证原件确有困难包括下列情形：（1）书证原件遗失、灭失或者毁损的；（2）原件在对方当事人控制之下，经合法通知提交而拒不提交的；（3）原件在他人控制之下，而其有权不提交的；（4）原件因篇幅或者体积过大而不便提交的；（5）承担证明责任的当事人通过申请人民法院调查收集或者其他方式无法获得书证原件的。

基于证据铺垫的要求，书证应由"证据提出者"就其名称、来源及所要证明的事项等作出说明，证据提出者负有对书证真实性的证明责任。当庭出示的书证，应当对书证所要证明的内容、获取情况作概括的说明，向当事人、证人等问明书证的主要特征，并让其辨认。对书证着重辨认以下内容：（1）书证是否为原件,在收集、保管、鉴定过程中是否受损或者改变;(2) 书证的真伪;(3) 书证的副本、复制件是否与原件核对无误。书证辨认的主体是对该书证拥有亲身知识的人,即提取者、制作者或保管者。辨认方法主要有两种:一是通过容易辨认的特征确认其同一性和真实性,比如笔迹、签名、内容和环境等,可以由知情人(当事人和证人)辨认或鉴真。二是通过保管链条,证明书证未改变性状。

另外,如果书证在对方当事人控制之下,承担举证证明责任的当事人可以申请人民法院责令对方当事人提交。申请书应当载明所申请提出的书证名称或者内容、需要以该书证证明的事实及事实的重要性、对方当事人控制该书证的根据以及应当提交该书证的理由。[①]

(二) 证人作证

1. 证人资格规则

证人资格规则是证据法中关于证人证言的重要规则之一。它与众多调整证言内容的规则所不同的是,它所强调、解决的是一个潜在的证人是否有资格提供证言的问题。从历史发展来看,在证人资格问题上经历了两次重心转移:一是在证人的可信性问题上,从强调以证人资格保障证人的可信性,转移为在法庭上审查证人的可信性,即转移为强调这些因素对证人证言证明力的影响;二是在证人作证能力问题上,从强调证人要向法庭表现出其有作证的相应能力,转移为强调法庭要具有接受和审查该证人证言的能力。这两次重心转移在规则上的表现,就是基本上摒弃了历史上各种阻止潜在证人成为现实证人的因素。总之,从历史发展来看,无论是英美法系还是大陆法系,对于证人在适格性上的限制越来越少,这对于保证法庭最大程度获取有助于事实发现的信息具有重要的意义。一般的做法是,在程序上应当假定每个人都有作证资格,除非有证据表明某人没有作证资格。就是说,如果要排除某证人,必须提出证明其因生理上、精神上有缺陷或者年幼,不能辨别是非,不能正确表达的证据。至于影响感知能力的因素,则视其为与证人可信性有关的因素,在审查证人证言的证明力时予以考虑。所以,在我国,任何人都有作为证人的资格,但生理上、精神上有缺陷或者年幼,不能辨别是非、不能正确表达的人除外。年龄、智力状况或者精神健康状况与待证事实相适应的无民事行为能力人和限制民事行为能力人,可以作为证人。这主要是考虑

[①] 参见最高人民法院《关于民事诉讼证据的若干规定》第 45 条。

不能辨别是非、不能正确表达的人无法将真实的情况陈述出来，避免其误导法官。证人能否正确表达意思是一个专业问题，当事人可以向人民法院申请就证人能否正确表达意思进行审查或者交由鉴定机构鉴定。必要时，人民法院也可以依职权交由鉴定机构鉴定。

2. 证人传唤规则

证人的作证活动首先体现为一种义务。之所以要传唤证人出庭作证，是因为：（1）证人出庭作证行为具有利他性。证人作为诉讼参与人，对于案件结果而言，不具有直接的利害关系，在诉讼中并不承担控诉职能或者辩护职能，其参加诉讼活动的主要作用，在于为诉讼结果的产生创造条件。因此，证人的出庭作证行为具有利他性，有助于实现司法权的顺利运作。（2）证人出庭作证行为具有不可替代性。证人的感知、记录、回忆、表述能力的状态以及能否诚实作证对于案件事实的认定具有直接的影响。如果证人不亲自出庭，则无法对这些问题进行审查。证人的不可替代性，一方面是指不能由其他人员代替证人出庭，另一方面是指不得以证人的庭前陈述代替证人的庭上证言。无论是大陆法系的直接言词原则，还是英美法系的排除传闻规则，其适用都是要求证人必须出庭。[1] 所以，在我国，除《刑事诉讼法》关于不得强迫被告人自证其罪、律师—委托人特免权的规定，以及《民事诉讼法》第76条关于可以通过书面证言、视听传输技术或者视听资料等方式作证的情形之外，凡是知道案件情况的人，都有出庭作证的义务。[2]

关于证人出庭作证的条件，《刑事诉讼法》第192条第1款规定："公诉人、当事人或者辩护人、诉讼代理人对证人证言有异议，且该证人证言对案件定罪量刑有重大影响，人民法院认为证人有必要出庭作证的，证人应当出庭作证。"这里，诉讼另一方"对证人证言有异议"、"该证人证言对案件定罪量刑有重大影

---

[1] 张保生. 人民法院统一证据规定（司法解释建议稿及论证）. 北京：中国政法大学出版社，2008：224.

[2] 《民事诉讼法》第76条规定，经人民法院通知，证人应当出庭作证。有下列情形之一的，经人民法院许可，可以通过书面证言、视听传输技术或者视听资料等方式作证：（1）因健康原因不能出庭的；（2）因路途遥远，交通不便不能出庭的；（3）因自然灾害等不可抗力不能出庭的；（4）其他有正当理由不能出庭的。另外，最高人民法院《关于行政诉讼证据若干问题的规定》第41条也规定，凡是知道案件事实的人，都有出庭作证的义务。有下列情形之一的，经人民法院准许，当事人可以提交书面证言：（1）当事人在行政程序或者庭前证据交换中对证人证言无异议的；（2）证人因年迈体弱或者行动不便无法出庭的；（3）证人因路途遥远、交通不便无法出庭的；（4）证人因自然灾害等不可抗力或者其他意外事件无法出庭的；（5）证人因其他特殊原因确实无法出庭的。

响"和"人民法院认为证人有必要出庭作证"三者之间是什么关系，在该立法中并不清晰。有的认为这三个条件需同时具备；有的认为诉讼另一方"对证人证言有异议"且"该证人证言对案件定罪量刑有重大影响"为条件之一，"人民法院认为证人有必要出庭作证"为条件之二，二者具备其一，则证人应当出庭作证；还有的认为诉讼另一方"对证人证言有异议"且"该证人证言对案件定罪量刑有重大影响"为证人应当出庭作证之"必要性"，"人民法院认为证人有必要出庭作证"乃人民法院对该必要性进行审查之要求，只要具备了前两个要件，则人民法院就应当通知证人出庭作证。显然第三种解释更有利于促进证人出庭作证，且与以审判为中心的诉讼制度改革相契合。

另外一种观点认为，证人到庭作证，有利于保护被告人的对质权，因而应当强制证人到庭作证。所以，《刑事诉讼法》第193条规定，经人民法院通知，证人没有正当理由不出庭作证的，人民法院可以强制其到庭。本书认为，这一规定有悖于证据法基本理念。从证明责任角度来看，申请传唤证人出庭作证是履行证明责任的一种重要方式，尤其是在对方对该证人的书面证言持有异议的情况下。负有证明责任一方的证人没有出庭作证，如果对方对该证人的书面证言不认可，则该证据就不能作为事实认定的依据。不应把这种义务通过强制证人出庭的方式强加给证人。

3. 作证豁免（Immunity of witness）规则

作证豁免规则是指对于负有作证义务的证人，在特殊情形时，法律免除其作证的义务。作证豁免规则又叫作证特免权规则。如公务特权、拒绝自证其罪的特权、职务上的特权、婚姻特权等。值得注意的是，《刑事诉讼法》第193条规定，经人民法院通知，证人没有正当理由不出庭作证的，人民法院可以强制其到庭，但是被告人的配偶、父母、子女除外。这里仅仅免除了被告人亲属强制出庭的义务，但并未免除其作证义务，尤其未禁止对被告人亲属庭外取证，与亲属作证特免权还相距甚远。

4. 询问证人规则

证人作证应当以问答的方式进行。以问答方式作证有助于抑制证人回答的任意性，也体现了直接言词原则的要求。向证人发问，应当先由提请通知的一方进行。在英美法国家，询问证人一般分为三个阶段：一是直接询问（direct examination）或主询问（examination in chief），即传唤证人的一方首先询问本方证人；二是交叉询问（cross examination），即由一方询问另一方传唤的证人；三是再询问（re examination），即传唤证人的一方在交叉询问之后再次询问本方证人。① 直接询问作为英美法各国庭审的询问方式，是开庭审理询问证人的第一阶段中使用的询问方式。直接询问通常是由提供证人的一方当事人对其传唤的证人进行的询问，这属于举证行为。"直接询问的目的是让证人用他或她自己的话，向陪审团提供构造完整的'案情'（story）的叙述片段……在审判中所提供的大多数证据将通过直接询问而实现。"② 每一当事方都必须设法通过直接询问揭示的证据来履行其举证责任。直接询问是极其重要的，它是证明案件事实最直接和最有效的方式。在庭审中，有效的直接询问很可能在取得审判的成功上起着支配作用。直接询问规则包括两个方面。

第一，禁止质疑己方证人。"传统英美法系国家规定，不得对己方提供的友性证人进行质疑，即使是证人提供了明显不利于己方的证言。"③ 在交叉询问中禁止对己方证人提出质疑的理由是，"要求出庭的控辩双方律师应当为其传唤出庭的证人的可靠性和诚实性担保，并保障交叉询问的有序进行，防止举证和诉讼程序紊乱"④。这一规则存在下列几种例外：对提出意外证言的证人；对那些经其回答证明怀有敌意的证人；无正当理由而拒绝出庭作证的证人。证人是对方当事人或与对方当事人有特殊关系的人。⑤ 在当今英美证据法中，这一例外在不断扩大，例如，美国《联邦证据规则》第607条规定："关于证人的诚信问题，任何一方当事人，包括传唤该证人作证的当事人，都可以提出质疑。"⑥

第二，禁止诱导性询问。美国《联邦证据规则》第611条（c）规定："诱导性提问，在直接询问证人时，除非是为了展开证人证言所必须，否则不应使用诱导性询问提问。"诱导性询问是指向证人提出的、意在引诱其作出某种回答的询问。⑦ 例如，"甲是用拳头打你的脸吗？"合适的问题应该是"甲对你做了什么？"由于诱导性询问可能引发对事件的错误回忆，使证言不能准确反映证人所看到或

---

① 何家弘. 外国证据法. 北京：法律出版社，2003：147.
② 罗纳德·J. 艾伦，等. 证据法：文本、问题和案例. 张保生，王进喜，赵滢，译. 满运龙，校. 北京：高等教育出版社，2006：115-116.
③ 乔恩·R. 华尔兹. 刑事证据大全. 何家弘，等译. 北京：中国人民公安大学出版社，2004：50.
④ 龙宗智. 刑事庭审制度研究. 北京：中国政法大学出版社，2001：293.
⑤ 龙宗智. 论我国刑事审判中的交叉询问制度. 中国法学，2000（4）.
⑥ 何家弘，张卫平. 外国证据法选译（下卷）. 北京：人民法院出版社，2000：681.
⑦ 戴维·M. 沃克. 牛津法律大辞典. 北京：光明日报出版社，1988：530.

知道的真实情况，还可能分散证人对重要细节的注意力而只关注询问者感兴趣的那一部分事实，因此，在直接询问中一般不能使用诱导性询问，但是有如下几个例外：(1) 无争议的问题；(2) 传唤一名证人是为了反证另一名证人的谈话；(3) 证人为"敌意证人"（hostile witness）[①]。

我国并没有使用"直接询问"这一术语，但在立法中有类似直接询问的规定。例如，根据我国《刑事诉讼法》的规定，公诉人在宣读起诉书和被告人、被害人就起诉书指控的犯罪进行陈述后，可以讯问被告人；被害人、附带民事诉讼的原告人和辩护人、诉讼代理人，经审判长许可，可以向被告人发问；公诉人、当事人和辩护人、诉讼代理人经审判长许可，可以对证人、鉴定人发问。其中辩护人对被告人的发问应当属于直接询问；公诉人、当事人和辩护人、诉讼代理人对己方证人或鉴定人的发问也是直接询问，只不过这里的直接询问需要经过法庭的允许，而不是直接询问人的诉讼权利。这是我国立法中在直接询问问题上规定得还不合理的地方。另外，根据《民事诉讼法》的规定，当事人经法庭许可，可以向证人、鉴定人、勘验人发问。这一规定同样存在类似的问题。

5. 证人记忆唤醒规则

主询问时经常碰到的一个问题是如何对待证人用以唤起记忆的文书，因为随着时间的流逝，证人对某一事实的记忆难免模糊或者出现差错。普通法规则是证人在作证时，可以查阅在记录事件发生的同时其本人制作或者核准的文书，用以唤起自己的记忆，但唤醒证人记忆的有关书证或者物证一般应予开示。

6. 直接言词规则

直接言词原则是直接原则和言词原则的统称，它有两层含义：一是直接审理，要求审判人员必须亲自参加法庭的证据调查，亲自观察和聆听举证和质证过程；二是言词方式，即要求证人以口头的而不是以书面的方式作证。直接言词原则基于一个心理学上的假设，即一个理性的人一般不公开说假话，但在隐蔽的环境下就有可能说假话。因此，证人在法庭上面对法官时更有可能说真话，而且当

[①] "敌意证人"是这样的证人，即在被传唤来到证人席的时候被假定为是友好的或中立的证人（例如，非对方证人），但在接受质询的过程中，该证人表现出一种对询问者完全怀有敌意的态度，导致了对盘问者的委托人不利的推论，或与对方当事人产生了认同。在这种情况下，进行盘问询问的律师就要请求法院宣告该证人"怀有敌意"（hostile）。如果法院同意这样做，盘问者可以进行诱导性提问，而且也许还应该运用其他交叉询问技术。罗纳德·J. 艾伦，等. 证据法：文本、问题和案例. 张保生，王进喜，赵滢，译. 满运龙，校. 北京：高等教育出版社，2006：118-119.

法官可以看到证人说话的表情，听到证人说话的声音、语调和语气时，对于审判人员判断证人的证言可信性以及形成确信具有重要意义。

根据英美法的传统，证人应当出庭作证，但在极少数证人无法出庭的情况下，证人证言也可以通过审前书面证言，或者在审前听证中制作的证人笔录形式提出。在美国，这些情形通常包括：该证人已经死亡；生理上无能力；精神上无能力；行使证人特免权；等等。[1] 我国司法实践中大量使用了证人证言，但在立法上对证人证言的提交规定得不太明确。

（三）物证的出示

物证应当在法庭上出示。[2] 实物证据的出示应该以原始物为主，以复制物为辅。只要条件许可，物证应该提供原物。提供原物确有困难的，可以提供与原物核对无误的复制件或者证明该物证的照片、录像等其他证据。"物证应当提交原物"的原则是最佳证据规则对物证的一般要求，主要是用来预防不完全或欺骗性证明。通过要求原件的所有者提出原件，以防止所提交证据是被篡改过的复制件或发生原件被扣押的行为。原物为数量较多的种类物的，可提供其中的一部分。出示物证，应当由证据提出者就其名称、来源及所要证明的事项等作出说明。因为有些物证不便或不能拿到法庭上出示，比如不动产、有毒或者放射性物品等；有些原物可能已经毁损或灭失，向法庭出示原物存在困难。在上述情况下，应当允许当事人提供与原物核对无误的复制件或者证明该物证的照片、录像等其他证据。这些照片及提供有关背景信息的图示等，在证据法中被称为"示意证据"。

对于书证之外的其他证物应清楚地标明证据提交编号，或者注上标记文字，文字须与提交的证物连为一体。体积较小的证物须放置于适当标记的盒子里。如向法院提交一件以上证物时，一卷书证无须排列完全整齐，但须采取不影响阅读书证的方式装订牢固，并且须在书证底部中间连续标上页码。

物证作为"哑巴证据"，它们能够记录案件事实，却不能主动"诉说"案情。我们向法庭出示物证，应当对该物证所要证明的内容、获取情况作概括的说明，让相关人员辨认是否为原物，在收集、保管、鉴定过程中是否受损或者被改变。辨认的目的在于证明实物证据的同一性、真实性。证据法有一个普遍原则，即必

---

[1] 何家弘．外国证据法．北京：法律出版社，2003：212．

[2] 例如，我国《刑事诉讼法》第 195 条规定："公诉人、辩护人应当向法庭出示物证，让当事人辨认。"

须首先证明有关证据就是证据提出者所主张的证据，然后才有该证据的可采性问题。辨认的主体是对物证的提取、制作和保管拥有亲身知识的人。辨认的方法主要有两种：一是通过容易辨认的特征确认其同一性和真实性。对于物证容易辨认或与众不同的特征，包括与环境相联系的外观、内容、内部结构等，可以由知情人包括当事人和证人（又称辨认证人，即物证的提取者、制作者和保管者）辨认或鉴真。二是通过保管链条证明物证未改变状态。保管链条的环节由所有经手该物证的人组成，从现场发现该物证开始，直到其在法院出示的整个期间。

(四) 视听资料、电子数据的出示

电子数据或者录音、录像等视听资料的出示，应当符合下列要求：（1）提供有关资料的原始载体。提供原始载体确有困难的，可以提供复制件；（2）注明制作方法、制作时间、制作人和证明对象等；（3）声音资料应当附有该声音内容的文字记录。当事人以视听资料作为证据的，应当提供存储该视听资料的原始载体。视听资料应当以播放的形式在法庭上出示，并说明所要证明的事项。当事人以电子数据作为证据的，应当提供原件。电子数据的制作者制作的与原件一致的副本，或者直接来源于电子数据的打印件或其他可以显示、识别的输出介质，视为电子数据的原件。[①] 电子数据应当通过屏幕播放、打印输出、文字说明等可以感知的方式出示，并说明所要证明的事项。

另外，当事人向人民法院提供外文书证或者外国语视听资料，应当附有由具有翻译资质的机构翻译的或者其他翻译准确的中文译本，由翻译机构盖章或者翻译人员签名。当事人对中文翻译件有异议的，应当共同委托翻译机构提供翻译文本；当事人对翻译机构的选择不能达成一致的，由人民法院确定。

三、证据提出的顺序效应

证据提出的顺序效应（order effect）是指证据提出的时间顺序影响事实最终判断的现象。证据提出的顺序效应在法学研究中被忽视，即使是对程序法的研究，也只注重形式上的安排。由于在大陆法系，由法官主持审判决定对证据的质证程序，因而，证据提出的顺序效应在大陆法系对法官的影响不如英美法系明

[①] 参见最高人民法院《关于民事诉讼证据的若干规定》第15条。

显。但是，我们没有理由忽视这种影响。随着两大法系在事实探知模式上融合趋势的加强，证据提出的顺序效应日益进入诉讼参与人的视野，也引起他们的重视。

证据提出的顺序效应主要分为初始效应（primacy effect）和近因效应（recency effect），初始效应表明顺序靠前的特征比顺序靠后的特征对人们的印象形成的影响更大一些。心理学家所罗门·阿施（Solomon Asch）在1946年的一项实验中提出了这一现象。他在实验中要求被试者描述他们对一个人的印象，即判断他在多大程度上是一个情绪化的人。他给出的这个人的特征有"嫉妒性强、顽固、挑剔、冲动、勤勉、聪明"。对两组被试者分别给出这些特征的不同顺序，结果发现，排在前面的特征对被试者判断这个人的印象产生的影响比顺序靠后的特征要大一些。[1] 当人们面临一个有争议问题的对立面信息时，初始效应使人们往往更容易受到先出现的信息的影响。而近因效应则说明最后出现的信息比最先出现的信息对人们的印象形成的影响更大一些。

那么，在庭审中，到底哪种情况下、何种效应对事实认定者的心证产生更大的影响？诺曼·米勒（Norman Miller）和唐纳德·坎贝尔（Donald Campbell）于1959年对这一问题进行了研究。[2] 他们对一起由有产品缺陷的蒸馏器所造成的伤害案件的庭审记录进行了整理编辑，将有利原告的材料和有利被告的材料分开列出。对原告来说，有利陈述包括原告方证人的证词，原告律师对被告方证人的诘问证词，以及原告律师的开案和结案陈词；不利陈述则包括被告方证人的证词，被告律师对原告方证人的诘问证词，以及被告律师的开案和结案陈词。这些陈述按8种不同的顺序编排（见表4-1）。米勒和坎贝尔让律师、证人等不同角色的人选择不同陈述的排列来阅读。在一些实验条件下，要求被试者在听完连贯的陈述（有利—不利或者不利—有利）后马上作出判断。而在另一些实验条件下，实验被分成几个阶段，中间间隔一个星期。他们发现，如果被试者听完连贯的陈述后，间隔一个星期再作出回答（如排列方式3和排列方式4所示），就会出现初始效应。而如果两部分陈述之间存在延迟（如排列方式5和排列方式6所示）就会出现近因效应。也就是说，如果在法庭辩论中原告最先发言，若法律程

---

[1] Asch, S. E.. Forming Impressions of Personality. Journal of Abnormal and Social Psychology, Vol. 41, 1946: 258-290.

[2] Miller, N. & Campbell, D. T.. Recency and Primacy in Persuasion as a Function of the Timing of Speeches and Measurements. Journal of Abnormal and Social Psychology, Vol. 59, 1959: 1-9.

序让被告立即回应原告，而且事实认定者不当庭作出裁定，那么就会出现初始效应，即后来的裁定有利于原告。而如果双方各自的发言之间有一定的时间间隔，而且事实认定者在双方发言结束后马上就要作出裁定，就会出现近因效应，即裁定有利于被告。

表 4-1　证据提出的不同顺序编排表

排列方式	事件顺序				
1	有利陈述	不利陈述	回答		
2	不利陈述	有利陈述	回答		
3	有利陈述	不利陈述	延迟	回答	
4	不利陈述	有利陈述	延迟	回答	
5	有利陈述	延迟	不利陈述	回答	
6	不利陈述	延迟	有利陈述	回答	
7	有利陈述	延迟	不利陈述	延迟	回答
8	不利陈述	延迟	有利陈述	延迟	回答

心理学认为一个长的证据序列倾向于产生初始效应，而一个短的证据序列倾向于产生近因效应。由于证据序列的过长导致注意力的消耗，因而初始效应经常出现在简单但较长的证据序列当中。在长的证据序列中随着时间的流逝，主体对新的证据的敏感性降低。"在没有背景信息的条件下，主体不得不通过证人的陈述努力去理解条件之后的理由，因而对初始信息格外关注，从而为他们自己建立了一个认知框架，在这一框架下去解释后来的信息。"[①]

本书认为对案件事实真正起到决定作用的是证据的内容及主体的信念。证据提出的顺序效应影响法官的判断，这对于不同条件、不同主体是不同的。例如，若事实认定者对于证据的信念很低，证据提出的顺序对事实认定者的判断产生的影响就会增加，而当事实认定者的信念很强时，证据提出的顺序效应对事实认定者的判断产生的影响就会很小，甚至不产生影响。如果人们对一个问题所知甚少，那么，他们就会更容易受到语境和顺序变化的影响。如果人们对一个问题一无所知，那么，这种影响最大，甚至一部分人表现出完全的可塑性。相对于没有经验支持的信念，有经验支持的信念在自信程度上要高，因而难以改变；反之，

---

① Josè H. Kersholt and Janet L., Jackson. Judicial Decision Making: Order of Evidence Presentation and Availability of Background Information. Applied Cognitive Psychology, Vol. 12, 1998: 447-449.

没有经验支持的信念由于自信度较低而易于被改变。又如，一致的证据不产生顺序效应，而不一致的证据会产生近因效应，它提示辩方应把有利的证据放在最后。

实际上，证据的顺序效应并不是上面讨论的这么简单，它至少还受到背景信息和事实发现模式的影响。潘宁顿和黑斯蒂于1992年研究发现当主体被要求一步一步地处理证据时，也就是说当一个犯罪判断（如判断被告犯罪的概率）在每个证人陈述之后给出时，锚定和调整模型能最好地描述犯罪判断，这种证据顺序称为逐步反应（step-by-step）模式。另外，在终点反应（end-of-sequence）模式中，当主体被要求提供一个整体判断，即在所有证据被处理后给出一个总体的犯罪判断时，故事模型能最好地描述犯罪判断。[1] 在逐步反应模式里，观察到的顺序效应是最后的证据对主体的判断产生了一个较大的影响力。出现这种近因效应的原因可能是主体使用了锚定与调整程序：每个新的证据被一个反映先前证据总体评估的锚定判断所平均。此外，在终点反应模式中，顺序效应依赖于背景条件（如潜在动机）。也就是说，在逐步反应模式下，将呈现近因效应，最后呈现的证据对判断的影响要大于先前呈现的证据，而背景信息不影响整体的判断。对于终点反应条件，顺序效应取决于背景信息的呈现，分两种情况，一是如果提供背景信息，那么出现近因效应；二是如果没有背景信息提供，则出现初始效应（见图4-5）。[2] 也就是说，如果提供背景信息，则出现初始效应，但是如果没有提供背景信息则近因效应较为明显。原因在于主体试图把证人的信息整合成一个融贯的认知范式。在终点模式中，判断以记忆为基础，最近的信息将比先前的信息可行。但是，在没有背景信息提供的情形下，最先呈现的证据更语义化，更被深层地加工，导致初始效应明显超过近因效应。

四、证据清单

证据清单是事实主张与证据之间的桥梁，起到承上启下的作用。同时证据清

---

[1] Nancy Pennington and Reid Hastie. Explaining the Evidence：Test of the Story Model for Juror Decision Making. Journal of Personality and Social Psychology，Vol. 62，No. 2，1992：200.

[2] 关于背景信息的先前提供与控辩双方呈现的证据顺序的关系，see Josè H. Kerstholt and Janet L.，Jackson. Judicial Decision Making：Order of Evidence Presentation and Availability of Background Information. Applied Cognitive Psychology，Vol. 12，1998：447 - 449。

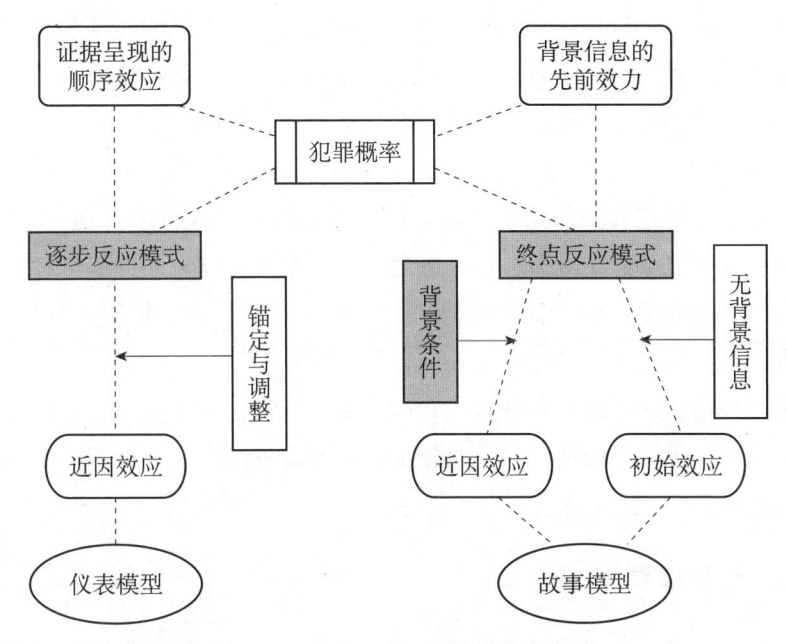

图 4-5　不同模式下的证据顺序效应关系图

单也是证据组织的一种外在表现形式。证据清单模板因个人习惯而异，但依据普遍的思维习惯，证据编排至少要考虑的一个方面是要以法律要件为坐标对证据进行分组分类处理，这有利于法官迅速掌握证据编排背后的法律逻辑，提高证据理解的效率。对于间接证据多的案件，每一组项下还可分细项对逻辑结构进行梳理。

（一）证据清单的作用

证据清单是庭前法官重点阅读的材料，也是律师的一张名片。制作证据清单的目的是观点表达，思路引领。一本厚厚的证据册摆在法官面前，首先获得关注的一定是证据清单。证据清单好比骨骼，具体证据好比肉，骨骼架构了整个案件的轮廓。法官会通过浏览证据清单了解案件大致情况，再带着具体问题核实单个证据。某种程度上，证据清单同起诉状、代理意见等文件一样重要。作为衔接主张和事实的桥梁，证据清单的优劣直接左右法庭的事实认定，进而影响案件处理结果。

（二）证据清单的内容

在诉讼双方从对立立场提出不同观点时，法官总是想尽可能详细地知道支持双方各自论点的全部理由，所以，律师只有把支持某个观点的事实和法律依据都摆在法庭面前，才算尽到了自己的责任。要做到这一点，就需要编排一本能有效传递案件信息的"贴心"证据册，其既能代表当事人明确表达诉讼主张，又能协助法庭准确查明事实。考核一份证据清单的基本指标是"易查找、易阅读"。易查找强调证据清单包含的元素应齐备，证据的编排顺序应科学合理。一般来说，证据清单应包含以下必备要素：（1）标题；（2）案号；（3）证据编号；（4）证据名称；（5）证明对象；（6）证据页码；（7）证据类型；（8）提供人及提供时间。至于证据组的编排方法，则视个案而定，但大致有如下三类：（1）为尽可能还原事实原貌，采用时间顺序编排证据组；（2）为引导法官关注重点事实，将证明最重要事实的证据组排在最前；（3）为帮助法官厘清复杂事实，根据涉及的法律关系排列证据组。

（三）注意事项

（1）版式选择。证据编排的形式应简洁美观，一般来说，表格形式更易于阅读。譬如多张不同类型的票据共同证明诉请的欠款数额，多份合同可证明当事人适格，建议采用表格形式统一编排；如果单项证据说明多项复杂事实，则应采用文本形式，逐条列明证明事项。对于内容复杂的证据，则应制作图表，让法官迅速获取直接信息。譬如多张票据，应整理一张 Excel 总表放在所有票据之前，并标明单个证据对应的页码；多个当事人，则应画一张图表，展示各个主体之间权利义务变动的过程。

（2）对证据进行分组、分类。可以在大的证据组里面区分小组，证据的名称尽量用全称并忠实于证据的抬头字样，并作相应的证据编号。有时候一份证据、一组证据可支撑多项待证事实，这类复合型证据如何编排就成了一个棘手问题，需要根据案件情况随机应变。可以采用在其他证据证明对象中引用该证据的编号方式予以强调，也可以视情况采取重复编号，或者在二次使用该证据时只节录与待证事实有关部分的方法。

（3）注意写清楚是原告还是被告提交。提交证据应当在证据目录最下方签字并注明日期。反驳证据可以针对对方的具体证据的标号进行标注予以强调。有补充证据的，应当在新的完整目录中进行标注。不同诉讼阶段都提供完整的证据目录，对新证据用加粗或其他字体等变化予以体现。在诉讼过程中，很多证据不是一次性提交的，在不同的诉讼阶段可能根据庭审的需要，根据对方证据的变化，甚至诉讼请求的变化而增加或减少、补正有关证据,在有证据变化的时候不妨也重新提交一下证据目录,并在证据目录中对证据的相关变化,通过加粗,字体的变化,加下划线,或者字体颜色的变化予以突出、释明。视听资料要有文字整理稿。

(4) 证明目的或证明对象一定要写详细。法官通常是通过证据清单中的证明目的来了解案件事实。证明目的一栏一定要把证据和要证明的事实写出来。如果证据是合同,还要把合同条款摘录出来。这样法官就不需要去翻合同找条款了。

总之,证据目录的撰写,除要突出重点、显示要证明的证明目的之外,还要条理清晰、逻辑结构合理,而且要便于自己、对方律师和法官等查阅。

五、证据提出的期限

证据提出的期限又称举证时限,是当事人应当向法院提供证据的期限。20世纪中期以前,大多数国家都允许诉讼当事人随时向法庭举证,即采证据随时提出主义;后来由于面临诉讼爆炸等压力,各国在追求诉讼公正的同时也更加关注效率问题,于是纷纷通过司法改革建立起举证时限制度,改采证据适时提出主义,要求负有举证责任的当事人应当在法律规定和法院指定的期限内提出证明其主张的相应证据,逾期不提供,将承担证据失权的法律后果。我国《民事诉讼法》曾长期奉行证据随时提出主义,并无举证期限的规定,当事人可以在诉讼任何阶段提出新的证据。这很容易导致当事人滥用程序搞"证据突袭",从而造成诉讼拖延。实行举证期限制度,有利于促使双方当事人在举证期限内尽其所能提供证据证明自己的诉讼主张,从根本上保证就抗辩对方的主张和证据进行充分准备,防止法庭审理中因出现证据突袭而中断,也可以避免司法资源的不必要浪费。举证期限有两种确定方式:一是由人民法院直接确定。按照这种方式确定举证期限的,第一审普通程序案件不得少于15日,当事人提供新的证据的第二审案件不得少于10日;二是由当事人协商,并经人民法院准许。无论哪种方式,人民法院享有最终决定权。例如,最高人民法院《关于民事诉讼证据的若干规定》第51条规定:"举证期限可以由当事人协商一致,并经人民法院准许。人民法院指定举证期限的,适用第一审普通程序审理的案件不得少于十五日,当事人提供新的证据的第二审案件不得少于十日。适用简易程序审理的案件不得超过十五日，小额诉讼案件的举证期限一般不得超过七日。"这是针对普通程序的举证期限。简易程序的举证期限不是必需的。根据我国《民事诉讼法》第 161 条第 2 款的规定，对于简单的民事案件，当事人双方可以同时到基层人民法院或者它派出的法庭，请求解决纠纷。基层人民法院或者它派出的法庭可以当即审理，也可以另定日期审理。在当即审理的情况下，无须另行确定举证期限，当事人也无须另行举证，基层人民法院或者它派出的法庭可以根据当事人现有证据情况当即审理。

我国行政诉讼举证期限实行以法定期限为主、兼采指定期限的方式。最高人民法院《关于行政诉讼证据若干问题的规定》第 1 条规定："被告对作出的具体行政行为负有举证责任，应当在收到起诉状副本之日起十日内，提供据以作出被诉具体行政行为的全部证据和所依据的规范性文件。被告不提供或者无正当理由逾期提供证据的，视为被诉具体行政行为没有相应的证据。"第 7 条规定："原告或者第三人应当在开庭审理前或者人民法院指定的交换证据之日提供证据。因正当事由申请延期提供证据的，经人民法院准许，可以在法庭调查中提供。"然而，目前我国关于刑事诉讼的举证期限制度尚未确立。从利弊衡量的角度来看，我国刑事诉讼中也应该有举证期限制度，但可以有更大的灵活性。

无论是民事诉讼还是行政诉讼中，都存在因不可抗力及当事人不能控制的其他正当事由，造成当事人不能按期提交证据的情况。为了保证诉讼的顺利进行，法律允许当事人延期举证。在民事诉讼中，当事人延期举证牵涉到双方当事人诉讼权利的平衡问题，因此必须符合三个条件：（1）当事人在举证期限内提交证据确有困难；（2）当事人在举证期限内向人民法院提出延期举证的申请；（3）经法院准许。一般来说，只要满足前两个条件，人民法院就应当准许当事人延长举证期限的申请。在行政诉讼中，行政诉讼被告申请延期举证也应当符合三个条件：（1）行政诉讼被告因不可抗力或者客观上不能控制的其他正当理由，不能在规定期限内通过证据开示程序提交证据；（2）应当在收到起诉状副本之日起 10 日内向人民法院提出延期提交证据的书面申请；（3）经法院准许。法院准许延期举证的，行政诉讼被告应当在正当事由消除后 10 日内举行证据开示，提交证据。

法庭辩论结束前，当事人增加、变更诉讼请求或者提出反诉的，人民法院应当根据案件具体情况重新确定举证期限。

第三节 质证程序中的证据组织

质证是法庭审判的一个重要环节。质证不仅是对一方当事人诉讼权利的保障，更是为了查明案件真相。对于一方当事人来说，质证也是证据呈现的补充，通过质证来强化本方的证据呈现效果。

一、质证概述

（一）质证的概念

简单地说，质证就是"以口头或书面形式质问某人"[1]。英美法系国家采用的是当事人主导的对抗式质证模式。法官处于消极中立地位，除传唤证人由法院进行外，其余的如质证范围、方法等均由当事人自行决定。当事人对整个质证过程起决定作用，影响质证的进程。例如，在英国的民事审判中，"如果针对债务人的接管令已作出，债务人必须出席，以及当众回答有关财产、交易和主要行为的问题。官方接收人、托管人（如果有的话）以及任何债权人都可以向债务人发问。某人被指控犯有可起诉罪行时可进行预备性询问，并由一个或多个治安法官审查证据，借此决定是否存在足以将被告提交法庭审判的主要事实"[2]。在英美法系中，最典型的质证形式是对证人的交叉询问。大陆法系国家一般实行职权式诉讼模式，在质证中采以法官询问为主、以当事人询问为辅的方式，交叉询问制度因此难以得到发挥。例如，德国在证明对象、证明手段、证据审查等方面，在相关的证据法律规范中规定得较多的是以证据调查为主的规则，突出法院或法官的职权作用，通过大量的证据规定规范法官心证的形成。

在我国，不同领域对"质证"概念的理解有很大差异。《现代汉语词典》把质证解释为："诉讼中，在法庭上对证人证言进一步提出问题，要求证人作进一步的陈述，以解决疑义，确认证人的证明作用，如当面质证。"[3]《法学词典》关

---

[1] 戴维·沃克. 牛津法律大辞典. 李双元, 等译. 北京：法律出版社，2003：402.
[2] 戴维·沃克. 牛津法律大辞典. 李双元, 等译. 北京：法律出版社，2003：402.
[3] 中国社会科学院语言研究所词典编辑室. 现代汉语词典. 北京：商务印书馆，2006：1757.

于质证的释义是:"提出问题要求证人作进一步陈述,以解除疑义并确认证明作用的诉讼活动,是审查核实证人证言的一种方式"[①]。《诉讼法大辞典》的注释是:"质证又称对质,即诉讼中就同一事实,组织两人或两人以上当面质讯诘问的一种询问和证明形式"[②]。证据法学界认为,质证是指诉讼当事人及其法律代理人在审判过程中针对对方举出的证据进行的质疑和质问。[③]

《法学词典》把质证限于是"审查核实证人证言的一种方式",显然缩小了质证的范围,因为在诉讼中双方当事人对对方的其他证据都可以进行质证。《诉讼法大辞典》把"质证"等同于"对质"也是不恰当的,因为对质只是质证的方式之一。本书认为,质证就是诉讼当事人及其法律代理人在审判过程中针对对方举出的证据进行质疑和质问。质证是诉讼双方反驳和攻击对方证据的重要手段,因此,质证的主体是有权在审判中对证据提出质疑和进行质问的人,即诉讼当事人及其代理人。具体来说,在刑事诉讼中,质证的主体包括检察官、辩护律师、被告人、被害人、附带民事诉讼原告、被告及其代理人;在民事诉讼、行政诉讼中,质证的主体包括原告、被告、第三人及其代理人。其中,刑事被告人有权质证,但是其一般都让辩护律师代行质证。刑事被害人也有权进行质证,但是在刑事诉讼中,因为检察官的质证往往与其同向,所以一般也没有必要再行单独质证。如果证据与其附带民事诉讼有关,被害人或其代理人也可以自行质证。第三人参与诉讼往往与原告、被告一方存在利益关系,故他的质证活动会与原告、被告有些重合。由此可见,诉辩双方才是在审判中实际进行质证的主要人员。在审判过程中,质证是在法官的主持下进行的,法官的主要任务是听证,即使法官对某些自己认为有疑问的证据进行询问也不属于质证,因为其目的不是对证据进行质疑,而是加强对证据的认识和理解。因此,法官对证据的审查判断是认证活动,而不是质证活动,故法官不是质证的主体。

(二) 质证的内容

质证的内容,又称质证的客体,即在审判中由一方提出并由对方进行质疑或质问的证据。由此可见,凡诉讼双方在法庭所举之全部证据,都应该成为质证的对象。所以,我国法律规定,证据应在法庭上出示,由当事人质证,未经质证的

[①] 法学词典编辑委员会. 法学词典. 上海: 上海辞书出版社, 1989: 607.
[②] 柴发邦. 诉讼法大辞典. 成都: 四川人民出版社, 1989: 529.
[③] 何家弘, 刘品新. 证据法学. 2版. 北京: 法律出版社, 2007: 239.

证据，不能作为认定案件事实的依据；当事人在证据交换过程中认可并记录在卷的证据，经审判人员在庭审中说明后，可以作为认定案件事实的依据。但涉及国家秘密、商业秘密和个人隐私或者法律规定的其他应当保密的证据，不得在开庭时公开质证。

至于哪些事实可以免除质证，我国现行的《刑事诉讼法》没有对质证豁免的对象作出规定。目前我国诉讼法学界认为免证事实有以下几种表现形式：一是为一般人共同知晓的常识性事实；二是司法认知事实；三是预决的事实；四是在法庭审理中不存在异议的程序性事实；五是推定的事实。由于以上事实是免证的，因此也就不需要质证了。

最高人民法院《关于适用〈中华人民共和国民事诉讼法〉的解释》第104条规定："人民法院应当组织当事人围绕证据的真实性、合法性以及与待证事实的关联性进行质证，并针对证据有无证明力和证明力大小进行说明和辩论。"因此，质证的内容包括对证据能力和证明力两个方面的质疑和质问。围绕证据能力进行质证，主要是对证据的相关性、合法性、客观性及证明力提出质疑。因为与案件事实没有相关性的证据，其不具备证据能力；不符合法律的有关规定的证据，其也不能进入诉讼程序；虚假的证据，不能被采纳。证据的证明力包括对其可靠性与充分性进行质疑。凡是一方当事人提交的、具备证据能力而获准进入诉讼程序的证据，对方当事人仍然可以对其可靠性提出质疑。这可以从两个方面进行：一是从证据的来源质疑证据的可靠性。例如，对于一个鉴定意见可以提出检材来源是否可靠的质疑；检材是否受到污染的质疑。二是从证据的内容质疑证据的真实可靠性。如鉴定使用的方法和仪器是否科学；鉴定意见与该鉴定所依据的科学原理之间有无矛盾等。证据的充分性是由证据与待证事实之间的关联形式、性质和程度所决定的，因此，对证据的充分性提出质疑就要以关联的形式和性质为基础，看其关联的形式是直接的还是间接的，关联的性质是必然的还是偶然的。

（三）质证的顺序

"所谓质证的顺序，就是在庭审过程中，当事人对对方证据进行质疑和质问的时间顺序或先后顺序。"[1] 质证的顺序是质证程序性规则的重要组成部分。由于在诉讼过程中，质证是举证的后续环节，没有举证，就没有质证，所以确定质

---

[1] 何家弘，刘品新. 证据法学. 3版. 北京：法律出版社，2008：242.

证的顺序必须以举证的顺序为依据。质证的顺序，一般是诉讼一方当事人出示证据，由另一方当事人、第三人进行质证；第三人出示证据，由诉讼双方与第三人进行质证。案件有两个以上独立的诉讼请求的，诉讼双方可以逐个出示证据进行质证。人民法院依照当事人申请调查收集的证据，作为提出申请的一方当事人提供的证据进行质证。整个质证的顺序如图4-6交叉询问和对质图所示。在刑事诉讼中，原告包括公诉人和自诉人。

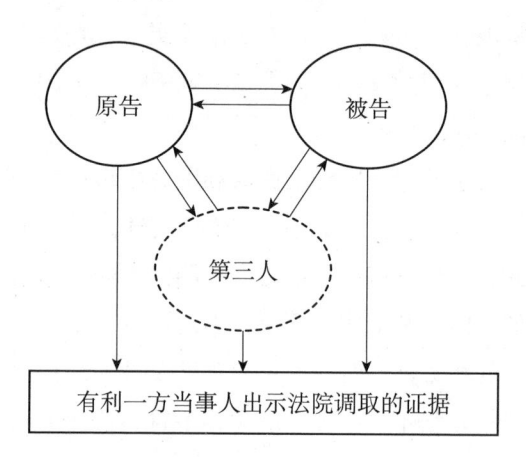

图4-6 质证的顺序：交叉询问和对质

在不同类型的案件中可以采用不同的质证顺序。例如，在有些案件中，质证可以按照事件发生的时间顺序进行；在有些案件中，质证可以按照各个事件要素在案件中的性质和地位进行，包括"从内向外"的质证顺序和"从外向内"的质证顺序；在案件事实或行为之间的因果关系比较明确的情况下，质证还可以按照事件的因果关系进行，包括"由因及果"的质证顺序和"由果及因"的质证顺序。[①] 案件有两个以上独立诉讼请求的，当事人可以逐个出示证据进行质证。法院依照当事人申请调查收集的证据，由提出申请的一方当事人出示，接受另一方的质证；法院依照职权调查收集的证据，应当由有利的一方出示，接受另一方的质证。如有必要，审判人员可以对证据调查情况作出说明。

二、对证人的交叉询问

我国并没有建立完善的交叉询问制度，因为我国立法没有区分"直接询问"

---

① 何家弘，刘品新．证据法学．3版．北京：法律出版社，2008：242．

和"交叉询问",所以导致最高人民法院《关于适用〈中华人民共和国刑事诉讼法〉的解释》第 261 条作出"向证人发问应当遵循以下规则:……(二)不得以诱导方式发问"的笼统性规定。"对本方证人不得以诱导方式发问"是直接询问的证据规则,目的是让证人用自己的嘴讲出真实的案情,而不能由没有亲身知识的询问者越俎代庖。然而,对对方证人的发问性质上是交叉询问,其规则是允许以诱导方式发问,由此才能发挥查明事实真相的作用。为此,《人民法院诉讼证据规定适用指南》将 2012 年《关于适用〈中华人民共和国刑事诉讼法〉的解释》的"不得以诱导方式发问"限制在对本方证人的发问。这样更加符合证据法原理,因为交叉询问的核心就在于诱导性发问。在交叉询问制度比较完善的国家,一般都对证人证言的质证(询问)进行了规定。[①] 考虑到我国正在推行以审判为中心的司法改革,因此,我们觉得法律实务人员有必要掌握基本的交叉询问知识和技巧。

(一) 交叉询问的概念

交叉询问是相对于直接询问而言的,是对证人证言进行质证的主要方式。交叉询问制度作为一种询问规则起源于英美法系的对抗制审判模式。《牛津法律大辞典》对交叉询问作了更为详细的解释:"交叉询问,由一方当事人向另一方当事人所提供的证人提出的诘问,一般是在提供证人的一方首先向自己的证人提问后进行的,交叉询问是意图使证人改变、限定、修正或撤回提出的证据,使其证据失信,并从证人口中得到于询问方有利的证据。"[②] 交叉询问的含义包括以下几个方面:(1)交叉询问的对象是广义的"证人",包括被告人、被害人、证人、鉴定人、勘验人、检查人以及实施搜查、扣押等侦查措施的警察等。(2)交叉询问程序由主询问、交叉询问、再询问(包括举证方的再主询问和对方的再交叉询问)等交替程序构成。(3)交叉询问是由一方对另一方的询问,在诉讼中具有对立的性质。在诉讼中,当事人任一方对对方证人的询问,都属于交叉询问;但是,当事人任一方对己方证人的询问则不属于交叉询问。(4)交叉询问是盘诘性

[①] 例如,美国《加利福尼亚州证据法典》第 772 条规定:"询问应按以下循序进行:直接询问、交叉询问、再次询问、再次询问,再次交叉询问以及按相应的循环进行。"日本《民事诉讼规则》第 113 条对询问的顺序规定得更为详细:"当事人对证人进行询问应当遵循如下顺序:(1)提出询问申请的当事人的询问(主询问);(2)对方当事人的询问(反询问);(3)提出询问申请的当事人的再次询问。审判长在认为必要时,也可以亲自对证人或当事人进行询问。审判员在通告审判长后也可以对证人进行询问。"

[②] 戴维・M. 沃克. 牛津法律大辞典. 北京:光明日报出版社,1988:230.

的询问，具有攻击或反驳的性质。如果是支持性或者进一步说明性的询问，则不能体现交叉询问的本质特征。(5) 交叉询问是在法官的主持下进行的。司法工作人员、执法人员或律师在调查阶段或法庭之外对证人的询问，不属于交叉询问。

在英美法的交叉询问制度中，只有当事人或当事人的律师才能询问证人，法官不得询问证人。证人询问只能采取一问一答的形式，并且盘问的问题必须是具体的、特定的。而在大陆法系国家，证人可以通过陈述的方式描述案件事实。[①] 交叉询问体现了程序的正当性，即由当事人从有利或不利、控诉或辩护的不同角度来探寻同一证据源，从而有助于观察问题的深刻性和全面性，因此，交叉询问是质证活动的核心和基本方式，也是诉讼当事人的一项重要权利。任何一名证人在法庭上接受了本方律师的直接询问之后，对方律师都有权代表其当事人进行交叉询问，以便对该证人证言进行质疑。[②] 如果对方律师不进行交叉询问，法庭就视其代表当事人放弃了对该证人进行质证的权利。但目前在我国，对证人的询问需要得到审判长准许后才可以进行，因此，对证人的询问还不是法律赋予当事人的当然权利。例如，我国《刑事诉讼法》第194条规定："公诉人、当事人和辩护人、诉讼代理人经审判长许可，可以对证人、鉴定人进行发问。"由此可见，我国还没有真正建立起完整的交叉询问制度。

(二) 交叉询问的目的和范围

由于交叉询问"由非提供该证人的一方当事人向该证人提出的诘问或盘问，通常在提供该证人的一方当事人首先向其提问后进行"[③]，因此，没有主询问就没有交叉询问。主询问的目的是在律师的指导和控制下将有利于己方的证据性事实以问答的方式通过证人之口陈述出来，从而在法官或陪审员的心目中形成有利于己方的印象。鉴于主询问在庭审中的重要性，庭审律师对主询问程序总是绞尽脑汁地策划、组织。有效的交叉询问常会成功地提出一些与对方的陈述不符的事

[①] 兼子一，竹下守夫. 条解民事诉讼法. 东京：弘文堂，1986：1009-1011. 张卫平. 交叉询问制：魅力与异境的尴尬. 中外法学，2001 (3).

[②] 在英国，所有证人都必须接受交叉询问是一个一般规则，但也有三个例外：(1) 证人没有经过宣誓，传唤证人只是为了提供文件；(2) 错误地传唤来的证人，因为他不能就他的所知为案件提供信息，但这种错误必须在证人宣誓之后，直接询问之前被发现；(3) 法官传唤来的证人未经法官的允许，任何一方不得对其进行交叉询问。Adrian Keane. the Modern Law of Evidence, 7th ed., New York：Oxford University Press，2008：189-190.

[③] 戴维·沃克. 牛津法律大辞典. 李双元，等译. 北京：法律出版社，2003：289.

实,并且最终在重要论断上制造疑点。证人进行交叉询问是查明案件事实真相最有效的手段,在英美法系历来被尊崇为法庭审判中发掘真理的最佳装置。[1] 交叉询问作为发现真实及体现诉讼的对抗性质的最重要的法律机制,其目的旨在通过审理中询问对方证人来暴露其证言矛盾、错误或不实之处,以降低其证据的证明效力或证明该证人是不可靠的,降低甚至消除该证言在事实裁判者心目中的可信度,或使证人陈述某些有利于本方当事人的事实。正如《布莱克法律词典》中所指出的:"交叉询问的目的是通过以下几种方式让证人在事实裁判者面前失去信用,如提出先前陈述中的矛盾之处和不可能之处;给证人置上疑点;以及诱导证人作出可以削弱其证言的承认。"[2] 归纳起来,交叉询问的目的可分为四种:第一,质疑证人的证言;第二,用这个证人的证言质疑另一个证人的证言(不利的);第三,用这个证人的证言加强另一个证人的证言(有利的);第四,用这个证人的证言独立地推动案件的发展。[3] 交叉询问看似用一问一答的对话方式进行,但其实质是一种独白,而不是对话。在某种程度上看,其实质是律师在作证。因为律师通过对证人的交叉询问把自己想要法官知道的事实通过证人的嘴巴说出来了。

根据美国《联邦证据规则》的有关规定,交叉询问的范围应限于直接询问的主要事项和与证人可靠性有关的事项,即各方可以就属于直接询问范围的任何问题对一方询问的证人进行交叉询问。如果某一法律问题在直接质证的过程中未被提出,那么,在交叉询问的过程中也不得提出,除非提出新的法律问题的目的仅仅是弹劾证人的可信性。[4]

(三)交叉询问的规则

交叉询问作为对证人证言进行质证的基本方式,有利于调动当事人进行质证的主观能动性,实现质证的目的和功能,也有利于保障庭审调查的程序公正。为保证交叉询问的顺利进行,诉讼各方必须在法官主持下进行交叉询问,并遵循一定的规则。但即使同属英美法系的英国和美国,交叉询问的规则也有一些差异。

---

[1] Wigmore. Evidence in Trials at Common Law. 5 J. Sec. 1367. Chadbourn rev. ed.. 1974: 32.
[2] Black's Law Dictionary. seventh edition,Bryan A. Garner Editor in Chief,1999: 383.
[3] 刘晓丹. 美国证据规则. 北京:中国检察出版社,2003: 242.
[4] 罗纳德·J. 艾伦,等. 证据法:文本、问题和案例. 张保生,王进喜,赵滢,译. 满运龙,校. 北京:高等教育出版社,2006: 114.

英国交叉询问规则允许对抗方就任何与案件有关的事情去询问证人。与英国审判制度中采用的完全开放的交叉询问规则相比，美国《联邦证据规则》第611条（b）体现的是"美国式的"或"限制性的"交叉询问规则。美国证据规则的主要优点是允许各方当事人来控制自己案件的发展。例如，原告方也许想在审判一开始就把一份文件列入证据，并且也许需要传唤被告或与被告关系密切的人来鉴别这些文件。尽管证人拥有与本案有关的其他知识，原告方出于策略考虑，也许并不想要在此时查究那些事情，或不想用这个证人来查究那些事情。如果原告方把直接询问限制在鉴定问题上，限制交叉询问规则的适用，将阻止被告方在交叉询问时探问证人关于本案其他方面的知识。英国证据规则的主要优点是避免了不必要地去规定直接询问的范围。[1]

交叉询问是英美法系国家庭审调查程序中的一项精密制度设计，尽管在一些细节上各国之间有一些差异，但都有一系列共同规则来支撑、规范和协调交叉询问制度的运行。这些规则主要有以下3条：

（1）证人分类规则。交叉询问的一个前提是对证人进行分类，即将证人分为控方证人和辩方证人。控方证人是指能够为控方提供有利证言，且将被控方申请传唤并为其在法庭上提供证言的证人。辩方证人则是指能够提供有利于辩方的证言，且将被辩方传唤并为其在法庭上提供证言的证人。[2] 只有确定了证人提出方，才能确定交叉询问方，才能按照相关的规则来展开交叉询问过程。

（2）诱导性询问规则。在直接询问证人时不应使用诱导性询问提问，但是在交叉询问中可以提出诱导性问题，因为证人通常对交叉询问人不会怀有特殊的好感而故意迎合询问人的暗示，不致因为诱导而发生错误。

（3）当事人异议规则。在交叉询问中如果一方认为对方在交叉询问中提问的方式或内容不合适，违反了交叉询问的规则，有权向法官提出异议或反对。这种异议制度也是抗辩式证据调查的一个重要特征。美国《联邦证据规则》第614条法庭传唤和询问证人（c）规定，对法庭传唤证人或者询问证人，可以当时或者随后在陪审团不在现场的适当时机提出异议。异议的对象是"整个询问过程中对证人证言的调查行为，包括当事人对证人的询问行为，也包括法官对证言的采纳

---

[1] 罗纳德·J. 艾伦，等. 证据法：文本、问题和案例. 张保生，王进喜，赵滢，译. 满运龙，校. 北京：高等教育出版社，2006：116.

[2] 陈光中. 诉讼法理论与实践——刑事诉讼卷. 北京：人民法院出版社，2001：452.

和排除的裁断行为"①。一方当事人提出的反对，由审判人员裁定该反对是否有效。若裁定该反对有效，则提问或回答予以排除；若裁定该反对无效，则证人的陈述作为证据予以采纳。若对方对法官的裁定不服，可以提出复议的请求，但复议的请求不影响庭审的继续进行。若经过复议，认为法官的裁定属重大违法，严重影响对案件事实的认定，应重新进行审判。"对证据的异议必须在反对的理由变得明确时立即提出。"② 具体讲，提出异议的时间应当在发问之后，证人回答之前。如果证人回答过快，以至于在证人回答之前来不及提出，则最迟应在证人退庭之前提出。为保证庭审的效率，法庭对证人退庭之后提出的异议不予支持。

（四）交叉询问的要求

（1）速度。交叉询问需要在第一时间传递信息，法官以及陪审团会希望看到律师在交叉询问时给出有效的信息。我们一般需要进行快速提问，这种快速提问不仅是能够给予法官和陪审团有效率的信息反馈，同时也可以让证人凭借自己的第一感觉回答，避免证人在长时间的思考和权衡后，给予并非真实而有偏向性甚至编造过的回答。除非我们是对一些特定问题需要加强，为了加强引起法官注意的效果，才有必要慢下来或者作出停顿。

（2）记忆。在开庭之前，如果能够拿到证人的先前陈述或者笔录，就需要对证人之前所叙述的内容作出充分的了解。带着对证人先前陈述的记忆进行交叉询问，就能够在询问的过程中，发现证人证言与先前陈述不一致的地方。同时，对于整个交叉询问过程中证人的回答都要保证充分的记忆。对于那些在询问过程中出现在前后相互矛盾或不一致的地方，都要引起足够的警觉，判断其对于案件的影响。

（3）聆听。交叉询问的时候，一定要认真聆听证人给出的答案（When you ask a question, listen well to the answer）。③ 在庭审中，很多律师在向对方证人提出问题后，就开始自行思考下一个问题，而没有仔细聆听证人的答案。这是因为很多时候律师可能在庭审前对于案件在心里进行了预判，对证人的回答有了预设。但是，不仅是证人回答问题的答案，证人回答问题的态度、方式、语气和动作，都会进一步透露出信息，这些信息有可能和律师的预设存在差别，可能对案

---

① 樊崇义. 刑事诉讼法实施问题的对策. 北京：中国人民公安大学出版社，2001：469.
② 乔思·R. 华尔兹. 刑事证据大全. 何家弘，等译. 北京：中国人民公安大学出版社，2004：65.
③ 史蒂文·F. 莫罗，詹姆斯·R. 费格利罗. 对方证人. 北京：中国人民大学出版社，2013：29.

件结果产生意想不到的影响。

(4) 控制。在交叉询问时,要掌控证人的回答反馈,不要让证人有机会进行辩解和漫无边际的陈述。对于证人的掌控,在很大程度上,依赖于措辞精准的诱导性问题,在提出这种问题时,绝对不让证人有自由发挥的空间去伤害你。[1] 作为提问者,要对所进行询问的问题内容进行精准的判断,同时还要控制提问方式和节奏,使证人的回答在自身掌控内。必要时,可以通过快速转换问题,避免证人进行预料之外的纠缠。

(5) 方式。交叉询问并不是要求阐述所有的观点,因此在询问时,要提出恰当的问题,这个问题要对你的最终观点有帮助,而并非对所有的细节纠缠不清。在提问的过程中,要以自信且温和的态度进行提问,幽默、怀疑、讽刺的运用需要控制在合理的范围内,不要和证人进行争辩,更不能同证人出现言语粗暴、愤怒等不当情形。

(五) 交叉询问的技巧

(1) 确定是否应该交叉询问。交叉询问是整个庭审过程中最具有不确定性的环节,确定是否要对对方证人进行交叉询问,要从六个方面进行考量:一是证人的证言是否损害了我方的观点;二是这位证人是否扮演了重要的角色;三是证人的证言是否可信;四是在对方律师的直接询问中证人的证言是否过少;五是是否能够在交叉询问中获得对自身主张有利的支持;六是进行交叉询问可能导致什么样的风险。在仔细衡量上述六个问题的答案后,再比较交叉询问带来的有利或不利后果,最终确定是否应该进行交叉询问。[2]

(2) 准备。成功的交叉询问以彻底全面的准备活动为基础。首先,我们务必要了解案件的全部真实细节,尤其是对方关于案件事实的陈述,并且要提前知道可能的证人的身份并且猜到他们将要说什么。其次,准备交叉询问的询问提纲,对打算在交叉询问时进行的询问话题进行梳理,对于每一个话题可能用到的书证和物证进行记录,同时,对证人的先前陈述进行记录。询问提纲不仅仅是对询问话题的简单罗列,更加需要对这些问题进行组织、增补、修改、删减以及甄别。这个过程需要进行多次反复,直到得到能够达到预期效果的询问提纲。[3] 但要注

---

[1] 托马斯·A. 马沃特. 庭审制胜. 7 版. 北京:中国人民大学出版社,2012:224.
[2] 托马斯·A. 马沃特. 庭审制胜. 7 版. 北京:中国人民大学出版社,2012:216-217.
[3] 史蒂文·F. 莫罗,詹姆斯·R. 费格利罗. 对方证人. 北京:中国人民大学出版社,2013:34.

意，询问提纲不是问题清单，而是问题的答案。正确的做法不是把问题全部写出来按照问题清单来提问，而是看着提纲上的答案再来组织问题。这样，提问更加自然和有针对性。再次，在主询问中要记下前后不一致的地方，因为这些不一致的地方就是接下来交叉询问的主题。最后，交叉询问可能用到的实物证据副本也必须有条理地整理成册，放在手边，以便询问时使用。

(3) 问题设计。这需要对每一个将要向证人进行询问的问题进行精巧的设计，以保证尽可能地得到预料的证人回答。交叉询问与直接询问不同，需要采取不同的提问方式和态度进行。交叉询问的证人的配合程度以及预判程度与直接询问的证人有较大区别，在提问时，要循序渐进地提出简短、清晰的问题，通过一系列相互关联、不断递进的问题来引出证人对于拟证明的事实的证言，从而证明自己的观点，并且问题针对的内容是需要仔细考虑的，要选择那些直观、可靠且与拟证明的主张密切相关的点来进行问题设计。[①] 一般来说，最好的问题是简短的诱导性问题。诱导性问题是指问题里包含有答案，证人只需要回答"是的"或者"不是"。人的倾诉和争辩是天性，为了避免证人过多的陈述干扰到我们希望获得的回答以及带来意料之外的麻烦，应尽量将问题设计成能获得非常简短回答的模式。它能够使证人的自由发挥空间尽可能地小。比如说，律师问证人："2018年4月5日晚上你和李明一起到解放南路的好常来酒吧，并且你用35元人民币买了一杯德国啤酒给他喝了，是不是？"显然，这个问题是一个诱导性问题，但这是一个很糟糕的诱导性问题，因为问题太长，不够简短，证人无法回答。所以，应该把它拆分成以下几个问题："2018年4月5日晚上你和李明在一起，是不是？"；"你们一起到了解放南路的好常来酒吧，是不是？"；"你用35元人民币买了一杯德国啤酒，是不是？"，"你把啤酒给李明喝了，是不是？"。这样，就便于证人回答每个问题了。

(4) 策略选择。为了达到更好的询问效果，需要采取强有力的策略来进行。当能够从证言中提取有利的事实时，采用"支持性交叉询问"策略。当律师试图攻击证人证言的可信性时，采用"破坏性交叉询问"策略。破坏性交叉询问是最常见的策略，尤其是在证人过去有说谎行为或前科，证人证言前后不一致，证言有遗漏（省去了一些对其不利的东西），证人有偏见、歧视或有利害关系等不利动机行为，证人存在感知力（如醉酒、近视、光照、注意力分散、听力、挡住视

---

① 托马斯·A. 马沃特. 庭审制胜. 7版. 北京：中国人民大学出版社，2012：223.

线的障碍物）或记忆障碍等等情形时。询问策略确定以后，具体实施可从以下几个方面展开。首先，要在整个交叉询问过程的开始和结尾提出最有力的观点。①人们对于最先和最后听到的内容最为印象深刻，因此要在这两个时间点提出最想让人记住的观点。其次，简化交叉询问拟证明的关键点。受记忆力和注意力所限，过多的证明点会分散陪审团或者法官的注意力，反而使最关键的点被干扰和淡化，因此，最好筛选出不要超过三个关键点，将其作为交叉询问的重点。最后，还可以通过调整提问问题的顺序，"隐藏"提问的目的，避免让证人猜测到你的目的从而故意回避问题或者给出不真实的回答。但是，针对这一点要注意的是，要避免在调整的过程中破坏提问的逻辑性，让陪审团或者法官产生混乱。

（5）提问。提问时要注意以下几点：1) 尽量使用日常的通俗语言来提问；2) 一方面不要把问题说得太快，以免法官跟不上，另一方面不要给证人思考的时间；3) 每次询问要集中火力，避免不断转移话题；4) 每次交叉询问的关键点不宜太多；5) 避免重复直接询问的问题，也不要驳斥证人在直接询问中作证的内容；6) 在需要强调的地方可以变换语调或做停顿，以引起法官的注意；7) 把有意义的动作表情用言语表示出来，让书记员记录，比如"证人说他想不起来的时候笑了一下"，"证人摇了摇头"。

对于提问后得到的答复，如果证人给予了不利的答案——这在交叉询问时极有可能发生——那么，我们对这些回答产生愤怒情绪是没有帮助的，应当尽可能让不利回答的影响最小化，避免进一步的不利结果。一旦出现与期望相反的答案，就立即放下，问下一个问题。

（6）应对证人。交叉询问是律师与证人的心理决斗。如果一个证人在回避问题，那么你的问题要更强硬。要坚持让证人回答问题。如果有必要，请求法庭介入要求证人回答问题。如果证人试图打败你，他将失去法庭的同情，因此，这有利于你采取更强硬的方法。应对证人需要注意以下几点：1) 不要允许证人解释。如果证人试图解释所出现的不一致，应该予以制止。2) 不要允许证人重复问题。3) 不要允许证人用问题来回答问题。4) 可以请求法官要求证人回答问题。5) 不要给证人提供太多的时间和机会，使他能够乘机对自己的证言作修正。6) 不要和证人争辩。另外，不要把证人说的"我不记得了"当作问题的回答，

---

① 托马斯·A. 马沃特. 庭审制胜. 7版. 北京：中国人民大学出版社，2012：219.

应对其继续追问。[1]

三、对质

(一) 对质的概念

对质 (Confrontation) 的历史可以追溯到古罗马时期。世界上大多数国家的法律均规定了被告人的对质权。那么,"对质"是证人的证言相互之间、当事人的陈述相互之间或证言同当事人陈述之间发生矛盾,在必须判断哪一个是可靠的时候,使这些人彼此面对面进行讯问的制度。对质时,可对几个人同时进行讯问,并且可使他们就发生矛盾抵触的地方相互辩明。从这一定义可以看出,对质不局限于原告与被告或被告与证人之间,只要是矛盾证言的陈述者都可以进行对质。对质的功能和缺陷都很明显。对质的功能主要表现在有利于查明案件真实情况,促进证人出庭作证,有利于保障人权,维系程序正义。但对质可能导致言词证据的诱导性失真。在对质过程中,对质人可能因对方的暗示或干扰而动摇意志,从而改变其本来就记忆不牢的证词。面对对方的伶牙俐齿,对质人可能失去自我,为对方所左右。如果控制不好,极易导致共同被告人之间的串供。此外,对质也给证人和被告人的保护带来了一定的不利影响,因为被告人与控方证人、被害人是有直接利害冲突的。

对质不仅是一种发现事实真相的手段,也是刑事被告人的一项基本人权。同案被告人到庭对质,被告人与证人、被害人进行对质。被告人在审判中与证人、被害人对质,可使其直接观察证人、被害人的言谈举止,增强对证人如实作证和被害人如实陈述的心理压力,也有助于事实认定者对证人证言和被害人陈述的可信性作出判断。对质的前提是不同陈述者之间存有矛盾陈述。对质是被告人的诉讼权利,但其能否被实现最终由人民法院决定。只有人民法院认为有必要时,才可以传唤同案被告人相互对质。检察机关只具有对质的建议权,并没有直接决定启动对质的权力。如果被告人认为有疑问需要对质的,也只能请求人民法院启动

---

[1] 比如说,对于这个问题你以前知道怎么回答吗?你告诉过谁?有什么办法可以让你回忆起来?它会在哪?哪份文件里可能有这方面的信息?对此你说过什么?有没有其他人可能知道?关于这件事,你有没有写过备忘录?谁有可能知道在什么地方可以找到这些信息?如果你必须回答这个问题,那么你会去哪里找答案?托马斯·A. 马沃特. 庭审制胜. 7 版. 北京:中国人民大学出版社,2012:225-227.

对质程序。

我国目前还没有建立完善的对质制度，个别法规只是作了大概规定。例如，最高人民法院《关于适用〈中华人民共和国刑事诉讼法〉的解释》第269条规定：审理过程中，法庭认为有必要的，可以传唤同案被告人、分案审理的共同犯罪或者关联犯罪案件的被告人等到庭对质。《人民检察院刑事诉讼规则》第402条规定：被告人、证人对同一事实的陈述存在矛盾需要对质时，公诉人可以建议法庭传唤有关被告人、证人同时到庭对质。此外，我国仅规定了共同被告人之间的对质以及证人与被告人之间的对质这两种类型，其他类型的对质，如证人与证人之间、被害人与被告人之间的对质则未作具体规定。另外，在我国相关保护制度不完善的情况下，证人、被害人与被告人的对质无疑增加了他们的直接冲突。因此，适用对质就需要遵守一定的基本规则：(1) 最后使用规则，即其他调查方式都不足以解决矛盾辨明真伪时，才使用对质的方式。(2) 法官主导及控制规则，即对质的决定权在法官，并控制和主持对质。(3) 直接言词原则，即对质是面对面地相互质问。

(二) 不同诉讼阶段的对质

根据诉讼的不同阶段，可以把对质分为侦查阶段的对质和审判阶段的对质。

(1) 侦查阶段的对质。在侦查阶段，对质是"侦查人员组织就某一案件事实提出相反陈述的两个或多个证人或犯罪嫌疑人进行互相质询和盘诘以判明其陈述真伪的方法。"[1] 使用对质法的前提条件是双方对同一案件事实的陈述之间出现尖锐矛盾而侦查人员难以确认其真假。对质应在个别讯问或询问的基础上进行。具体是先由参加对质的双方分别就案件事实作出陈述，然后再组织每一对质者就对方所作的矛盾陈述提出质问，并要求对方作出回答。通过对质双方的质询来揭露矛盾，进而判明各言词证据的真伪。特别是在缺少旁证的情况下，或者在只有"一对一"证据的案件之中，对质法更加有助于侦查人员查明证据的真实性和可靠性。但应当注意，在刑事侦查阶段使用对质法要特别谨慎，只有在涉及案件的重要问题，除了进行对质别无他法的情况下，才可以采用对质的方法。在对质前，侦查人员必须做好周密的准备，要吃透案情，摸准犯罪嫌疑人的心理，掌握好时机和火候。同时，对质应在个别关键问题或重要情节上进行，一旦弄清即应

---

[1] 卞建林.证据法学.2版.北京：中国政法大学出版社，2007.

结束对质，决不可把几个犯罪嫌疑人叫到一起讯问全案的情况，否则，就会形成集体口供或互相串供的局面，以致无法判断犯罪嫌疑人口供的真假。

(2) 审判阶段的对质。在法庭审理中，两个或两个以上的证人关于特定事实的陈述出现重大矛盾时，为了确认哪个人的证言是可靠的，法院组织他们当面对质，以查明孰是孰非。法庭上对质的作用在于能使法官通过对证人的察言观色，了解证人在作证时的心态，了解其对案件事实或证据性事实的记忆、表述能力，以及有无受到主客观因素的不利影响等。在此基础上，法官就对质者陈述的客观性、可靠性和证言的证明力、可信性作出正确的判断。与仅凭证人单独的证言，并进行静态的比较而作出的判断相比，据此作出的判断必然更客观、公正，准确率也相对较高。对质的前提是庭审过程中言词证据间存在重大矛盾和差异，这种矛盾对案件事实的认定将产生影响，且通过控辩双方交叉询问和法官直接询问的方式不能解决这种矛盾。对质的目的是澄清矛盾，由此分析判断言词证据的真伪，查明案件真相。对质的参与人包括证人、被告人、被害人，对质在他们之间展开，法官是对质的主持者。因此，对质可以分为证人与证人对质，证人与被告人对质，被害人与被告人对质，共同被告人之间对质，等等。最高人民法院《关于行政诉讼证据若干问题的规定》第48条规定："对被诉具体行政行为涉及的专门性问题，当事人可以向法庭申请由专业人员出庭进行说明，法庭也可以通知专业人员出庭说明。必要时，法庭可以组织专业人员进行对质。"最高人民法院《关于民事诉讼证据的若干规定》第74条规定："审判人员可以对证人进行询问。当事人及其诉讼代理人经审判人员许可后可以询问证人。询问证人时其他证人不得在场。人民法院认为有必要的，可以要求证人之间进行对质"。这里的对质既包含了证人之间的对质，也包含证人与当事人之间的对质。但在刑事诉讼中，尚无证人与证人之间进行对质的法律规定。由于刑事审判程序具有查明事实，正确适用法律，保护无辜、惩罚犯罪等功能，因此，对定罪量刑起关键作用的不同证言，确立证人对质原则，并具体规范对质方法是很有必要的。

人民法院组织证人对质的前提条件是两个或两个以上证人的证言相互矛盾，并且这种矛盾存在难以确定真伪的情形。在审判人员分别询问证人和当事人询问证人的过程中，审判人员发现证人证言存在矛盾，有必要进行对质时，可以就互相矛盾的陈述提出质询，通过对质进一步暴露矛盾并解决矛盾，从而帮助审判人员对证人证言或当事人陈述的真实性和证明力作出准确的判断。审判阶段的对质必须在个别询问的基础上进行。对质开始时，先让参加对质的人就所了解的事实分别进行陈述，然后让每个对质者就其他对质者所作的不符合事实的陈述提出质问，由对方作出回答。

四、关于质证方式的反思

（一）交叉询问真的是发现真相的最好引擎吗

交叉询问是最重要的质证方式，可以让双方的证据在法庭上得到有效的检验，从而帮助法官更好地对证据作出认定，但交叉询问制度同样存在着内在的缺陷。首先，交叉询问可能造成当事人与法官之间对案件问题认识的错位和差异，影响案件事实的发现。交叉询问要求法官从当事人对证人的交叉询问中发现证人证言的真实性，并通过交叉询问了解案件的事实，但当事人对证人交叉询问不一定会按照法官的意志进行，当事人在交叉询问中总是会寻求自己的利益，容易通过诱导性询问给予证人不正当的暗示。其次，交叉询问与司法效率的理念相冲撞。交叉询问双方多次对证人进行询问，这样势必造成法庭审理时间上的大量消耗，降低诉讼效率。最后，交叉询问也容易出现对证人权利的侵犯。此外，交叉询问的一个潜在致命性缺陷是会使那些诚实而腼腆的证人比那些恶棍更容易在交叉询问的攻击下倒下。[1] 因此，英美法系国家也在对交叉询问制度进行改革。例如，在英国刑事诉讼中，由于对检控方要求较高的证明责任，为保证公正的审判，在特殊情况下，法官有权传唤控方和辩方都没有提供的证人。[2] 法官传唤的证人不需要承担接受交叉询问的义务，除非经过法官允许。[3] 但英美法国家在质证方式上同样面临着两难的问题：若限制法官职权询问，则诉讼效率无法提高；若不加以限制，则交叉询问就会丧失其应有的作用。日本曾受交叉询问制度魅力的诱惑，引进了该制度达半个世纪之久，但关于交叉询问制度的批评和检讨就从来没有停止过。

（二）我国质证模式的选择

受职权主义诉讼模式的影响，我国 1979 年的《刑事诉讼法》和 1982 年的

---

[1] 约翰·斯特龙，等. 麦考密克论证据. 汤维建，等译. 北京：中国政法大学出版社，2004：62.
[2] 齐树洁. 英国证据法. 厦门：厦门大学出版社，2002：360-361.
[3] Adrian Keane. the Modern Law of Evidence. 7th ed.. New York：Oxford University Press，2008：190.

《民事诉讼法（试行）》都没有明确使用"质证"的概念。随着诉讼制度改革的不断深入，质证制度将逐步建立起来，而作为主要质证方式的交叉询问将是我国庭审制度改革的重要内容。我国目前质证方式中存在着一些明显不足：首先，法律规定过于笼统，没有对一些特殊情况下的询问顺序进行规定。例如，关于双方提请传唤的是同一证人的情况以及法院依职权传唤的证人应当如何确定询问顺序，还是一个未决的问题，这导致实践中的做法不一和混乱。其次，有些法律规定与交叉询问制度的要求相矛盾。例如，最高人民法院《关于执行〈中华人民共和国刑事诉讼法〉若干问题的解释》第146条规定了对证人和鉴定人的询问必须遵循相关性规则、禁止诱导性询问规则、禁止威胁证人规则以及尊重证人人格尊严四项规则。在对诱导性询问的态度上，该解释采取了一概禁止的态度，这与英美法系中交叉询问中仅仅禁止主询问采用诱导性询问而允许在交叉询问中进行诱导性询问的规则具有相当大的不同。最后，在我国，证人交叉询问制还与传统的事实探知理念相冲撞。传统的事实探知理念强调客观真实，追求"实事求是"，力求"以事实为根据"。而通过证人交叉询问得出的事实很有可能不是真实的。因此，交叉询问制能否在现有的司法土壤中实现平衡与发展是能否建立科学的交叉询问制度的关键。此外，交叉询问制度的有效运行需要有一系列配套制度来支撑，这些制度包括：（1）庭前证据开示制度的设立。如果双方当事人在庭前未能掌握对方的证据材料，在庭审中，往往难以有力地进行交叉询问。（2）证人出庭作证制度。只有证人出庭作证，交叉询问才能展开。（3）有效的律师辩护制度。被告人必须在熟谙法律知识的律师的帮助下，交叉询问才能有效进行。（4）其他证据规则，如传闻证据排除规则、品格证据规则等。这些制度在我国目前还没有完全建立起来。

尽管交叉询问制度本身存在着一些缺陷，但它是目前人们所能发现的最好的质证方式。在我国目前的司法环境下，建立交叉询问制度确实存在一些现实困难，但是，交叉询问制度仍然是我国质证模式改革的一个方向。

附录：孙杨案中律师交叉询问评析

2018年9月4日当晚，国际兴奋剂检查管理公司（IDTM）的三名检查人员对孙杨进行了抽血检查。由于血检官和尿检官未出示相关资质和授权，孙杨方拒绝接受进一步检查，并要求检查官留下已采集的血样。随后，孙杨的安保人员用锤子砸碎了已经密封的血样瓶。国际体育仲裁法庭于2019年11月15日在瑞士蒙特勒举行了公开听证并通过网络进行全球直播。2020年2月28日，国际体育仲裁法庭宣布孙杨禁赛8年，即日起生效。

在孙杨案的听证会上，孙杨的母亲、浙江省反兴奋剂中心副主任韩照歧、游泳队副领队陈浩、队医巴震等人作为目击证人出席听证会，并接受了控方律师的询问。有网友认为，听证会上控方律师对孙杨方证人的发问堪称精彩绝伦：在短短15分钟之内将每位证人问得哑口无言，并引导证人作出了有利于世界反兴奋剂机构（WADA）主张的证言。本案WADA首席律师的交叉询问真的无可挑剔吗？笔者认为，理查德·杨律师（以下简称"律师"）对孙杨方证人的交叉询问确实让我们很多人眼前一亮，但律师的询问技术并非无可挑剔，至少在以下九个原则方面或多或少存在一些问题。

（1）使用简短的诱导性问题，避免使用复合命题。交叉询问一个最重要的特征是使用简短的诱导性问题，避免使用复合命题提问，而本案中律师多次使用了复合命题，导致无法得到满意的回答。例如：

律师：孙杨在现场撕碎检查单的这个事实，当时在场的所有人都承认，并且未提出异议，对吗？

孙杨母亲：不是的，因为检查单就在孙杨面前，所以我觉得很正常。跟主检官说孙杨去抢检查单是完全不一个意思，跟事实完全不符。

律师的提问是一个诱导性问题，但是是一个很糟糕的诱导性问题，因为包含了太多的事实。先撇开问题中"所有人到底是谁"不说，这个提问至少包含了"孙杨在现场撕碎检查单""所有人在场""所有人未提出异议"三个事实，一旦有两个或两个以上的事实的回答不一致，证人就无法正确回答。所以，证人回答"不是的"，成功地回避了这个问题。又如：

律师：你是不是也清楚孙杨已经在兴奋剂检查单上签字，上面明确写着拒绝接受兴奋剂检查需要承担相应的法律后果？

韩照歧：我想说的是……他问的是什么问题？（翻译再重复一遍之后）我不是很清楚。

这里律师同样提出了一个复合命题，导致证人不知道问题是什么。通过翻译再重复一遍后，交叉询问的节奏被打乱了，也说明律师没有控制住交叉询问的过程。律师应当把这个提问拆分为两个问题，分别问"你知道孙杨已经在兴奋剂检查单上签字了吗？"和"你知道兴奋剂检查单上写着拒绝接受兴奋剂检查需要承担相应的法律后果吗？"。这样证人就好回答了。再如：

律师：因为检查官跟你说孙杨可能会面临拒检的后果，所以你跟检查官提了这个事情，是吗？

陈浩：不是。

这里律师也是使用了复合命题来提问，导致证人的回答无法实现律师交叉询问的目的。另外，律师在问孙杨方第五证人、体育法专家裴洋时将两个简短问题合在一起来问也是不适合的，应当作为两个问题来提问。比如：

律师：你知道血检单位有规定可以不需要出示护士的原件吗？你是否认为只要没有出示原件就是违法行为？

裴洋：我只是认为可能造成违法，要根据具体情况而定，中国的刑事法律非常复杂。

（2）阻止证人解释的最好方法是马上问下一个问题。交叉询问的一条规则是不要让证人作出解释，律师确实做到了这一点。比如，

律师：你在之前的证词中说兴奋剂主检官在最开始的时候允许孙杨独自一个人去卫生间，是这样吗？

孙杨母亲：是的，我解释一下，在当晚12点10分左右，我打电话给了游泳队的领队陈浩，让陈浩跟主检官通话。

律师：我的问题是……

孙杨母亲：我还没说完，我想把当时的情况说一下……

律师：你没有直接回答我的问题。我的问题是让你澄清，兴奋剂主检官在最开始的时候允许孙杨独自一个人去卫生间？

孙杨母亲：是的，但是……

在证人回答"是的，我解释一下，在当晚12点10分左右，我打电话给了游泳队的领队陈浩，让陈浩跟主检官通话"时，律师马上打断证人说"我的问题是……"证人还试图解释说"我还没说完，我想把当时的情况说一下……"律师马上说："你没有直接回答我的问题。我的问题是让你澄清，兴奋剂主检官在最开始的时候允许孙杨独自一个人去卫生间？"看似律师成功阻止了证人的解释，但是，这里律师仍然出现了两个错误：一是证人实际上已经回答了律师的问题说"是的"，只不过要进一步解释，而律师却说"你没有直接回答我的问题"，显然与事实不符；二是在证人已经回答了问题并试图解释时，律师不应当用"我的问题是……"来打断证人，最好的方法是接着问下一个问题，达到阻止证人解释的目的。当然，在律师重复上一个问题时，证人完全可以不用再一次直接回答"是的"，而应当说"这个问题我已经回答过了"。其实，证人不应该再试图进行解

释，对需要解释的地方应当在直接询问中阐述。

律师在证人试图回避问题并试图做一进一步的解释时说"你的律师会给你机会，现在你直接回答我的问题就可以"，表明律师已经控制住了询问过程，这时律师应当重复上一个问题，而不是提出一个新问题。因此，律师应当说"你的律师会给你机会，现在你直接回答我的问题就可以。我的问题是'后来主检官又改变主意不让孙杨独自一个人去卫生间是吗？'"然后再接着问下一个问题。这样就可以使整个交叉询问能更加顺利地进行下去。

（3）在证人还没有回答问题时，律师不应该马上问下一个问题。例如：

律师：你在之前的证词中提到主检官要把血样带走，是吗？

孙杨母亲：他要把检查的外包装（瓶子）带走。

律师：你在陈述中说的是血样，对吗？

孙杨母亲：不是，他说要带走，但是巴震告诉他不行啊。

律师：巴震对这个主检官的要求表示强烈反对，是吗？

孙杨母亲：是的。

在这个询问中，在证人还没有回答问题时，律师就问下一个问题了。律师的提问是"你在之前的证词中提到主检官要把血样带走，是吗？"证人采取了间接的模糊回答说："他要把检查的外包装（瓶子）带走"。接下来律师的提问是"你在陈述中说的是血样，对吗？"这时证人回答："不是，他说要带走，但是巴震告诉他不行啊"。证人成功地回避了律师的上一个提问。实际上，律师应当追问："检查的外包装（瓶子）装的是血样，对吗？"而不是问："你在陈述中说的是血样，对吗？"又如：

律师：你的儿子把兴奋剂检查单撕碎了，是吗？

孙杨母亲：我认为检查官完全歪曲事实，那个检查单就放在孙杨面前，孙杨检查完拿走，我认为是很正常的。

律师：孙杨在现场撕碎检查单的这个事实，当时在场的所有人都承认，并且未提出异议，对吗？

孙杨母亲：不是的，因为检查单就在孙杨面前，所以我觉得很正常。跟主检官说孙杨去抢检查单完全不是一个意思，跟事实完全不符。

律师问证人其儿子是否把兴奋剂检查单撕碎了，证人回避了提问，而律师没有追问就问下一个问题了。律师应当继续问："那到底你的儿子，也就是孙杨有没有把兴奋剂检查单撕碎了？"直到得到该问题的答案为止。

（4）提问要针对事实问题，而不是法律问题。证人作证是证明案件事实，而不是论证法律问题。因而交叉询问提问也只能针对事实问题，而不是法律问题。本案律师却没有遵循这一原则。例如：

律师：如果把血样毁坏的话就会违规，是吗？

孙杨母亲：我不认为违规，是主检官让我们分离，而且他们本身就不具备资质，他出示的证件完全不具备资质。

律师的提问涉及"血样毁坏是否违规"，这是一个法律问题。法律问题涉及主观判断，而且对于法律问题，不同的人有不同理解。所以证人回答"我不认为违规"。律师的提问没有到达目的。又如：

律师：你知道血检单位有规定可以不需要出示护士的原件吗？你是否认为只要没有出示原件就是违法行为？

裴洋：我只是认为可能造成违法，要根据具体情况而定，中国的刑事法律非常复杂。

律师问"你是否认为只要没有出示原件就是违法行为？"这也是一个法律问题。那么，证人的回答也只能是其主观意见，而这是交叉询问应尽量避免的。

（5）不问不应该问的问题。很多没有经验的律师在交叉询问中经常会问一些不该问的问题，有些问题甚至对委托人不利。问了不应该问的问题，就是错误提问。例如：

律师：那你现在知道，孙杨已经在兴奋剂检查单上签字这个事实了，是吗？

韩照歧：你现在告诉我了。

律师显然不该问这个问题，因为证人"现在才知道孙杨已经在兴奋剂检查单上签字"与律师的询问目的不一致，会削弱交叉询问的效果。

（6）不问不知道答案的问题，除非该问题无关紧要。交叉询问有一条黄金准则，即不问不知道答案的问题。本案律师没有很好地注意这一点。例如：

律师：那你之前一直不清楚？

韩照歧：有没有签相应的文件我不清楚。但我知道孙杨被一个没有资质的人抽了血，它不能够作为兴奋剂检测的血样。

律师：我没有时间，孙杨的律师会给你时间。在你陪同时期，有多少次是由IDTM检查的？

巴震：这我不知道，我记不得。

律师：是不是有别的兴奋剂检查的时候，也是由IDTM检查的？

巴震：不清楚。

对于证人是否知道孙杨签署文件，律师并不知道。那么，这个问题一旦证人作出否定的回答，提问就失去了意义。

（7）避免提问术语的模糊和歧义。询问证人要用通俗的语言和准确的术语，目的在于让证人准确回答问题。所以，提问时应避免使用模糊或有歧义的术语。例如：

律师：你是否清楚 WADA 会给每一个检查官颁发个人独立的证件？

韩照歧：是的。

律师：但这不是国际标准的要求，国际标准未要求必须给每位检查官颁发证件。

韩照歧：国际标准是要求检查官要接受培训和授权，否则不能开展。

这里律师提问使用的"证件"一词不精确。证件有很多种，那到底是什么证件？有经验的证人这时就会反问律师，从而导致交叉询问失控。

（8）避免律师自行作证或发表辩论意见。交叉询问中，律师只能提问，不能自行作证或发表辩论意见。例如：

律师：你是否清楚 WADA 会给每一个检查官颁发个人独立的证件？

韩照歧：是的。

律师：但这不是国际标准的要求，国际标准未要求必须给每位检查官颁发证件。

韩照歧：国际标准是要求检查官要接受培训和授权，否则不能开展。

律师：国际检查和调查标准并没有要求给陪同员发资格证，你知道吗？

韩照歧：那我们怎么确认他们的资格？

律师在证人回答了问题之后说"但这不是国际标准的要求，国际标准未要求必须给每位检查官颁发证件"。律师这是在自己作证和发表辩论意见，而不是提问。这是违反询问规则的。对此，律师应当以问题的方式提出。

（9）有逻辑地组织提问，直到得到想要的答案为止。很多律师把证人回答"我不清楚"或"我不记得了"当作问题的答案。实际上这时证人还没有回答律师的提问。律师应当继续追问，直到得到想要的答案为止。例如：

律师：你对兴奋剂检查单熟悉吗？

陈浩：熟悉。

律师：兴奋剂检查单上有无说明拒绝检查的后果？

陈浩：我不清楚。

这里证人用"我不清楚"回避了律师的提问。律师应当继续问一些铺垫性的问题，然后慢慢回到主题，直到得到想要的答案为止。

综上，交叉询问被誉为法庭发现真相的最伟大的引擎，具有一整套的规则体系。在法庭上对证人进行交叉询问也是技术活，提问者需要在实务中不断磨炼。随着庭审中心主义司法改革的不断推进，交叉询问会离我们越来越近。

第五章 证据分析与组织的限制

第一节 非法证据排除规则限制

一、非法证据排除的基本理论

（一）非法证据排除的历史

何谓"非法"，按《牛津法律大辞典》解释，非法是"指与法律相抵触、没有确切含义和后果的笼统概念。它可能指确实违反法律或是指被禁止的、应受惩罚的或犯罪的行为，或者也可能仅仅指违反法律义务，或与公众政策相悖且无法强制执行的行为"[1]。

何为"非法证据"（illegally obtained evidence），在内涵界定上存在两种说法：广义说认为，非法证据是指不符合法律规定的证据内容、证据形式、收集或提供证据的人员及程序、方法的证据材料。[2] 狭义说认为，非法证据是办案人员违反法律规定的权限、程序或用其他不正当的方法获取的证据。[3]

在 20 世纪之前，非法获得的证据在诉讼中并不会被法官排除。1914 年，美国联邦最高法院在威克斯诉合众国一案中裁定[4]，违反宪法第四条修正案的规定，非法搜查和扣押获得的证据不得在联邦法庭上使用。此案标志着非法证据排

---

[1] 戴维·M. 沃克. 牛津法律大辞典. 李双元，等译. 北京：法律出版社，2003：545.
[2] 李学宽. 论刑事诉讼中的非法证据. 政法论坛，1995（2）.
[3] 张桂勇. 论对非法证据的排除. 中国人民大学学报，1996（5）.
[4] Weeks v. United States, 232 U. S. 383 (1914).

除规则的正式确立。此后，非法证据排除规则相继被世界各国所采用。

英国规定非法证据排除规则的法律主要是 1984 年《警察与刑事证据法》，规定对非法自白证据原则上持强制排除态度，即在法定情形下，非法取得的言词证据应无条件予以排除。德国主要是通过《刑事诉讼法典》的规定来确定非法证据是否予以采用，而且把非法证据的排除，区分为违反收集证据的禁止性规定和使用证据的禁止性规定这两种情形来处理。德国《刑事诉讼法典》第 136a 条规定："禁止使用虐待、疲劳战术、伤害身体、服用药物、折磨、欺诈或者催眠等方法讯问被指控人，也不能使用有损于被指控人记忆力、理解力的措施讯问，即使被指控人同意这样做，所得到的陈述也不能作为证据使用。"在日本，非法证据排除规则是通过判例所形成的规则，而不是通过法律条文规定的规则，一般认为 1978 年大阪冰毒案确立了非法证据排除规则。后来日本宪法第 38 条规定："以强制，拷问或胁迫取得的自白，或者经过不适当的长期拘留或拘禁后的自白，不得作为证据。"

（二）排除非法证据的正当理由

非法证据的排除，是证据排除规则中最为重要的部分。非法证据排除规则，也是证据规则中争议最多的问题。非法证据排除的正当理由有以下几种：

（1）维护司法纯洁（judicial integrity），彰显程序正义。警察通过非法手段获得证据，在本质上是一种违法行为，若法院在审判中使用侦查机关非法取得的证据，不仅是默认并且助长了警察违法侦查和违法收集证据的行为，甚至是间接鼓励这种非法行为。审查警察行为的合法性，对非法取证行为实施程序性制裁可以维护司法的纯洁。同时，正当程序原则要求整个刑事诉讼程序必须遵守法律所明确规定的法律规范，不能为了达到追求发现真相的目的而牺牲对程序的尊重。违法取证就谈不上正义。

（2）保障基本人权。采用非法方式获得证据会侵犯相对人的人权。犯罪嫌疑人或被告人同样具有基本人权。其基本权利同样受到程序的保障。很多国家把刑事诉讼的人权保障提高到宪法的高度。联合国《禁止酷刑和其他残忍、不人道或有辱人格的待遇或处罚公约》第 15 条要求，每一缔约国应确保在任何程序中，不得授权已经确定系以酷刑取得的口供为证据，但这类口供可用作被控施酷刑者刑讯逼供的证据。因此，侦查行为必须尊重公民的基本人权，不得以侵犯公民的人身、财产、隐私等基本权利的方式取得证据。

（3）吓阻警察不法。警察向来以破案为首要目标，为防止警方不择手段取得证据，法律上可以采取多种手段来吓阻。但司法实践表明，从程序上排除非法证据的使用，最能发挥功效。非法证据可以被采纳，是警察甘愿冒险进行违法取证的最大诱因。如果警察通过违法搜查、扣押获得的证据若最终被法院排除，警察违法取证就没有任何意义。这种吓阻效力使执法人员在将来进行取证之前，必须谨慎规范其行为，"被迫"在工作领域中发展更多的专业侦查技能。

（三）非法证据排除的原则和证明责任

非法证据的排除，分为强制排除主义和裁量排除主义。强制排除主义是指一有证据违法取得的情形，证据即应排除，法院并无裁量的余地，如对一些严重违反法定程序获得的口供必须排除。裁量排除主义是指法院拥有是否排除的裁量权。这两种排除原则往往针对不同的证据形式或者违法的不同程度。如对于非法搜查、扣押等得到的实物证据，法官如果认为证据的不利作用超过了其提供证明的价值，那么，法官享有不采纳此种证据的自由裁量权。对于非法言词证据、非法实物证据以及根据非法证据获得的证据（"毒树之果"）采取何种态度，反映了不同国家刑事司法政策在打击犯罪、保障人权以及维护社会价值方面的利益权衡。

对于非法证据排除中的证明责任，世界各国普遍将证据是否非法的证明责任施加于控诉一方。这主要是出于要证明证据收集的合法性，由控诉方来承担证明责任更为合理。

（四）非法证据排除的例外

（1）善意例外。善意例外规则是在 1984 年利昂案（United States v. Leon）确立的一项判例，是指警察善意相信他们的行为符合现行法，且这种信赖是有合理根据时取得的证据，不适用非法证据排除规则。[①] 其基本模型为"行为人无过错＋实物证据"，因此，善意例外规则只针对实物证据而不延及言词证据。善意例外规则源于三个基本理念：一是证据排除针对的是非法的警察行为，而不是其他人员（比如法官、立法者）的行为；二是证据排除的目的不是恢复被侵犯的美国宪法第四修正案之权利，而是遏制该行为的再次发生；三是权利遭受侵犯并不

[①] 贺红强. 诉讼角色视域下的美国非法证据排除规则"善意例外". 中国刑事法杂志，2013（6）.

会必然导致适用证据排除规则，排除证据只是最后救济，而并不是最先选择。"善意例外"规则的意义在于可以将非法取证中执法人员的责任与司法工作人员以及立法者的责任加以区分，不仅有利于非法证据排除规则的实施，对执法人员而言也是公平的，避免了让善意的执法人员承担法官和立法者的错误。[①]

（2）弹劾例外。这是指非法证据可以被用来质疑被告人的可信度，包括三种情形：一是利用非法方式搜查所取得的证据在法庭上反驳被告人，二是利用被排除的被告人之前的口供来反对被告人，三是利用违反被告人得到律师帮助权利而被排除的口供来反对被告人。被排除的被告人口供之所以可以用来质疑被告人，是因为"任何一个刑事被告人有权不作不利于己的证言，或拒绝作这样的证言。但是，这种特权不能够用来作伪证。在自愿作证的情况下，该人就有义务讲真话"[②]。

（3）个人搜查例外。政府机构以外的个人搜查的证据不适用非法证据排除规则，美国最高法院认为，宪法第四修正案目的是限制政府权力而不是个人权利，非法证据排除规则是为了阻止警察的违法行为而不是个人行为，因此，在没有政府参与的情况下，不需要受非法证据排除规则约束，况且个人的行为如果是违法的，完全可以通过侵权诉讼方式得以解决。但个人搜查证据不受非法证据排除规则约束，而是以政府不使用个人搜查所取得的证据为前提。[③]

（4）被告首先引用的例外。这是指如果被告在庭审中首先使用了非法证据，则为非法证据的使用打开了方便之门，该证据不再受非法证据排除规则的约束。被告主动援引非法证据，证明该证据对于被告有利，非法证据排除规则的目的在于阻止警察滥用权力对公民权利造成侵犯，在非法证据对于被告有利的情况下，适用非法证据排除规则反而会损害被告人的利益，因此，不适用非法证据排除规则。

（5）公共安全例外。公共安全例外规则是 1984 年在夸尔斯案（New York v. Quarles）确立的一项判例，是指出于公共安全的考虑，违反米兰达规则所获取的证据可以不适用非法证据排除规则。在公共安全的利益明显大于个人权利保障时，优先保障公共安全利益显然更为合理。

（6）毒树之果的例外。1）污染中断。这是指由于犯罪嫌疑人或被告人的原

[①] 刘泊宁. 论"善意例外"规则. 法学杂志，2013（7）.
[②] 杨宇冠. 非法证据排除规则的例外. 比较法研究，2003（3）.
[③] 杨宇冠. 非法证据排除规则的例外. 比较法研究，2003（3）.

因而切断了原来的非法行为与后来取得的证据之间的联系，违法性被中断，之后所取得的证据不再受之前非法证据的影响。2）独立来源。这是指新的证据是从另一个独立的来源所获得的，而不是依靠非法取得的证据为线索得到的。3）稀释规则。这是指虽然禁止直接使用非法证据，但对于间接使用则可以容忍，在这种情况下，毒树之果的毒素已经大为减弱从而可以使用。4）必然发现。这是指即便没有非法取证行为，也一定会发现该证据。虽然有毒树存在，但后来结出来的果实可能是无毒之果，因为这个果实不是毒树所产生的，而是其他树的果实，因此，不适用排除规则。[①]

二、我国非法证据排除的司法实践

（一）我国非法证据排除的立法背景与进程

1996 年的《刑事诉讼法》第 43 条只是禁止以非法的方法收集证据，但是，1998 年的最高人民法院《关于执行中华人民共和国刑事诉讼法若干问题的解释》第 61 条首次明确："凡经查证确实属于采用刑讯逼供或者威胁、引诱、欺骗等非法的方法取得的证人证言、被害人陈述、被告人供述，不能作为定案的根据。"随着 2008 年非法证据排除被纳入中央司法体制和机制改革议题，最高人民法院受委托起草文件，加上 2010 年赵作海案的推动，最高人民法院、最高人民检察院、公安部、国家安全部、司法部正式出台了《关于办理刑事案件排除非法证据若干问题的规定》，标志着非法证据排除制度初步确立。2012 年《刑事诉讼法》修改，正式确立非法证据排除制度。2017 年 4 月 18 日，中央全面深化改革领导小组第 34 次会议审议通过了《关于办理刑事案件严格排除非法证据若干问题的规定》，标志着我国非法证据排除的制度体系正式确立。2017 年年底，最高人民法院印发了《人民法院办理刑事案件排除非法证据规程（试行）》，对非法证据排除的具体程序进行了规定，使非法证据的排除在司法实践中更加具有可操作性。时至今日，除了我国《刑事诉讼法》及配套司法解释和 2017 年最高人民法院、最高人民检察院、公安部、国家安全部、司法部的《关于办理刑事案件严格排除非法证据若干问题的规定》，我国关于非法证据排除规则的相关规定还包括《全

[①] 杨宇冠. 非法证据排除规则研究. 北京：中国政法大学，2002.

面推进以审判中心诉讼制度改革实施意见》《人民法院办理刑事案件排除非法证据规程》《关于建立健全防范刑事冤假错案工作机制的意见》等。这些规定共同构成了中国的非法证据排除制度体系。

(二) 我国非法证据的范围

相比于英美法国家，我国非法证据的范围要窄得多。2012年《刑事诉讼法》第54条第1款规定："采用刑讯逼供等非法方法收集的犯罪嫌疑人、被告人供述和采用暴力、威胁等非法方法收集的证人证言、被害人陈述，应当予以排除。收集物证、书证不符合法定程序，可能严重影响司法公正的，应当予以补正或者作出合理解释；不能补正或者作出合理解释的，对该证据应当予以排除。"从该条的规定可以看出，我国的非法证据排除主要包括犯罪嫌疑人、被告人供述，证人证言，被害人陈述，物证，书证等五类证据。另外，结合我国《刑事诉讼法》第59条关于"人民检察院应当对证据收集的合法性加以证明"的规定，现行的非法证据排除范围只涉及作为控诉方的检察机关提供的证据，不包括犯罪嫌疑人、被告人及其辩护人提供的证据。有种观点认为，2010年《关于办理刑事案件排除非法证据若干问题的规定》第13条规定："庭审中，检察人员、被告人及其辩护人提出未到庭证人的书面证言、未到庭被害人的书面陈述是非法取得的，举证方应当对其取证的合法性予以证明。"那么，基于此，非法证据的排除的范围也应当包括"辩方的证据"。本书认为该条并非完整意义上的非法证据排除规定，因为该条只是要求对证据的合法性进行证明，如果证据的合法性得不到证明，是否应当排除，该条并没有规定。所以，仅凭该条规定就认为非法证据的范围也应当包括"辩方的证据"显然是错误的。

(三) 非法言词证据的认定

按照法律规定，我国目前的非法言词证据是指"采用刑讯逼供等非法方法收集的犯罪嫌疑人、被告人供述和采用暴力、威胁等非法方法收集的证人证言、被害人陈述"。有关司法解释进一步规定，使用肉刑或者变相肉刑，或者采用其他使被告人在肉体上或者精神上遭受剧烈疼痛或者痛苦的方法，迫使被告人违背意愿供述的，应当认定为此处的"等非法方法"。

(1) 采用肉刑或者变相肉刑等刑讯逼供方法收集的犯罪嫌疑人、被告人供述。依据最高人民法院对《刑事诉讼法》的司法解释，刑讯逼供主要是指使用肉刑和变相肉刑的方法收集口供。肉刑是指采取殴打、违法使用戒具等暴力方法。变相肉刑是指诸如冻、饿、晒、烤、疲劳讯问等方法。值得注意的是，并非采用殴打、违法使用戒具等方法收集的供述都要予以排除，按照《关于办理刑事案件严格排除非法证据若干问题的规定》，只有使犯罪嫌疑人、被告人遭受难以忍受的痛苦而违背意愿作出的供述，也就是非法方法与取得供述存在因果关系的情形，该供述才予以排除。

（2）采用以暴力或者严重损害本人及其近亲属合法权益等威胁的方法，使被告人在肉体上遭受难以忍受的剧烈疼痛或者痛苦而违背意愿作出的供述。实践中主要是以较长时间冻、饿、晒、烤等手段逼取口供，严重损害被告人身体健康的方法。这里要注意两点：一是要区分一般意义上的"威胁"和排除规则意义上的"威胁"。这里的"威胁"与合法侦查策略之间存在一定的交叉。在日常生活中，只要以不利的后果作为要挟，都属于威胁。但排除规则意义上的威胁，与供述的自愿性紧密相关，主要是指对犯罪嫌疑人采用威逼胁迫的手段迫使其违背意愿作出供述。对于讯问过程中一般性的威吓、呵斥，由于程度轻微，不足以迫使犯罪嫌疑人违背意愿作出供述，虽然属于不规范的讯问方式，但并不构成排除规则意义上的威胁。二是要区分威胁与引诱、欺骗等方法。威胁、引诱、欺骗三种方法之间在违法和侵权的程度上存在一定差异。威胁方法虽未直接侵犯犯罪嫌疑人的身体或财产，但对犯罪嫌疑人的精神实施强迫，侵犯了其意志自由权，侵权程度仅次于刑讯逼供；引诱、欺骗方法并未对犯罪嫌疑人的身体或者精神实施强迫，未直接侵犯人身权和意志自由权，但可能会影响司法公正。如果侦查人员采用以非法利益进行引诱的方法或者以严重违背社会公德的方式进行欺骗的方法收集犯罪嫌疑人、被告人供述，可能严重影响司法公正的，对有关供述应当予以排除。

（3）其他使被告人在精神上遭受剧烈疼痛或者痛苦的方法获得的口供，实践中主要表现为对被告人进行精神折磨，或者给被告人服用药物。

【案例 5.1】 　　　　　　　　王某涉嫌受贿案（续）

2007 年至 2014 年，王某先后任某市市委常委、统战部部长、副市长。2013 年 12 月初，某市纪委与市人民检察院成立联合专案组，对王某在分管农林水利建设期间涉嫌受贿进行立案调查。市检察院反贪局副局长夏某作为检方代表参与联合专案组。2013 年 12 月 3 日，联合专案组对王某的妻子欧某也进行了"双规"，其间侦查人员用手机录制了其妻欧某下跪的视频。王某称 2013 年 12 月下旬，夏某拿着欧某哭着下跪的照片给王某看，要求王某进行交代和供述，否则要拘传其父、其弟。王某于 2014 年 1 月 5 日，在联合专案组调查阶段看过欧某下跪照片后，书写了自我交代材料，供述自 2007 年来通过其岳母分 15 次收受水利工程承包商 268 万元。后公诉机关以涉嫌受贿罪对王某提起公诉，其中，王某本人的供述为案件的关键证据。

辩护人向法庭申请启动非法证据调查程序，二审法院组织了两次庭前会议，对非法证据进行了调查。在非法证据调查程序中，公诉人出示了纪委的一份《关于王某在市纪委"两规"阶段交代问题的情况说明》，其中说明写道：2013 年 12 月下旬，王某主动提出要将收受的非法财物退交给组织，但担心家属不会配合，请求办案人员一定要做好其家属的思想工作。他尤其担心妻子欧某不会配合，他说欧某因为家庭条件优越，事业上又一帆风顺，加之个性比较张扬，有一种高高在上的优越心理，得罪了很多人，这次欧某因为涉案被"双规"，自己担心欧某不会配合调查，甚至会顶撞办案人员，所以，其请求办案人员多包容欧某，多给欧某从轻机会，并迫切想知道欧某的情况。办案人员告知他，欧某在"双规"前期的态度确实不好，但经过办案人员的耐心的说服教育，从 2013 年 12 月中下旬开始，她已经认识到自己的错误，转变了态度，开始主动交代问题，目前她仍在积极配合调查，她对自己的违法违纪行为感到非常后悔，甚至主动跪在办案人员面前悔罪，表示会尽快将问题交代清楚，以得到最轻的处理，能够尽早去照顾两个年幼的小孩及年老多病的父母。王某不相信办案人员说的这些情况，觉得以欧某的性格，其态度不会如此之好，所以，多次请求办案人员给其看欧某下跪的照片，以此了解欧某当时的态度和情绪，并提出如果欧某态度不好，他还可以帮忙做思想工作要求欧某积极配合组织调查。在此情况下，市纪委办案人员王某用手机从反腐倡廉教育培训中心的监控视频中拍了一张欧某下跪的照片（现该照片办案人员已经从手机中删除了，而反腐倡廉教育培训中心当时的监控视频因为储存空间较小，已被后面的视频自动覆盖而无法调取），并出示给王某看了，王某看了之后再三向办案人员表示感谢，并表示会一如既往以积极的态度配合组织的调查，希望通过自己真诚的认罪、悔罪表现得到组织的从轻处理。

上述案例中，在非法证据调查程序中，根据公诉机关提供的纪委的说明，其妻是自己下跪的，王某是自己主动要看视频的。该说明恰恰证明了其妻有哭着下跪的事实，王某也有看过其妻哭着下跪的视频。那么，侦查人员拿着其妻欧某哭着下跪的照片给王某看，就属于其他使被告人在精神上遭受剧烈疼痛或者痛苦的方法。①

(4) 采用非法拘禁等非法限制人身自由的方法收集的供述。采用非法拘禁等非法限制人身自由的方法收集的犯罪嫌疑人、被告人供述主要有以下几种情形：第一，没有办理拘留或者逮捕手续，而违法对犯罪嫌疑人、被告人采取拘留或者逮捕措施，在此期间获取的犯罪嫌疑人、被告人供述；第二，没有办理传唤手续，或者传唤超过12小时没有经过负责人批准，在此期间获取的犯罪嫌疑人、被告人供述②；第三，以连续传唤、拘传方式变相拘禁犯罪嫌疑人，违反《刑事诉讼法》第119条第3款规定，以此方式获取的犯罪嫌疑人供述。另外，对于不符合"流多结"情形的犯罪嫌疑人，适用30天的拘留期限，获取的供述也属于采用非法拘禁等非法限制人身自由的方法收集的犯罪嫌疑人、被告人供述。③

【案例5.2】　　　　林某劲涉嫌故意杀人、贩毒案（续）

林某劲于2014年8月21日18时许被公安机关抓获，口头传唤。2014年8月22日晚上12点至2014年8月23日凌晨3点，公安机关对林某劲进行了讯问，并形成了第一次讯问笔录。2014年8月23日10时，林某劲才被刑事拘留，在宣布刑事拘留前，侦查机关将林某劲传唤到案并限制人身自由40个小时。

在案例5.2中，办案单位传唤被告人到案后持续羁押时间超过法定期限的行为不符合法律规定，该供述属于非法限制人身自由取得的供述，这也属于不合法证据。被告人于2014年8月21日18时许被公安机关抓获，2014年8月23日10时才被刑事拘留。根据《刑事诉讼法》规定，传唤持续的时间不得超过12小时。

---

① 二审法院认为，王某及其辩护人提供的材料反映的只是王某、欧某在纪检机关"双规"阶段中涉及精神强制问题。而纪检机关"双规"期间参与调查所取得的王某、欧某的交代材料，不是本案的刑事诉讼证据，且这些交代材料没有随案移交法庭进行举证、质证，故不存在对诉讼证据进行非法证据排除的问题。在王某被纪检机关移送检察院立案侦查后，原纪检"双规"阶段办案人员，1人未参与对王某、欧某等人的讯问，仅参与了对相关银行凭证等书证调查取证的侦查工作；另几人作为本案的侦查人员虽然参与了对王某、欧某的讯问，但都未对王某、欧某采取过刑讯逼供等非法手段进行取证。因此，法庭确认侦查人员对王某、欧某的供述收集程序合法。而事实上，法院认定的"1人未参与对王某、欧某等人的讯问，仅参与了对相关银行凭证等书证调查取证的侦查工作"中的1人指的是反贪局副局长夏某，但是该案证据第一卷、第四卷、第五卷都表明夏某作为侦查人员参与了讯问并留有签字的笔录。

② 最高人民法院出版的《刑事审判参考》第108集中的《黄金东受贿、陈玉军行贿案》中指出：通过此种（非法传唤）非法限制人身自由的方法取得的供述、明显违反法定程序，且严重侵犯犯罪嫌疑人、被告人的人权，应当视为2012年《刑事诉讼法》第50条规定的刑讯逼供、威胁、引诱和欺骗并列的"其他非法方法"，应当予以排除。

③ 《公安机关办理刑事案件程序规定》第125条第3款规定，本条规定的"流窜作案"，是指跨市、县管辖范围连续作案，或者在居住地作案后逃跑到外市、县继续作案；"多次作案"，是指三次以上作案；"结伙作案"，是指二人以上共同作案。

案情特别重大、复杂，需要采取拘留、逮捕措施的，传唤持续的时间不得超过24小时，且不得以连续传唤的方式变相拘禁犯罪嫌疑人。在2014年8月23日10时对被告人宣布刑事拘留前，侦查机关已经将其传唤到案并限制人身自由40个小时，该做法明显违反法律对传唤期限的规定，超出法定传唤期间16个小时，对其实施的羁押属于非法限制人身自由。① 因此，在公安机关非法限制被告人人身自由期间所获取的口供属于不合法的证据。

（5）采用刑讯逼供方法使犯罪嫌疑人、被告人作出供述，之后犯罪嫌疑人、被告人受该刑讯逼供行为影响而作出的与该供述相同的重复性供述。该种情况有两种例外情形：一是（侦查阶段）主体变更的例外。侦查期间，根据控告、举报或者自己发现等途径，侦查机关确认或者不能排除以非法方法收集证据而更换侦查人员，其他侦查人员再次讯问时告知其诉讼权利和认罪的法律后果后，犯罪嫌疑人自愿供述的。二是诉讼阶段变更的例外。审查逮捕、审查起诉和审判期间，检察人员、审判人员讯问时告知其诉讼权利和认罪的法律后果后，犯罪嫌疑人、被告人自愿供述的。

【案例5.3】　　张某杰涉嫌参加黑社会性质组织罪案

2018年5月20日，公安机关对张某杰进行了抓捕，并于同年5月21日对张某杰指定监视居住，指定在新界宾馆。同年10月17日，经检察院批准张某杰被依法逮捕，羁押于看守所内。

在指定监视居住期间和批准逮捕期间，公安机关都对张某杰进行了讯问，并取得了相关的讯问笔录，作为证据提交。在审判阶段，张某杰向法院提出非法证据排除的申请，其称新界宾馆系公安机关的专门办案场所，在监视居住期间，公安机关对其进行了疲劳审讯、羞辱、打耳光，不给饭吃、不给水喝、罚站、罚跪、"背宝剑"、被办案人员吊起来打、灌盐水、辣椒水、逼迫吃屎等刑讯逼供行为，尤其是8月13日至9月9日，其曾遭受了近一个月的残酷的刑讯逼供。张某杰及其辩护律师称指定监视居住期间的供述系通过刑讯逼供的形式取得，应当予以排除。同时，在10月17日后，其被羁押在看守所内，虽然没有刑讯逼供的行为，但是，羁押期间的供述也是受前述刑讯逼供行为的影响而作出的，其中重复性供述应当予以排除。

---

① 最高人民法院在第1165号指导性案例中亦指出，办案单位以超期传唤方式非法限制被告人人身自由的，有关供述不得作为诉讼证据使用。

张某杰提交了非法证据排除申请后,法院并没有启动非法证据调查程序,但是,检察机关撤回了指定监视居住期间的供述,不再作为证据提交。刑讯逼供期间的供述被撤回后,因不存在刑讯逼供的供述,所以,羁押期间的供述构成重复性供述的主张失去了前提,检察机关将10月17日之后作出的重复性供述作为证据提交法院。

本案中关于受到刑讯逼供影响而作出的重复性供述的排除问题,主要有两个:一是检察机关是否有权撤回刑讯逼供期间取得的供述?二是即使撤回后,受到该供述影响的后续的供述是否还能够作为重复性供述予以排除?

针对第一个问题,不管是民事证据规定还是刑事证据规定,我国法律对于证据的撤回都没有完善的规定,这不得不说是证据法上的严重缺失。但是,依据现有的法律规定,在本案中相关证据在犯罪嫌疑人提出非法证据排除申请前,检察院已经移送至法院,辩护人也已经收到。根据非法证据排除的法律规定,辩护人有权申请排除刑讯逼供期间取得的供述以及受到刑讯逼供影响后续作出的重复性供述,也就意味着,被告人因刑讯逼供所做的有罪供述,除了本身要作为非法证据予以排除,它还是排除后面重复性供述的基础。如果检察机关将被告人因刑讯逼供所做的有罪供述撤回不予提交,那么,后面排除重复性供述就失去了基础。这显然是对被告不利的。所以,检察机关撤回刑讯逼供所做的有罪供述是不合适的。同时,因为在撤回前辩护人已经取得了相关的供述证据材料,即使检察机关撤回,辩护人也可以自行作为证据提交。

针对第二个问题,在检察院撤回刑讯逼供期间取得的供述后,表面看来,后续的供述因为缺乏之前的对比,外在上无法表现出"重复性"的特征。如果按照这种逻辑来看,那么重复性供述排除的规则将会成为一纸空谈。但是,从法律规定来说是不能够形成这种情况的。因为在有明显线索的情况下,法院应当启动非法证据排除的调查程序,查明刑讯逼供的事实和相关供述取得的情形,撤回的供述在调查程序中也应当作为相关材料一并受到审查。因此,检察院的撤回并不会影响事实的查明。

遗憾的是,基于种种原因,在司法实践中我们鲜少看到非法证据排除的调查程序的启动,从而使非法证据排除的制度长期留于纸面。

(6)采用暴力、威胁等非法方法收集的证人证言、被害人陈述。"暴力"是指"殴打、违法使用戒具等暴力方法或者变相肉刑的恶劣手段"。"威胁"是指"采用以严重损害本人及其近亲属合法权益等进行威胁的方法"。上述两种方法都足以使证人、被害人遭受难以忍受的痛苦而违背意愿作出证言和陈述。对于"等其他非法方法",《关于办理刑事案件严格排除非法证据若干问题的规定》未作出解释,但是特别列举了"以及非法限制人身自由的非法方法"收集的证人证言、被害人陈述,应当予以排除。

(四) 非法物证、书证的认定

根据《人民检察院刑事诉讼规则》第 70 条规定,排除非法物证、书证有三个条件:(1)收集证据的程序不符合法律的规定,即采用非法搜查、扣押等违反法定程序的方法收集物证、书证[①];(2)可能严重影响司法公正;(3)对上述两方面不能作出补正或者合理解释。同时具备这三个条件的,才能排除相关证据。

这里有一个关键问题是要正确区分非法证据和瑕疵证据。我国刑事诉讼法规定的非法证据有特定的含义,只有通过违反法定程序并且严重侵犯人权(或者严重影响司法公正)的非法方法收集的证据,才属于"非法证据";瑕疵证据虽然也涉及违反取证程序的情形,但一般是指收集证据的时间、地点、签名等技术性违法,并不侵犯被告人基本权利,例如,询问证人的地点不符合规定的,收集调取的物证、书证,在勘查笔录、提取笔录上没有侦查人员等相关人员签名的,等等,这些并非非法证据排除制度意义上的"非法证据"。

另一个关键问题是如何认定"可能严重影响司法公正"。最高人民法院《关于适用〈中华人民共和国刑事诉讼法〉的解释》第 126 条规定,认定"可能严重影响司法公正",应当综合考虑收集物证、书证违反法定程序以及所造成的后果的严重程度等情况。依据以上规定,判断"可能严重影响司法公正",应当是指不符合法定程序的收集物证、书证行为明显违法或者情节严重,如果允许办案人员以这种行为收集证据的话,可能会对司法机关办案的公正性、权威性以及司法公信力产生严重的损害。所以,对以非法方法收集的物证、书证是否排除,不仅要综合考虑案件性质及犯罪的严重程度、非法取证的严重程度、非法取证行为对社会造成的不良影响、对司法公正造成的危害程度和社会公共利益等方面的因素,还要结合案件的其他证据是否能够补正或者侦查机关能否作出合理解释等情况,最终决定是否予以排除。此外,侦查一个轻微刑事案件,是否以牺牲较大利益为代价,这也是一个不容忽视的因素。

---

① 所谓"非法搜查、扣押",主要是指未经依法批准或授权而滥用搜查、扣押措施。

另外，值得注意的是，除了我国《刑事诉讼法》第56条明确应予排除的三类言词证据和两类实物证据，对于非法收集的其他证据类型以及以引诱、欺骗等非法方法收集的犯罪嫌疑人、被告人供述，以引诱、欺骗等非法方法收集的证人证言、被害人陈述等，立法未明确要求"应当予以排除"。对此，要在实践中根据案件实际情况综合判定，不能不加考量、简单地予以排除或不排除。

(五) 非法证据排除的程序

依据我国《刑事诉讼法》的规定，非法证据排除的程序包括程序启动、初步审查、法庭调查、控方证明、法庭决定五个步骤。

1. 程序启动

2018年《刑事诉讼法》第58条规定："法庭审理过程中，审判人员认为可能存在本法第五十六条规定的以非法方法收集证据情形的，应当对证据收集的合法性进行法庭调查。当事人及其辩护人、诉讼代理人有权申请人民法院对以非法方法收集的证据依法予以排除。"可见，非法证据排除程序的启动有依职权和依申请两种模式。从司法实践来看，主要是由被告人及其辩护人申请排除非法证据。所以，我们这里主要介绍依申请启动。

(1) 申请时限。《关于办理刑事案件严格排除非法证据若干问题的规定》第23条第2款规定："被告人及其辩护人申请排除非法证据，应当在开庭审理前提出，但在庭审期间发现相关线索或者材料等情形除外。"换言之，申请在一审开庭审理前提出是原则，但不绝对。根据规定，一审开庭前未申请排除非法证据，在法庭审理过程中提出申请的，应当说明理由。在第一审程序中未申请排除非法证据，在第二审程序中提出申请的，应当说明理由。二审法院应当审查。

(2) 申请方式。被告人及其辩护人申请排除非法证据，应当向人民法院提交书面申请。被告人没有辩护人且书写确有困难的，可以口头提出申请，并记录在案，并由被告人签名或者捺指印。

(3) 申请条件。申请排除非法证据，应当提供相关线索或者材料，但不承担刑讯逼供等非法取证的举证责任。相关"线索"是指涉嫌非法取证的人员、时间、地点、方式等线索。相关"材料"是指能够反映非法取证的伤情照片、体检记录、医院病历、讯问笔录、讯问录音录像或者同监室人员的证言等材料。

2. 初步审查

当事人及其辩护人、诉讼代理人提出申请排除非法证据的，人民法院进行审查后决定是否启动证据收集合法性调查程序。经审查,对证据收集的合法性有疑问的,应当进行调查。没有疑问的可以直接驳回。我国《刑事诉讼法》设立庭前会议程序,主要处理非法证据排除的初步审查问题。在庭前会议中,人民检察院应当通过出示有关证据材料等方式,有针对性地对证据收集的合法性作出说明。人民法院可以核实情况,听取意见。人民法院召开庭前会议后,发现控辩双方的争议焦点有待进一步明确,或者出现新的争议,人民检察院需要补充收集证据的,也可以再次,甚至多次召开庭前会议。在庭前会议中,人民检察院也可以决定撤回有关证据,撤回的证据,没有新的理由,不得在庭审中出示。被告人及其辩护人可以撤回排除非法证据的申请。撤回申请后,没有新的线索或者材料,不得再次对有关证据提出排除申请。

3. 法庭调查

人民法院决定对证据收集的合法性进行法庭调查的,应当先行当庭调查,但也有例外。为防止庭审过分迟延,有下列情形之一的,可以在法庭调查结束前进行调查:(1)多名被告人及其辩护人申请排除非法证据的;(2)其他犯罪事实与被申请排除的证据没有关联的。并且要求在对证据收集合法性的法庭调查程序结束前,不得对有关证据出示、宣读。根据《人民法院办理刑事案件排除非法证据规程(试行)》,证据合法性的调查一般按照以下步骤进行:第一步,开庭前会议的案件,法庭宣布庭前会议中对证据收集合法性的审查情况,以及控辩双方的争议焦点;被告人及其辩护人在庭审中提出排除非法证据申请的,法庭应当说明启动调查程序的理由,并确定调查重点。第二步,公诉人出示证明证据收集合法性的证据材料,被告人及其辩护人可以对相关证据进行质证,经审判长准许,可以向出庭的侦查人员或者其他人员发问。第三步,控辩双方对证据收集的合法性进行质证、辩论。

4. 控方证明

在非法证据排除调查程序中,人民检察院应当对证据收集的合法性加以证明。根据《人民法院办理刑事案件排除非法证据规程(试行)》规定,公诉人可以出示证明证据收集合法性的讯问笔录、提讯登记、体检记录、采取强制措施或者侦查措施的法律文书、侦查终结前对讯问合法性的核查材料等证据材料,也可以针对被告人及其辩护人提出异议的讯问时段播放讯问录音录像,还可以提请法庭通知侦查人员或者其他人员出庭说明情况。需要注意的是,这里规定的"出示讯问笔录""播放讯问录音录像",关注的是供述的证据能力问题,因供述的合法性尚存争议,故此时不能具体宣读讯问笔录或者播放讯问录音录像的具体供述,只是基于讯问笔录、讯问录音录像显示的讯问时间、地点、提问内容等事项,审查讯问过程的合法性。在对证据收集的合法性进行调查时,不得以侦查人员签名并加盖公章的说明材料替代侦查人员出庭。侦查人员或者其他人员出庭的,应当向法庭说明证据收集过程,并就相关情况接受发问。经人民法院通知,侦查人员不出庭说明情况,不能排除以非法方法收集证据情形的,对有关证据应当予以排除。被告人及其辩护人可以对相关证据进行质证,经审判长准许,可以向出庭的侦查人员或者其他人员发问,还可以出示相关线索或者材料,并申请法庭播放特定讯问时段的讯问录音录像。

5. 法庭决定

《关于办理刑事案件严格排除非法证据若干问题的规定》第33条规定:"法庭对证据收集的合法性进行调查后,应当当庭作出是否排除有关证据的决定。必要时,可以宣布休庭,由合议庭评议或者提交审判委员会讨论,再次开庭时宣布决定。在法庭作出是否排除有关证据的决定前,不得对有关证据宣读、质证。"关于法庭作出决定的方式,鉴于我国《刑事诉讼法》未对排除非法证据申请的处理结果单独规定救济途径,因此,法庭对证据收集的合法性进行调查后,可以采用口头决定方式当庭作出处理,并将相关情况记录在案。当事人对法庭有关该问题的处理结果不服,可以在上诉程序中一并提出。

(六)排除非法证据的证明标准

《关于办理刑事案件严格排除非法证据若干问题的规定》第34条规定:"经法庭审理,确认存在本规定所规定的以非法方法收集证据情形的,对有关证据应当予以排除。法庭根据相关线索或者材料对证据收集的合法性有疑问,而人民检察院未提供证据或者提供的证据不能证明证据收集的合法性,不能排除存在本规定所规定的以非法方法收集证据情形的,对有关证据应当予以排除。对依法予以排除的证据,不得宣读、质证,不得作为判决的根据。"按照该规定,人民检察院对证据收集合法性负有举证责任。如果人民检察院对证据收集合法性的证明不能排除存在非法证据的可能,那么,人民法院应当排除该证据。可见,对证据收集合法性事实适用"证据确实、充分"证明标准。这与刑事诉讼定罪的证明标准是一致的。这有利于更好地保护犯罪嫌疑人或被告人的合法权利。当然,如果能够确认以非法方法收集证据的情形，那么就更加应该排除该证据。

同时，《关于办理刑事案件严格排除非法证据若干问题的规定》第 10 条重申了法律要求，对于可能判处无期徒刑、死刑的案件以及其他重大犯罪案件，应当对讯问过程进行录音或录像。对于应当对讯问过程录音录像的案件没有提供讯问录音录像，或者讯问录音录像存在选择性录制、剪接、删改等情形，现有证据不能排除以非法方法收集证据情形的，对有关证据也应当予以排除。对依法予以排除的证据，不得宣读、质证，不得作为判决的根据。同时，《关于办理刑事案件严格排除非法证据若干问题的规定》第 14 条第 3 款规定了重大案件人民检察院驻看守所检察人员侦查终结前对讯问合法性的核查制度，对于检察人员未按照该规定对讯问合法性进行核查，或者未对核查过程同步录音录像，或者录音录像存在选择性录制、剪接、删改等情形，现有证据不能排除以非法方法收集证据情形的，对有关证据应当予以排除，等等。

另外，《人民法院办理刑事案件排除非法证据规程（试行）》还规定了侦查机关除紧急情况外没有在规定的办案场所讯问，现有证据不能排除以非法方法收集证据的，也应当对有关证据予以排除。

第二节　传闻证据规则限制

一、传闻的定义

传闻，在日常的语义中是指"辗转流传的事情"[1] 或"风闻，谣传，道听途说"。证据法中的传闻（Hearsay），"从狭义言，系专指言词而言，即证人并非陈述自己亲身经历之事实，而仅就他人在审判外所为之陈述（原供述），代为提出以作自己之供述者而言；从广义言，则除上述言词外，书面之陈述亦包括之。"[2] 有学者认为，传闻证据是"证人在法庭上所提供的证言不是就亲身感知的事实进行陈述，而是就从他人处听来的事实进行陈述"[3]。美国证据法学者罗特斯坦因（Rothstein）认为，"传闻证据是在法庭之外作出却在法庭之内作为证据使用的口

---

[1] 《现代汉语词典》（增补本）. 北京：商务印书馆，2002：194.
[2] 刁荣华. 比较刑事证据法各论. 台北：汉林出版社，1984：218.
[3] 刘家兴. 北京大学法学百科全书（诉讼法学、司法制度卷）. 北京：北京大学出版社，2001：50.

头的或者书面的陈述，用于证明该证据本身所涉及事件的真实性。"[1] 英国证据法学家麦考密克（McCormick）也认为传闻证据是指在法院之外作出、在法院之内作为证据使用的陈述，或者是口头的，或者是书面的，用于证明该陈述本身所声明的事件的真实性。[2] 按照美国证据法学家华尔兹教授的定义，传闻证据是指"在审判或询问时作证的证人以外的人所表达或作出的，被作为证据提出以证实其所包含的事实是否真实的，一种口头或书面的意思表示或有意无意地带有某种意思表示的非语言行为"[3]。这个定义更为广泛，不仅包括口头形式和书面形式，而且涵盖了"非语言行为"，即意图表示某主张的行为（如点头、打手势），无意识的行为不在此列。

根据美国《联邦证据规则》的规定，将传闻定义为"陈述人并非在审判或听证时、作证时作出的，作为证据提供用以证明所主张事项之真实性的陈述"。传闻证据是指在审判或讯问过程中作证以外的人所表达或作出的，被作为证据提出以证实其所包括的事实是否真实的一种口头或书面的意思表示或有意无意地带有某种意思表示的非语言行为。[4] 传闻证据通常被称为"庭外陈述"，即没有经过出庭而发表意见，不管意见是由口头方式还是由书面方式表达，都可能属于传闻证据的范畴。我们通常所说的"听说"的内容就属于传闻证据。但是照片或录像被当作原始证据对待时，不属于传闻证据，因为一张杀人武器的照片与武器本身逻辑上属于一类，证据法学称之为示意证据。

一般来说，传闻证据的形成过程涉及两个主体——原陈述人和证人，涉及两个环节——原陈述人在庭外对事实的感知和陈述，以及法庭上的证人对前者陈述的转述。

【案例5.4】　　　　林某劲涉嫌故意杀人、贩毒案（续）

18年前，邵某坪与程某因经营同类生意而结怨，遂产生了要"修理"程某的想法。2000年9月中旬，邵某坪便纠集林某劲、黄某雨、张某来到S县寻找程某。期间多次寻找未果，邵某坪便决定对程某的合伙人兼姐夫，即本案被害人许某下手。同年10月2日晚，林一行四人携带作案工具由邵某坪驾车来到许某住宿的招待所，至次日凌晨将许某劫持到车内，并以扼颈及铁棍猛击的方式对许

---

[1] Paul F, Rothstein. Evidence: State and Federal Rule. West Publishing Co., 1982: 207.
[2] 樊崇义. 证据法学. 北京：法律出版社，2001: 308.
[3] 乔恩·R. 华尔兹. 刑事证据大全. 何家弘，等译. 北京：中国人民公安大学出版社，1993: 81.
[4] 乔恩·R. 华尔兹. 刑事证据大全. 何家弘，等译. 北京：中国人民公安大学出版社，1993: 81.

进行殴打，致其不动。邵某坪等四人以为许已死，将其抬入轿车行李箱中，开车欲将尸体抛至山上，并在途中买了汽油以备焚尸用。当车至S县××镇路段，因许某的手指从行李箱的缝隙中伸出，邵某坪即停车打开行李箱，有人用刀刺了许某颈部二刀，致许因颈静脉被刺破而死亡。随后邵某坪等四人将车开至Y市××镇××村××公路旁，将尸体抬进一废弃小屋内，浇上汽油，点火焚烧。

黄某雨2001年10月17日供称："他们三个下车去了，我没下车，因天下雨。我头转过去看到，邵某坪把行李箱打开，后来，我看到林某劲从车内拿一把刀到后面去了。后来他们上车来时说，他捅了许某二刀。"2002年1月21日在口供中说："他们三人下了车，林是拿刀下车的。他们一会又上了车，林某劲和我说他朝许某的脖子上捅了两刀。捅的时候，邵某坪和张某都在旁边，但没有制止。"

邵某坪2000年10月14日供称："林某劲打电话给王甲……我后来问王甲：'到底林某劲有没有做'，王甲说：'他没得救了，是他带人去把人搞掉了。'"

在案例5.4中，黄某雨在口供中称听林某劲说捅了许某二刀，属于传闻证据。同样邵某坪听王甲说他没得救了，是他带人去把人搞掉了，也是传闻证据。那么在审查判断这两份传闻证据时，就要受到传闻证据规则的限制。

二、确立传闻证据规则的正当理由

传闻证据规则（the Hearsay Rule）又称反传闻规则（the Rule Against Hearsay），是指在审判中一般不能采纳传闻证据，已经在法庭上提出的，不得交陪审团作为评议的依据。传闻证据排除规则是英美证据法的特点之一。按照这一规则，当陈述是由人们在法庭外作出时，在提出这些陈述以证明这些陈述所宣称的事项时，这些陈述不具有可采性。传闻规则的根据在于，证人证言这种证据是通过知觉、记忆、表达等一系列具有个人主观特征的过程而表现出来的，对证据内容的把握和证据价值的评价（包括证人是否真诚的判断），只有在能够直接观察证人个人特征的场合下，才可能获得最大限度的确实性。

确立传闻证据规则的主要困难有三个：第一，传闻证据存在的首要风险可能是存在陈述虚假的危险；第二，采用传闻证据剥夺了当事人的质证权或对质权；第三，采用传闻证据侵犯了事实审理者的职权。因为在证人出庭的时候，法官和陪审团可以观察证人面容、证人态度、证人表情，可以听见证人声音及语速。如果采纳传闻，证人证言所蕴含的这些丰富信息都将无从知晓。

三、传闻证据排除的例外

传闻证据只有在庭外陈述被用来判断某一事件的真实性时，才可否定其作为证据的有效性。也就是说，传闻证据规则并不是禁止将庭外的任何陈述作为证据被采纳。在某些情况下，传闻证据本身也非常可靠或有予以采纳的必要，为了更可能真实地发现案件事实，没有必要一律适用排除规则予以排除。英美法上传闻证据规则的例外应具备两个条件：一是可靠性，传闻证据能够被采纳必须具备足够的可信度，也就是说，无须依赖供述者四个证明能力（表述力、诚实度、记忆力和洞察力）的程度就可以确信证据；二是必要性，没有其他更好的证据存在的情况下，在传闻证据的价值大于使用该证据产生的损害时可以采纳传闻证据，但是如果存在其他的证据，那么就没有必要采纳传闻证据。[①] 传闻证据的例外可以分为以下几类。

（一）绝对例外

在这种情形下，证据内容已为公众所周知，不容置疑，或者证据内容的性质决定了证据本身具有极高的可信度，或证据本身属于唯一存在，没有质疑的必要，无须目击证人出庭作证。为此，美国《联邦证据规则》第803条列举了24种情形：（1）当场表达的感觉印象；（2）在极度兴奋状况下所作的陈述；（3）关于当时存在的心理状态、感情、知觉或身体状态的陈述；（4）出于医疗诊断或治疗目的的陈述；（5）被记录的回忆；（6）关于日常行为、活动的记录；（7）在第6项规定的记录中缺乏记载；（8）公共记录或者报告；（9）重要统计资料；（10）缺乏公共记录或者没有记载；（11）宗教组织的记录；（12）婚姻、洗礼和类似证明；（13）家庭记录；（14）反映财产利益的文件记录；（15）文件中反映财产利益的陈述；（16）在陈年文件中的陈述；（17）市场报告、商业出版物；（18）学术论文；（19）关于个人或家庭历史的名声；（20）关于边界和一般历史的名声；（21）性格方面的名声；（22）先前定罪的判决；（23）关于个人、家庭、或通史或边界的判断；（24）其他例外。

---

① 路易斯·卡普农. 美国传闻证据规则的理论基础. 曹慧，译. 中国刑事法杂志，2012 (12).

（二）相对例外

附条件的例外是指由于非因证人原因造成的证人客观上无法出庭，或经法庭准许证人得以豁免出庭作证义务，或者根据常理推断证据的真实性具有较高的可信度，或者同样的证言已经在之前的庭审中接受过质证，不适用传闻规则。美国《联邦证据规则》第804条（b）列举了五种在证人未出庭作证情况下不适用传闻证据的情形：（1）先前证词；（2）临终陈述；（3）对己不利的陈述；（4）关于个人或家史的陈述；（5）一项陈述尽管不属于以上四种情况，但具有相应的情况保证其真实性时，也不适用传闻证据规则。[1] 最高人民法院《关于适用〈中华人民共和国刑事诉讼法〉的解释》第253条规定了四种法院可以准许证人不出庭作证的情形：（1）在庭审期间身患严重疾病或者行动极为不便的；（2）居所远离开庭地点且交通极为不便的；（3）身处国外短期无法回国的；（4）有其他客观原因，确实无法出庭的。陈光中教授主持的《刑事证据法专家拟制稿》列举了七种情形：（1）证人已经死亡；（2）证人患严重疾病，无法出庭作证；（3）证人患精神病，无法出庭作证；（4）证人下落不明；（5）证人不在中国境内，不便出庭作证；（6）证人路途遥远，交通不便的；（7）经开庭前证据展示，检察官、辩护人和被告人均表示对证人证言笔录没有争议。[2]

（三）传闻中的传闻

传闻中的传闻是指包含在传闻证据中的传闻证据，如果每一项传闻证据都符合例外的情形，也不适用传闻证据规则。美国《联邦证据规则》第805条的规定，包含在传闻之中的传闻，如果这些结合在一起的陈述中的各个部分均符合以上规定的传闻证据规则的例外情况，则不适用传闻证据规则予以排除。[3]

四、我国传闻证据的司法实践

在传闻证据规则中，存在着一个悖论：确立传闻证据规则是为了通过排除庭

---

[1] 朱立恒. 传闻证据规则研究. 北京：中国政法大学，2006.
[2] 余茂玉，曾新华. 关于排除传闻证据的理由、范围和意义的思考. 渤海大学学报（哲学社会科学版），2008（1）.
[3] 朱立恒. 传闻证据规则研究. 北京：中国政法大学，2006.

外陈述，促进证人作证，从而达到发现事实真相的目的，但是，排除传闻证据本身已经对发现事实真相的途径进行了制约，从某种程度上来说又是设置了障碍。传闻证据规则在英美法系国家的基本趋势是已经开始逐渐放宽，法官的自由裁量权在逐步扩大。例如，英国在继 1938 年允许在民事诉讼中采纳书面证言后，又于 1968 年《民事证据法》中进一步解除限制，规定了第二手传闻的一些例外。1995 年《民事证据法》的实施，标志着传闻证据规则在民事领域的根本性变化。① 在美国，一场被称为"传闻证据规则自由化"（the liberalization of the hearsay rule）的运动悄然拉开帷幕。② 可见，在最先确立传闻证据规则的一些国家，也在不断地对该规则进行反思。

我国司法实践中证人出庭率低、书面证言大行其道，就是我国缺乏传闻证据规则最直接的表现之一。对于传闻证据，我们在质证的时候，通常是从它的可信性角度来进行的。我国《刑事诉讼法》第 61 条规定，证人证言必须在法庭上经过公诉人、被害人和被告人、辩护人双方质证并且查实以后，才能作为定案的根据。但是，第 192 条规定，公诉人、当事人或者辩护人、诉讼代理人对证人证言有异议，且该证人证言对案件定罪量刑有重大影响，人民法院认为证人有必要出庭作证的，证人应当出庭作证。单纯从这条规定来看，似乎合乎传闻证据规则之精神，但该法第 157 条又规定，公诉人、辩护人对未到庭的证人的证言笔录应当当庭宣读。尽管最高人民法院 2021 年修订的《关于适用〈中华人民共和国刑事诉讼法〉的解释》第 91 条第 3 款规定，经人民法院通知，证人没有正当理由拒绝出庭或者出庭后拒绝作证，法庭对其证言的真实性无法确认的，该证人证言不得作为定案的根据，但是在司法实践中，即使有当事人或辩护人的申请，法院一般很少通知证人到庭作证，这样就使《刑事诉讼法》第 61 条规定成了摆设。在推进审判改革的大背景下，借鉴传闻证据规则在我国具有现实的意义。首先，传闻证据规则可以规范证据的采纳标准，为证据的"准入"提供更具有操作性的规则；其次，传闻证据规则可以通过对证明力不高的证据材料的过滤，促进事实真相的查明；再次，传闻证据规则可以促进证人出庭作证，增强审判的直接言词性；最后，传闻证据规则可以增强诉讼的对抗性，使法庭上的交叉询问落到实

---

① 荆琴，邱雪梅. 英国证据法的传闻规则研究//柳经纬. 厦门大学法律评论. 厦门：厦门大学出版社，2002：192 以下.

② 较详细的阐述可参看周叔厚. 证据法论. 3 版. 台北：三民书局，1995：796-811.

处。① 所以，传闻证据规则对我国诉讼制度最大的现实意义在于，抑制书面证言的恶性膨胀，促进证人作证，实现庭审的基本功能。

第三节 品格证据规则限制

一、品格证据排除的正当理由

品格（character），也称品性，是指某人所具有的道德品质或是非感。英美法上对"品格"并没有一个明确的定义，"在证据法条文中，它至少包括三种明确的含义，第一，是指某人在其生存的社区环境中所享有的声名；第二，是指某人的为人处世的特定方式；第三，是指某人从前所发生的特定事件，如曾因犯罪行为而被判刑等。"② 根据英国1898年《刑事证据法》第1条规定，"品格"既包括声誉，也包括倾向性。③ 英国学者彼得·墨菲（Peter Murphy）认为，"品格"一词至少包含了3个方面的含义：第一方面，指个人在其生活的区域环境内所享有的声誉；第二方面，指个人以特定方式行为的倾向性；第三方面，指个人的生活历史事件，例如，曾被定过罪、有过前科，等等。④ 因此，品格是对一个人的行为、习惯等的综合评价，是在一个人的日常活动中逐渐形成的，反映了一个人从事某种特定活动或行为的倾向。《布莱克法律大辞典》中将"品格证据"定义为"有关证明个人性格特点的和在一定社区范围内公众对个人名誉、道德方面评价的证据"⑤。我国学者对于品格证据的阐释有着不同的观点，主要有四种：（1）身份说，这种观点认为英美法中的品格还具有汉语"品格"一词所不具有的"身份、特性、特征"的含义；（2）行为说，这种观点认为应当将品格证据界定为

---

① 张保生. 证据法学. 北京：中国政法大学出版社，2009：291.
② Peter Murphy. A Practical Approach to Evidence. Blackstone Press Limited, 1992：116. 有学者把第三种含义称为倾向性证据。倾向是指某人"以一种特殊方式而行为的趋向性（tendency）或趋向（inclination）"。（罗纳德·J. 艾伦，等. 证据法：文本、问题和案例. 张保生，王进喜，赵滢，译. 满运龙，校. 北京：高等教育出版社，2006：303）. 倾向证据是以一种带有趋向性或相似性的行为方式表现出来的事实。倾向证据分为两种：一是犯罪前科，即被告人以前曾经犯罪并受过刑罚处罚的事实；二是类似行为，指与本案待证事实相类似的其他案外事实。
③ 齐树洁. 英国证据法. 厦门：厦门大学出版社，2002：530.
④ 王亚红. 论我国刑事诉讼品格证据规则的建立和完善. 法制与社会，2019（2）.
⑤ 刘立霞，路海霞，伊璐. 品格证据在刑事案件中的运用. 北京：中国检察出版社，2008：9.

"类似事实"或"相似事实"证据；（3）品德说，这种观点认为品格就是一个人的社会评价；（4）倾向说，这种观点认为品格是实施或不实施某种行为的倾向。[1]

在早期的英国，品格证据的使用是不受限制的。普通法系国家长期的司法实践一直都允许被告提出证明自己品格良好的证据，以表明自己是无辜的。其理由是被告的良好品格对被告是否有罪具有预测性（表明被告不可能作出被控的与其性格不符的犯罪行为），还具有某种程度上的证明性。而且，当被告作为证人出庭时，其良好品格证据也可证明其证言的可信性。到了19世纪，英国的法官对品格证据达成了一致意见，并建立起了品格证据的排除规则，禁止使用表明行为与品格一致的品格证据，即有关某人品格或品格特征的证据，不能用以证明该人在某特定场合的行为与其品格或品格特征相一致。品格证据之所以被排除，是因为：第一，品格证据不具有关联性，或者说与案件事实的相关性较低，证明力不大。尽管品格是对一个人的综合的评价，但是不可否认个人的品格是一直处于不断变化之中的，通过一个人的品格预测其将来的行为具有很大的不确定性，不能因为一个人过去犯过罪就认为其现在也会犯罪。第二，品格证据会混淆陪审团。对于不良的品格证据，由于它可能直接给被告人造成负面的评价，容易让事实审理者先入为主地产生不公正的偏见，具有道德上的风险。证据的一个重要功能就是避免偏见，而品格证据的使用显然是与此相悖的。[2] 第三，品格证据会降低诉讼效率，品格证据大多数属于证明价值较低的间接证据，但是要获取被告人的品格证据却要花费大量的人力、物力等资源，导致诉讼拖延，使诉讼效率大为降低。[3]

我国立法中并没有规定品格证据，但是，这并不意味着品格证据不存在。在我国，关于品格证据的运用主要体现在以下几个方面：（1）定罪中的运用。例如《刑法》第201条逃税罪中的"五年内因逃避缴纳税款受过刑事处罚或被税务机关给予二次以上行政处罚的"，第264条盗窃罪中的"多次盗窃"等构成要件，都是需要通过品格证据来加以证明的。（2）量刑中的运用。量刑情节包括法定情节和酌定情节，酌定情节是刑法没有明文规定，从审判实践中总结出来的由审判机关灵活掌握的量刑情节。酌定情节包括动机、手段、犯罪对象、时间地点、损

---

[1] 刘立霞，路海霞，伊璐. 品格证据在刑事案件中的运用. 北京：中国检察出版社，2008：11.

[2] 道格拉斯·沃尔顿. 品性证据：一种设证法理论. 张中，译. 北京：中国人民大学出版社，2012：16.

[3] 刘立霞，路海霞，伊璐. 品格证据在刑事案件中的运用. 北京：中国检察出版社，2008：123.

害结果、一贯表现、犯罪后的态度等,其中的动机、一贯表现等都属于品格证据的范畴。(3)刑罚执行中的运用。在刑罚执行中犯罪人的品格证据是减刑和假释的重要依据,减刑和假释均以"认真遵守监规,接受教育改造,确有悔改表现"作为条件,而这些也都属于品格证据的范畴。

二、品格证据排除的例外

如果一律禁止品格证据,也可能会对被告人产生不利的影响,抹杀了其对于定罪提出合理怀疑的机会。因此,品格证据规则有以下几个例外。

1. 被告人首先使用

被告人使用品格证据并不被禁止,被告人首先使用品格证据包括使用良好品格证据和使用不良品格证据。从有利于被告人的角度,被告人提出良好品格证据是被允许的,美国《联邦证据规则》第402条规定,如果被告人提供了品格证据,并且被采纳,那么,公诉人就可以提供证据对其进行反驳。为保护被告人的权益,品格证据大门是由被告人把守的。如果被告人首先使用了良好品格证据,则为品格证据的使用打开了方便之门,公诉方此时可以提出不良品格证据来否定该证据的真实性。不良品格证据是被禁止使用的,但是禁止的主体是公诉方,对于被告人则没有限制,如果被告人自己主动提出了不良品格证据,可以对该证据进行交叉询问。被告人首先使用品格证据仅限于被告人自己,如果被告人选择沉默,但是被告人的辩护人使用了品格证据,此时,品格证据之门并未打开,公诉方使用品格证据仍被禁止。另外,被告人如果先行提出被害人品格证据问题,检控方可以在反驳中提供关于被害人品格或被告人品格的证据。为了支持辩护,刑事案件的被告人有时被允许提出受害人的品格证据。例如,为了支持正当防卫的辩护主张,被告人可以提出证明受害人具有暴力性格的证据,以证明受害人是首先进攻者。这时,起诉方为反驳被告人,也可提出证明被害人一贯性格平和的证据。

2. 用以证明案件争议的主要事实

案件争议事实包括构成要件的事实和非构成要件的事实。(1)构成要件的事实。如果品格被用于证明构成要件的事实,在这种情形下使用品格证据不被禁止,因为构成要件事实属于法庭必须进行认定的事实。例如,在侵犯名誉权案件中,名誉的损害与否就需要品格证据来证明。(2)非构成要件的事实。这包括用于证明犯罪的动机、意图、作案手法等事实的证据。如果被告人的品格证据能证明犯罪构成要件的事实,则品格证据可采。① 如一个臭名昭著的强盗在起诉中被指控曾使用其罪恶名声作为敲诈勒索的手段,其品格证据作为证明犯罪构成要件的事实,可以被控方提出。

3. 用于弹劾证人

一个人的品格证据,对证明该人在具体场合中的行为与其品格一致而言是相关的。品格证据也不限制对证人使用。美国《联邦证据规则》规定,任何人都可以对证人的可信度进行质疑,提出质疑的一方可以出示有关证人品格或行为的证据,也可以出示证人曾经被定罪的证据。在被告选择自己作证的情况下,公诉方也可以就被告作证出示品格证据以证明其证言不可靠,这种情形下并不需要被告首先使用品格证据。② 若被告人作污点证人,提供证言的真实性可以受到品格证据的攻击或支持,但品格只能涉及诚实与否方面。同样,当普通证人的品格涉及诚实性的时候,也可以受到名声或意见证据的支持或攻击,只是诚实品格的证据,在被攻击后才具有可采性。

4. 在量刑阶段的使用

在英美法中审判和量刑是两个截然不同的程序,在量刑程序中,品格证据不仅是被允许的,而且是必要的。这是因为:(1)在量刑阶段,被告人不再被假定为无罪,使用品格证据不会侵犯其宪法权利;(2)量刑是在审判之后,已经不存在使用品格证据将无罪的人判为有罪的危险;(3)品格证据可以使法官更好地了解被告人的本性,从而更加精准地衡量被告的有责性。③

但在刑事诉讼中,下列为证明犯罪预备的倾向证据,可以被采纳作为定案的证据:(1)证明动机、机会、意图、预备、计划、知识、身份或存在过失、或意外事件等;(2)证明被告人所实施的其他犯罪行为,与被告人的行为方式在特征上相同或者高度相似。在特定情形下,如果为了证明被告所实施的其他犯罪行为与被告的行为方式在特征上如出一辙,倾向性证据也是可以被采纳的。④

---

① 例如,美国《联邦证据规则》第 404 条规定,在杀人案中,公诉人可以提供所称被害人具有平和品格特性的证据,以反驳所称被害人是首先挑起事端者的证据。
② 易延友. 英美法上品格证据的运用规则及其基本原理. 清华法学, 2007 (2).
③ 易延友. 英美法上品格证据的运用规则及其基本原理. 清华法学, 2007 (2).
④ 张保生. 证据法学. 北京:中国政法大学出版社,2009:302.

第四节　意见证据规则限制

一、意见证据的概念

在英美国家，证人作证的一般原则是证人必须以口头方式出庭作证，而且必须陈述自己亲身经历的事实。普通证人如果不是就其所知道的事实提供证言，而是陈述意见、推论或者作结论的话，就违反了意见证据规则（opinion evidence rule）。

何谓意见证据？麦克威（Mckelvey）的解释是："证人基于直接呈现于其感官上之事实，推论系争事实存在与否，法律上称之为意见，证人基于上述推论所作的陈述，称之为意见证据。"[1] 克劳斯（Cross）认为，证据法上的意见是"从观察事实所得出的推论"[2]。可见，意见证据与事实的区别，在于证人是否在事实的基础上运用了推论，是否表达了自己的主观意见。但是，不得不承认，意见和事实的区别往往不是泾渭分明的。正如塞耶所言："从某种意义上说，所有的证人证言实际上都是意见证据，是从现象和心理印象形成的结论。"[3] 例如，证人作证说，他在辨认程序中指认出的那个人与他在犯罪现场看到的那个人是同一个人，这是一个事实陈述，但这个事实陈述是包含推论的，这是证人考虑到两者身体特征的极其相似性，认为他们不可能是不同的两个人。因此，从概念上区分事实证据和意见证据并不是一件容易的事。同一个陈述，辩方律师认为是事实，而控方律师可能坚持是意见。事实上，对于任何证人陈述都苛刻地以意见证据规则加以限制的话，询问就会纠缠于无谓的争议之中，审判也不可能顺利进行。在实践中，法院总是采用常识判断的方法，排除那些明显是意见的证据，至于一般的与事实无异的意见，则并不严格排除。

---

[1] John Jay Mckelvey. Handbook of the Law of Evidence, Sec 172. 刁荣华. 比较刑事证据法各论. 台北：汉林出版社，1984：259.

[2] Cross on Evidence. 7th edition. Colin Tapper ed.. London：Butterworths，1990：489.

[3] Thayer. A Preliminary Treatise on Evidence at the Common Law, 1898：524. Andrews & Hirst. Criminal Evidence. 2nd edition. London：Sweet & Maxwell，1992：631.

二、排除意见证据的正当理由

本书认为，意见证据即非出于直接观察而得出的对事实的推测、评价和结论。关于排除意见证据可采性的理由，主要在于以下两个方面[1]：

第一，证人的意见证据不具有相关性。例如，在某珠宝店发生了一起抢劫案，附近一条街上的一位证人听到了击碎玻璃的声音，稍后他还看到某人从珠宝店所在的街道跑到这条街上来，某人背着一大包珠宝，手上正流着血。从这里我们显然可以推出这个人就是抢劫犯，通常证人也会说"我看到了那个抢劫犯"。但是，当证人这样说的时候，他并非在陈述自己所见的事实，因为他并没有看到抢劫。"抢劫犯"只是他自己的一个推论，其证言中具有相关性的部分只有他所看到和听到的那些情形。

第二，如果采纳意见证据，将会侵犯陪审团的职能。在英美法系国家，陪审团审判具有悠久的历史，在法庭审理中，陪审团决定事实问题，法官决定法律问题。由于陪审团成员都是一些不具有法律知识的公民，为了防止他们被不当事实所混淆，在普通法上形成了一些确保真实发现的证据规则。意见证据规则旨在排除证人的意见左右陪审团的裁判。证人只能陈述事实，而不能代陪审团作出结论。在上例中，证人不能说他看到了"抢劫犯"，因为得出这个推论是陪审团的事。再如，过失驾驶案件的目击证人可以陈述他所看到的情形，但不能就被告人是否过失驾驶得出结论。这曾是确立意见证据规则的首要理由。但是，时至今日，随着陪审团制度的式微，许多案件都不再由陪审团审理，采纳意见与其说是侵犯了陪审团的职能，不如说是侵犯了事实裁判者（往往是法官）的职权。此外，还有学者提出了排除意见证据的两个"次要理由"（subsidiary reason）：仅仅陈述意见的证人不能被指控为犯有伪证罪，并且采纳这种证据可能存在间接规避其他排除规则的危险。[2] 前一条理由较为古老，现在的判例认为如果证人主观上是有意提供错误的证言，就可以被指控为伪证罪，所以该条理由已经不太充分；至于第二条理由，如果采纳意见证据，是否存在违背相关性等规则？由于证人证言必须在法庭上受到交叉询问，如果证人的意见不具有相关性，是很容易被

---

[1] Richard May. Criminal Evidence. 2nd edition. London：Sweet & Maxwell，1990：133 - 134.
[2] Cross on Evidence. 7th edition. Colin Tapper ed.. London：Butterworths，1990：504.

排除在外的。

传闻证据规则与意见证据规则可谓出自同源——证人必须陈述亲身感知的事实，两者的区别在于前者排除的是庭外陈述，是排除证明手段，后者排除的是非事实陈述，是排除证据内容。但是，两者也不是截然可分的，有的时候甚至混合出现。例如，乙是丙和丁汽车相撞事件的目击者，证人甲在法庭上转述了乙所见的事实，并指出该事件是由于丁的驾驶过失造成的。甲的证言显然违背了传闻证据规则，因为目睹事实发生的乙没能出庭作证；这同时违反了意见证据规则，因为甲对事实发表了推论性的意见。在英国著名的莱特案（Wright v. Doe d. Tatham）中[1]，法院认为这些信件不能被采纳作为证据，因为它不仅违背了传闻证据规则（写信者不能被交叉询问），而且有违意见证据规则（写信者也是根据以往的观察所得出的推论而已）。

需要说明的是，在英美证据法上，证人分为普通证人（lay witness）和专家证人（expert witness）。意见证据规则主要适用于普通证人，而专家证人则是意见证据规则的例外。在大陆法系，证人即指普通证人，专家证人被称为鉴定人，我国也是如此。

三、普通证人意见的排除

普通证人是相对于专家证人而言的，也即我们常说的目击证人。一般来说，普通证人的意见是不可采的，但是在有些情形下，一律排除普通证人的意见既不妥当，也不现实。所以英美法上，排除普通证人意见也是存在例外的。美国《联邦证据规则》第701条对一般证人的意见证词的规定是："如果证人不属于专家，则他以意见或推理形式作出证词仅限于以下情况：（a）合理建立在证人的感觉之上；和（b）对清楚理解该证人的证词或确定争议中的事实有益。"对具体的例外情形，学者的意见很不相同，各州的判例也不尽一致。根据我国台湾地区学者的归纳，主要有如下几项：（1）同时察觉的事实；（2）接续察觉的事实；（3）总括式陈述；（4）印象之陈述；（5）视同专家的意见陈述；（6）品格的意见陈述。[2] 英国证据法学者理查德·梅则列举了以下两种可采的意见：（1）印象和叙述的事

---

[1] (1838) 4 Bing NC 489.
[2] 刁荣华. 比较刑事证据法各论. 台北：汉林出版社，1984：262 - 263.

实；(2) 证人自身的状况、笔迹、身份。①

总的说来，普通证人可以陈述意见的条件为：第一，证人个人认知的事实不能用其他方式表达。第二，证人虽然不能详细叙述事实，但对这些事实已经形成了一个总体印象。第三，最重要的是，仅仅陈述事实细节尚不能准确地传达证人所具有的总体印象。下面，我们仅对主要的例外情形概括地进行一些解释。

1. 某人的感情和身体状况

普通证人可以就某人表现出来的感情状况进行作证（例如，某人显得愤怒或滑稽），但是，动机、意图或信念不能成为意见证言的对象，因为这些涉及他人的内心状况。根据判例，已故者曾经为了特定目的去某条街道的证言也不能被法院接受。也就是说，可以允许证人陈述某人表现在外的激动、不安和敌意，但不能揣测他的内心。同样，关于某人显示出的力量、精力、虚弱、疾病等身体状况，证人也是可以作证的。

2. 辨认声音

如果证人先前曾与某人交谈，或在电话中听过此人说话，他就可以作证说他听得出此人的声音。在判例上，即使证人不熟悉甚至不认识说话者，也不妨碍他就曾经听到的声音和随后听到的声音进行对比、辨别。当然，笔迹的辨认也有类似的效果。

3. 运动的机动车的速度

普通证人可以证明正在运行的机动车的速度，但他必须首先显示一些观察运动物体速度的经验或者给出其他合理的理由。例如，证人对距离肇事汽车很近，对该车速度观察所得印象的意见陈述，就被法院认为是可采的。

4. 证人自身的状况

证人可以就自己的身体或心理状况作证。例如，证人可以说："我喝了七杯啤酒，但我没有醉"或者"我一直都感觉很好，后来被告人给我吃了食物，我就病了"。证人可以就自己做某事的动机作证，也可以就自己的感觉作证。例如，在一起抢劫案中，证人可能会说他把货物交给被告人是因为他害怕如果不交的话他会遭到伤害。

---

① Richard May. Criminal Evidence. 2nd edition. London：Sweet & Maxwell, 1990：135-137.

在哈代诉梅瑞尔案中①，法院对普通证人意见的可采性如此表述："非职业者的可采性意见包括基于日常生活中存在的大量的非科学问题……身份、笔迹、数量、价值、重量、长度、时间、距离、速度、大小、年龄、力量、热、冷、生病、健康等问题，以及人类各种身体和心理方面的问题，诸如倾向……兴奋、诚实、通常性格和特殊性格、心理和身体方面的其他状况……"从这些内容可以看出，在日常生活的许多领域，非专家证人都可以发表结论。这种结论是普通人在平常生活中能够得出的，也是大多数人共同的经验。

四、专家证人意见的例外

专家意见可采乃是意见证据规则的主要例外。所谓专家，根据《布莱克法律大词典》的解释，是指"经过该学科科学教育的男人（和女人），或者掌握从实践中获得的特别或专有知识的人。"这种"专家"的含义比我们平常所指的要广，不仅包括特定专业的高级研究人员，而且还包括汽车修理工、砖瓦工、木工等技术人员，甚至有某方面特殊经验的人都可能成为"专家"。但是，专家证人必须要在特殊的工作、商业、艺术、科学或其他需要的经验上，具有足够的经验。专家证人的作用在于为法庭审理提供必要信息，以弥补法官和陪审团知识之不足。因此，如果没有专家证人的帮助，陪审团也能作出推断，那么就不必要采用专家的意见。

专家证人在作证以前，由法院（或者律师）对其教育、训练或经验等作必要的询问，以确定他具有资格，这个程序叫"证人资格认定程序"（qualifying the witness）。专家的资格可以源于对某学科的研究，也可以源于其实践经验。如果某证人是专家，但在争议问题方面并不具有专长，其意见也不具有可采性。例如，心理学方面的专家不能提供有关医学方面的证言。在专家作证之前，有必要提出如下的问题②：（1）他作证的内容是否超越了普通人的知识范围？（2）有资格提供意见的专家需要具备什么条件？（3）证人具备这些条件吗？（4）他的证言有助于陪审团查明真相吗？

在允许专家证人作证时，专家意见具有可采性。但是，专家意见具有可采性

---

① Hardy v. Merrill, 56 N. H. 227, 22 Am. Rep. 441, 448-449 (1875).

② Irving J. Klein. Law of Evidence for Criminal Justice Professionals. 4th edition. Wadsworth Publishing Co., 1997：132.

并不表明陪审团必须采信,也就是说它对事实认定没有约束力,只能是"参照"而已。在英美国家,对专家证人的交叉询问也是法庭审理的一个必要程序。专家证人可能已经达到了某种知识上的高度,但这不能排除他不犯错误或者说谎。因此,法律给予对方当事人质疑的机会,以对专家证人的学识水平和意见理由进行全面的检视。专家必须证明他的结论达到了合理的确定性,他必须确信其结论不是建立在纯粹的可能性之上。在交叉询问后,法庭可以接受也可以拒绝专家意见。

美国学者曾经对专家可以发表意见的以下领域进行详细研究:汽车肇事;飞机相撞事故;弹道与指纹;血型检验;法庭科学;测谎仪;血、尿、呼吸;笔迹鉴定;测速雷达;车速记录器;声谱仪;打字比较;心理和身体状况;中子活动分析;DNA 识别;等等。[1] 对于这些领域,本章不再一一讨论,只想对我国当前讨论较为热烈的测谎问题进行一点解释。

在美国,在依赖机器和电脑绝对可靠性的现代趋势下,许多人相信对犯罪嫌疑人运用测谎仪的时代已经来临。他们认为测谎仪可以不犯错误地解决这个问题,因而不再需要法院、法官、律师、法庭职员以及陪审员了。但是,测谎专家也可能会犯错误,他们也可能成为测谎仪审判的对象;即使他们很称职,犯罪分子也可能出于某种目的指责他参与了某种罪恶的勾当。在早些时候,由于测谎并没有达到充分可靠性,仍然处于实验阶段,法院往往不采纳测谎的结论[2];在有的判例中,不论犯罪嫌疑人是自愿、出于法院指令还是被迫接受测谎,所得的结论都不具有可采性。[3] 所以,测谎结论曾经在美国各州法院都不具有可采性。在英国,由于传闻证据规则和禁止先前一致陈述规则的限制,采纳测谎证据存在很大的障碍,而且,出于对检验结果准确性的怀疑,皇家刑事程序委员会认为测谎结论"从证据的角度来说缺少确定性",反对在英国引进测谎方式。[4] 但是,现在英美国家对测谎结论的采用也开始放松限制,特别是在侦查阶段,测谎往往可以作为排除犯罪嫌疑的依据;而在法庭中也有越来越多的测谎结论被采纳为证

---

[1] Irving J. Klein. Law of Evidence for Criminal Justice Professionals. 4th edition. Wadsworth Publishing Co. , 1997:134 - 142.

[2] Walace v. Moss, 121 Ga. App. 366, 174 S. E. 2d 196 (1970); Stape v. Civil Serv. Comm'n of City of Philadelphia, 404 Pa. 354, 172 A. 2d 161 (1961).

[3] Stone v. Earp, 331 Mich. 606, 50 N. W. 2d 172 (1951).

[4] Cmnd. 8092, para. 4 - 76. Richard May. Criminal Evidence. 2nd edition. London:Sweet & Maxwell, 1990:144.

据，但其程序依然比较慎重。在美国，尽管多数法官都不再反对把测谎结论用作证据，但往往要求被告人自愿接受测谎必须有书面协议。法官在审查测谎人员资格的问题上一般持严格的态度，测谎人员应当以专家证人的身份出庭作证，对测谎的可靠性进行说明，接受相对方的质询。概言之，测谎结论并不具有当然的证明力，它与其他专家意见一样，必须在法庭上接受检验。

这里我们要区分专家意见与专家论证意见。专家论证意见是指法律专家根据案件证据，对案件的法律定性进行论证并得出法律上的结论。请看案例5.5。

【案例5.5】　　　　　　A公司涉嫌传销案

2007年6月，北京××网科技有限公司（以下简称"A公司"）依法登记成立，法定代表人为何某某。公司的"基于无线分层和信息遗传实现多维分类群的创建方法"经国家知识产权局审核并被授予发明专利。2008年8月，A公司创建云计算应用网络平台（××网）开始上线运行。

为推广自身的产品，A公司制定了一个以区域代理和分级管理云平台为核心的运营推广模式。该模式按照我国行政区划（中国、省、地、县、乡镇五级），在各行政区域内选择唯一一个法人作为服务商签约，每个行政区域建立一个网上经营云平台，该平台具有本区域产品的最高网络权限，直接售出后交给终端客户。区域服务商与终端客户另立服务协议。每一级代理商对上一级代理商负责。成为代理商必须缴纳5 000元至3万元不等的保证金，各级代理商缴纳的预存款直接汇入A公司账户内，其中省级代理商需缴纳3万元，市级代理商需缴纳1万元，县（区）及乡镇（街道）级别代理商需缴纳5 000元，大区总监不需要缴纳任何款项，只需要通过A公司考核并任命。根据A公司与各级服务商签订的合作协议约定，代理商缴纳的保证金，如果在推广阶段不违法违规，保证金就转为预存款，充当终端用户付费的资金，即A公司不直接收取终端用户的费用，而是从服务商预存账号扣除应缴纳的各类售出产品的费用，且保证金不用于购买各级任务。在合同中，并未对该保证金的退赔设置任何障碍，实际中也发生了多起解除合同、退赔保证金的事例。

同时，该模式积极鼓励各级代理商大力发展乡镇（街道）级别代理商，具体形式为：被发展的人员首先通过A公司的网站注册一个账号，再从银行汇款到A公司制定的账户，A公司审核通过后会根据申请情况为代理商开通网上办公室平台，代理商可拥有其独立的电子货币账户，该账户用于统计该代理商发展下线所销售的网站情况。同时，还为发展代理商设立了市场推广奖励制度：任何一级别代理商每发展一名乡镇（街道）级别代理商，公司奖励大区总监200元、省级代理商200元、市级代理商200元、县（区）级代理商200元、直接推荐人1 000元，手续费和税费200元，共计2 000元。同时，2010年10月1日起实施了"伯乐奖"，只针对省、市、县三级代理商。A公司规定：每推荐一名区域外的省、市、县三级中任一级别的代理商，那么该直接推荐人就能拿到被推荐代理商的区域内发展的所有下级代理商人数所销售的网站数量乘以10元的资金。

A公司规定每个"云网站"销售价格为960元，期限为1年，该网站IP地址所在区域内各级代理商均按照一定的比例获得利润，具体为：直接销售的代理商或被代理商聘请的业务员获得400元，该网站所在区域内县级代理商获利110元，市级代理商获利40元，省级代理商获利60元，大区级代理商获利40元，A公司得180元，网络制作员得60元，"伯乐奖"30元。购买该网站的人员第二年继续使用还要缴纳360元/年的服务费，A公司扣除50元后剩余的310元返利给该网站IP地址所在的行政区域的乡镇（街道）、县（区）、市、省、大区各级代理商，具体返利标准为：乡镇（街道）代理商30元、县（区）级代理商30元、市级代理商20元、省级代理商30元、大区级总监20元、A公司180元。自2011年1月22日至2011年12月21日，A公司在全国销售"云网站"2 502个。

2011年11月底，湖南衡阳警方以涉嫌传销对A公司及相关管理人员立案侦查。后湖南省祁东县人民检察院对A公司法人代表何某某及张某某等高管以涉嫌组织、领导传销活动罪提起公诉。

2012年6月6日，中国法律咨询中心受A公司委托，聘请四位法学研究专家进行论证，出具法律意见书，对A公司的商业模式是否属于传销活动发表意见。法律意见书表示："根据现有证据，无法认定A公司的营销推广活动存在'拉人头''收取入门费'和'团队计酬'传销行为，更难以认定该公司涉嫌构成组织、领导传销活动罪。因此，相关部门在证据不足的情况下，认定该公司存在传销活动或犯罪行为，将阻碍市场经济的发展，损害企业的合法利益。同样，根据现有证据来看，A公司主观上没有牟取非法利益的故意，客观上也只是将合法经营的利润在合同双方之间分配，并未扰乱市场秩序，也未侵害任何单位和个人的合法财产，因此，该公司的运营营销也未涉嫌构成其他犯罪。"

在上述案例中，中国法律咨询中心的法律专家对该案的被告人是否构成组织、领导传销活动罪进行了论证，并得出结论为本案的被告人不构成组织、领导传销活动罪。该专家论证意见最终被法院所接受。因此，公诉机关撤回了起诉。

但是，大多数的法院并不太接受专家论证意见。他们认为，专家论证意见不同于专家意见，不属于案件的证据，甚至认为专家有干预司法之嫌。本书认为，通常情况下，在一审开庭前出具专家论证意见是不太合适的，因为在这之前的案卷材料还属于秘密，出具法律专家论证意见的专家不属于诉讼参与人，不应该接触案件的证据材料。

五、我国意见证据规则的司法实践

在英美证据法上，意见证据规则是一条非常重要的排除性规则。原则上说，普通证人的意见不具有可采性，专家证人的意见则具有可采性。但是，如果对证人意见过于严格限制的话，证人可能根本无法陈述，所以，英美法上的意见证据规则在适用上都不乏诸多例外。在大陆法系，许多国家都没有限制证人意见的规则。日本刑事诉讼法则对意见证据的可采性问题进行了明确的规定。我国现行立法对证人的意见证据能否作为证言的问题并没有明确的规定，所以，我们在本节中只能就国外的证据法理论和实践提出以下一些初步的看法。

第一，对于普通证人的意见，我国应当规定有限可采的原则。正如前述，要严格区分证人陈述的意见和事实是比较困难的，对事实的陈述往往包含意见的成分，所以完全限制证人意见并不现实。而且，就证人的感知活动而言，允许证人对某些感知现象进行综合描述不仅有助于证人作证，而且有助于事实审理者的理解。但是，不对意见证据进行一定程度的限制，也可能引起争议事实的混淆。所以，全然肯定意见证据和排斥意见证据都是不妥的。本书认为，我们不妨明确规定什么样的意见证据是可采的，并在程序上限制律师要求证人以意见方式作证。具体地说，证人如果是根据自己感知的事实提供意见，而该意见与感知的事实又难以区分，只有混合起来才能发现案件事实，那么，应当承认该意见的可采性。对其他的意见则一般不采。

第二，英美国家对于专家证人意见的规定，对我国鉴定人问题也有一定的借鉴意义。我国的鉴定人是指具有某一领域的专门知识并接受委托对案件中所涉及的专门性问题进行鉴定的自然人。目前存在的主要问题是鉴定人资格、鉴定程序启动和鉴定意见的证明力问题。针对目前实践中仍然存在的鉴定混乱、互相扯皮的现象，本书认为：首先，为了规范鉴定主体的专家资格，我国有必要建立全国统一的、公开的鉴定人资格认证制度；其次，为了保障控辩双方在诉讼手段上的平等，应当破除控方垄断鉴定的做法，赋予被告人委托鉴定人的权利；再次，鉴定意见没有当然的证明力，作出该意见的专家必须接受对方的质询；最后，是否采纳则由法官决定。

第三，从程序上说，无论是普通证人还是作为专家证人的鉴定人，都必须出庭作证，接受交叉询问。普通证人的陈述是以"事实"为主，但对事实的感知不可避免会存在一定的偏差，而鉴定人是以"意见"为其作证的主要方式，需要检验鉴定过程的客观性和推理的正确性。必须明确，具有可采性的证据不一定被采信。所以，从证言的可靠性来说，两者都需要接受程序的检验，交叉询问正是这样一种查明案件事实的机制，它可以最大限度地排除普通证人证言中的主观意见，减少鉴定意见中的非理性因素，所以，我们应当促使证人和鉴定人受到交叉询问，以利于更好地发现真相。

第五节　不能用以证明过错或责任的规则限制

除了非法证据、传闻证据、意见证据、品格证据涉及排除问题，还有一类不能用以证明过错或责任的证据，也不具有可采性，包括事后补救措施证据、和解与要求和解证据、自认和撤销自认证据、支付医疗或类似费用证据。

一、事后补救措施证据

排除事后补救措施证据，是指在伤害或者损害发生后，行为人采取了如果事先采取将降低该伤害或者损害发生的可能性的措施，这些事后补救措施不得被采纳作为证明过错、产品瑕疵、产品设计瑕疵或者未尽警示义务的证据。事后补救措施证据对于证明过失或过错虽然具有相关性，但不能被采纳。

在实践中，常见的事后补救措施有：（1）向雇员发出遵守安全规定的警示；（2）改变产品的设计；（3）维修或改变财产的状况，如事故后对桥梁的维修；（4）惩戒或解雇被指控对事故负有过失责任的人，如处分或解雇交通肇事司机；（5）发出召回通知，如召回设计变更之前制造的汽车；（6）修改规则或规定，如游泳池救生员从2人值守改为3人值守；（7）张贴警示标志，如在玻璃门上张贴警示标识。事后补救措施的相关性在于，当某个伤害性的事件发生后，如果有人采取措施改变造成了伤害的条件或物体，从而使将来发生伤害事件的可能性更小，人们可能的推论是，作出这种改变的人相信该物体或条件在被改变前造成了不合理的伤害风险，某个补救措施"如果事先采取将（事实上）使得伤害或损害更不可能发生"[1]。根据这种相关性理论，当诉讼当事人采取事后补救措施时，就相当于承认有过错或过失责任。这种推论显然带有极大的错误风险，并且有可能造成不公正的偏见。排除事后补救措施证据规则认为，法官不应被这种相关性理论束缚，而应该考虑社会福利和公益事业。如果当事人提出了有关事后补救措施证据，法官应当衡量和检验由其推断过错或过失的可能性是否实质上超过了其证明价值，作出排除与否的认定。

本书认为，关于过错和责任的证明，应当通过有关的直接证据或其他间接证据加以证明。事后补救措施证据是一种间接证据，通常具有微弱的证明力，并且可能会混淆争点。当然，排除事后补救措施证据，仅仅适用于作为诉讼事项的事件发生后所采取的补救措施。在此之前发生的补救措施，不适用本规则。排除事后补救措施证据，是一项证据政策，其正当理由或理论根据在于，法律不应阻止人们从事对社会有益的行为，我们的社会不想让人们因为做好事而受到"惩罚"或损害，用一个人的善行来反对该人是不公正的。在证据法学家看来，这一排除规则"立足于鼓励人们采取——至少不阻止他们采取——不断增加安全措施的社会政策"[2]。当然，排除事后补救措施证据不是绝对的，根据"有限可采性"原则，上述证据可以为其他目的而采纳。这些目的包括：证明所有权、控制权、可行性，或是对证人的可信性进行弹劾。就这些其他目的而言，这些证据只有在其属于案件争议问题的情况下，才能被采纳。

二、和解与要求和解证据

当损害性事件发生后，争议双方可能就该事件进行协商。和解与要求和解证据的排除规则认为，在赔偿责任或者数额问题上，当事人先前为达成和解而作出妥协所涉及的对案件事实的认可，不得在其后的诉讼中被采纳作为对其不利的证

---

[1] 罗纳德·J. 艾伦，等. 证据法：文本、问题和案例. 张保生，王进喜，赵滢，译. 满运龙，校. 北京：高等教育出版社，2006：351.

[2] 罗纳德·J. 艾伦，等. 证据法：文本、问题和案例. 张保生，王进喜，赵滢，译. 满运龙，校. 北京：高等教育出版社，2006：351.

据。该排除规则有时被称为"善人"规则,因为用一个人的善良行为来反对该人是不公正的。其正当理由与事后补救措施的相似,有利于促进纠纷的非诉讼解决,有利于和谐社会的构建。例如,在交通事故发生后,首先提出和解解决的人不一定是事故的主要责任人。和解与要求和解证据虽然具有相关性,但排除这些证据符合鼓励人们采取不断增加和谐因素的社会政策。

和解与要求和解证据的相关性在于,和解与要求和解的行为有时能反映争议中不利一方试图妥协的心理。从和解提议中得出的一个貌似合理的推断是,主动要求和解者相信自己在导致针对其提起赔偿请求的事故中有过错,要求和解就是对过错或责任的默认。但是,对于就赔偿请求进行和解的愿望存在其他的可能解释,如果片面地认为试图和解者即是过错方有可能是不公正的。例如,一些坚信他们没有过错的人可能愿意支付赔偿金,是因为潜在的诉讼费用会远远超过偿付的费用。有的人可能有急事或更重要的事情要做,要求和解是为了节省时间。从证据的证明力上而言,关于过错和责任的证明,应当通过有关的直接证据或其他间接证据加以证明。和解与要求和解是一种间接证据,通常具有微弱的证明力,并且可能会混淆争点。就赔偿请求提出和解的主要动机,经常是为了避免发生诉讼费用,避免承担更多的风险。因此,通常情况下将和解提议作为对过错或责任的承认的证明力相当低。因此,为了鼓励和解,应该排除在赔偿责任或数额问题上有关和解或提议和解的证据。该规则的排除性规定,仅仅适用于在就存在争议的赔偿要求举行和解谈判期间所提出的和解提议或过错陈述,才不可采。如果不存在发生争议的赔偿请求,或在对方提出任何赔偿请求之前就提议和解或承认过错,该过错陈述将是可采的。

三、自认和撤销自认证据

自认是指民事诉讼和行政诉讼当事人在证据交换、询问、调查过程中,或者在起诉状、答辩状、陈述、代理词等书面材料中,对己方不利的事实和证据的认可。自认的一个法律后果是对当事人自认的事实免除了对方的举证责任。[①] 一方当事人对于另一方当事人主张的于己不利的事实既不承认也不否认,经审判人员

---

① 最高人民法院《关于民事诉讼证据的若干规定》第3条规定,一方当事人陈述的于己不利的事实,或者对于己不利的事实明确表示承认的,另一方当事人无须举证证明。

说明并询问后，其仍然不明确表示肯定或者否定的，视为对该事实的承认。① 但是，一方当事人对于另一方当事人主张的于己不利的事实有所限制或者附加条件予以承认的，由人民法院综合案件情况决定是否构成自认。当事人委托诉讼代理人参加诉讼的，除授权委托书明确排除的事项外，诉讼代理人的自认视为当事人的自认。但是，当事人在场对诉讼代理人的自认明确否认的，不视为自认。② 另外，对于涉及可能损害国家利益、社会公共利益的事实或证据的承认不适用自认规则。

【案例 5.6】 湖南康拜恩公司诉葛洲坝公司合同纠纷案

湖南康拜恩分布式能源科技有限公司（以下简称"康拜恩"）与葛洲坝能源重工有限公司（以下简称"葛洲坝"）合作开发湖南省长沙市高新区麓谷科技新城区域型冷热电联供及微电网项目（以下简称"长沙项目"）。但因康拜恩自身资金实力不足，双方从合作开发变为葛洲坝单独开发、康拜恩仅提供技术服务的合作模式。康拜恩提供了初步服务并起草了预可研报告，葛洲坝交由集团进行决策。因项目经济指标无法达到投资要求，葛洲坝集团未批准项目的投资建设。康拜恩就自身提供的前期服务要求葛洲坝支付费用，但因为康拜恩无法提供其提供服务的费用支出凭据，葛洲坝在支付了 10 万元后，无法进行另外的支付。双方就如何支付康拜恩的前期服务工作费用进行过多次讨论，最终的生效方案是双方商议另行以武汉的五个项目（以下简称"武汉项目"）的预可研服务来覆盖康拜恩在长沙项目中的前期服务的剩余费用，并签订了相关协议。协议签订后，康拜恩提供了部分项目的预可研报告草稿，但合同约定需要出具正式报告并取得政府批复后才能付款，康拜恩提供草稿后并未按照要求出具正式报告，也未能取得政府批复。因此，葛洲坝因康拜恩未能满足合同约定的武汉项目的费用支付条件，无法按照财务政策和合同要求进行支付。康拜恩遂在长沙起诉索要长沙项目的费用，同时在北京起诉索要武汉五个项目的费用。

在诉讼过程中，康拜恩坚称长沙项目和武汉项目相互独立，彼此并不存在替代关系。同时合同文本亦未显示两个项目之间的费用替代关系。但是，在康拜恩提交的证据中，有一封由康拜恩出具给葛洲坝的《关于长沙高新区麓谷科技新城天然气分布式能源及微电网项目合作现实情况警示函（二）》，函件第 3 条载明：

---

① 参见最高人民法院《关于民事诉讼证据的若干规定》第 4 条。
② 参见最高人民法院《关于民事诉讼证据的若干规定》第 5 条。

"你方以聘请我方为咨询设计顾问单位,给我方几个项目的前期可研的业务报酬来承担合作项目 50 万元的费用,并签订了相关协议。"

本案中,康拜恩主张长沙项目和武汉项目相互独立,彼此并不存在替代关系。但其自己提供的由其自身出具给葛洲坝的警示函中载明,"你方以聘请我方为咨询设计顾问单位,给我方几个项目的前期可研的业务报酬来承担合作项目 50 万元的费用,并签订了相关协议"。这一证据反映的事实与康拜恩主张的长沙项目和武汉项目相互独立、相互矛盾,是对自身不利事实的认可,属于自认,无须葛洲坝再提供证据来证明。

在共同诉讼中,自认的情况就略为复杂。共同诉讼分为普通共同诉讼和必要共同诉讼。在普通共同诉讼中,共同诉讼人中一人或者数人作出的自认,对作出自认的当事人发生效力。在必要共同诉讼中,共同诉讼人中一人或者数人作出自认而其他共同诉讼人予以否认的,不发生自认的效力。其他共同诉讼人既不承认也不否认,经审判人员说明并询问后仍然不明确表示意见的,视为全体共同诉讼人的自认。[①]

在某些情况下,当事人的自认也可以撤销。比如,经对方当事人同意或者自认是在受胁迫或者重大误解情况下作出的,当事人可以撤销自认,但必须在法庭辩论终结前撤销。

四、支付医疗或类似费用证据

与前述三项排除规则相同的是,有关支付或者承诺支付因伤害而引起的医药、住院或者类似费用,不得采纳作为支付者或者承诺支付者对该伤害负有责任的证据。支付医药费证据的相关性在于,从中得出的一个貌似合理的推断是,正像提出赔付一定数量金钱来和解某个赔偿请求的证据,根据这是一种默认过错行为的理论可能与证明责任具有相关性一样,支付或提出支付另一个人的医药费也可能是对过错的默认:赔偿行为引发了这样的推断,即支付者可能感到对承担该费用有法律上的责任,如果支付者有这种信念,这种推断也许是正确的。例如,如果司机撞了行人,提议支付该行人的医药费,那么,无论是该提议还是该支付行为,都不能被采纳用来证明司机的责任。该规则的正当理由同样在于,法

[①] 参见最高人民法院《关于民事诉讼证据的若干规定》第 6 条。

律不应阻止人们从事对社会有益的行为，不能因为某个人做好事而"惩罚"或损害他。这一规则经常与有关支付医药费证据的排除规则，即有时称为"善人"证据的排除规则，联系在一起。有时候为该规则提供的另一个理由是，用一个人的善良行为来反对该人是不公正的。

【案例 5.7】　　　　　　　杨某军涉嫌故意伤害案

　　陈某因赌债向徐某来借了高息赌债后无力归还，徐某来数次向陈某催债。2016 年 9 月 7 日，陈某打电话给杨某军，说徐某来又来向自己催债，说还不起钱就要开走自己的车子。杨某军遂向徐某来打电话，表示陈某欠的钱杨某军负责，本金可以还，利息就不会给了，车子也不能扣。徐某来不同意，直接前往陈某居住的小区地下车库。

　　杨某军遂电话通知张某、俞某维与何某三人前往陈某居住小区的地下车库。打完电话后，杨某军开自己的车到达地下车库门口，与其他三人汇合。汇合后杨某军告知三人陈某欠了别人钱，现在对方要带人过来扣陈某的车子，并安排三人去地下车库陈某的车子那里守着，等对方的人来，让对方给点面子，不要扣陈某的车子。三人去陈某车子附近后，杨某军继续在地下车库门口等，怕徐某来已经扣了车后从门口出去。几分钟后张某三人都没有出来，杨某军遂开车进入地下车库找他们。找到时，杨某军看见张某等人的车堵在一辆奥迪车的前后，奥迪车门打开，张某三人在驾驶室外面，张某手中拿着根棍子，徐某来坐在驾驶室，已负伤。事后查明，徐某来被张某用木棍打伤右脚，伤残鉴定结果是轻伤二级。几天后，杨某军去派出所与徐某来在派出所的主持下进行调解，赔偿了徐某来 13 万元。

　　公诉机关以故意伤害罪对本案提起公诉，认定张某构成故意伤害罪，杨某军是故意伤害罪的共犯。理由为杨某军授意张某等人堵车时，应当能够预见伤害徐某来的后果，且杨某军到场的后续行为及事后处理善后赔偿的行为从行动上对张某的行为表示了认可，应当对张某的行为承担刑事责任。

　　这是一起比较典型的使用事后赔偿来确定责任的案例。在本案中，杨某军是否能够构成故意伤害罪的共犯，是否需要对张某的故意伤害行为承担责任的关键应当在于杨某军是否具有伤害的故意。那么，事后的补救行为是否成立了对犯罪行为的认可和追究责任的依据呢？首先，成立共同犯罪要求有共同犯罪的故意，犯罪故意产生于事前或者事中，也就意味着，犯罪行为结束后，已不具备产生共同犯罪故意的客观条件。其次，事后赔偿的行为，从本质来说是为了减轻犯罪行为的危害后果、减少社会矛盾的，如果进行事后赔偿被认定为对犯罪行为的认可，那么，这和在犯罪中积极参与就不存在性质上的区别。这种结果显然是不符合常理和逻辑的。最后，从社会效益来说，在犯罪行为结束后，我们是鼓励积极补救的，如果事后赔偿会被认定为对犯罪行为的认可，会产生从立法上就阻却赔偿行为的结果，与立法的本意背道而驰。

第六章 证据分析与组织的伦理

第一节 证据伦理概述

一、法律与伦理

(一) 法律的内涵

古汉语中的"法"与"律"是两个词,"法"字最早出现在天水放马滩秦简中[1],许慎的《说文》中并没有"法"而只有"灋"字,段玉裁在《说文解字注》中称"法,今文省",现在普遍认可段玉裁的观点,认为"法"是"灋"的简写。《说文》解释:"灋,刑也。平之如水。""廌,所以触不直者,去之。""平之如水"就是对待双方像水一样平,没有偏倚,"廌"是上古神兽,能辨是非,皋陶用廌断狱,"触不直者"就是明辨善恶公正断案,因此,法就是刑,"法"的含义就是公正且无偏倚的刑罚。战国时期,商鞅在秦国变法"改法为律",因此,自秦汉之后历代统治者颁布的制定法一律称为"律"而不再称为"法",段玉裁《说文解字注》称:"律者,所以范天下之不一而归于一。"由"法"向"律"的转变实际上体现了立法理念从惩罚转向了规范。

"法""律"两字连用最早出现在《管子》:"法律政令者,吏民规矩绳墨也。"但这里的"法律"是两个词语。"法律"作为一个词语被广泛使用是在清末,最

---

[1] 李任. 从"灋"到"法"——战国至西汉中期"法"字的形体演变及其原因. 河北法学, 2010 (10).

早是日本借用了汉语"法律"来翻译西方的词汇，传入中国之后成了现代通用术语。西方国家的"法律"一词的含义与中文的并不完全相同，西方国家中的法律区分为自然法（或应然法）和人定法（或实然法），如拉丁文中的 Jus 和 Lex、德文中的 Recht 和 Gesetz、英文中的 Right 和 Law，分别表示应然法与实然法。①

（二）伦理的内涵

"伦理"一词最早出现在《礼记》："乐者，通伦理者也。"在中国古代伦理即是人伦之理，是社会的道德规范系统。②《说文》对"伦"和"理"的解释是："伦，从人，辈也，仑声，一曰道也。""理，治玉也。"段玉裁注："军发车百两为辈。引申之，同类之次曰辈。"《战国策》："郑人谓玉之未理者为璞。是理为剖析也。玉虽至坚，而治之得其理以成器不难，谓之理。"因此，伦理即是长幼、亲疏、尊卑次序规则。③

现代的"伦理"一词最早是经由日本传入中国的。日本在翻译英文"ethics"时，最初译作"名教学""彝伦学""道义学"，后来借用了汉语中的"伦理"一词译为"伦理学"④。西方的"伦理"与古汉语中的"伦理"含义并不完全相同。英文的"伦理"源于希腊语"ethos"，意思是品行、气禀以及风俗与习惯。⑤古希腊时期的伦理与道德的含义是相同的，伦理就是道德。黑格尔赋予"伦理"人类群体生活中的规范、价值观念和制度的意义，从而首次将伦理与作为以人的内心、意向和良心为出发点的行为标准的"道德"相区分。⑥黑格尔认为，伦理是"主观的善和客观的、自在自为地存在的善的统一，是以意志概念即自由为内容的"，"而道德则仅仅具有主观性的环节"⑦。但实际上在研究伦理时仍离不开对道德的探讨。伦理学以"善的行为"作为研究的对象。在伦理学中，最根本的问题是"什么是善"，而"什么是善"这一命题本身也是道德评价。围绕"什么是善"的讨论，伦理学又分成了元伦理学和规范伦理学。元伦理学认为"善就是

---

① 付子堂. 法理学初阶. 5版. 北京：法律出版社，2015：92.
② 刘正浩，胡正克. 法律伦理学. 北京：北京大学出版社，2010：81.
③ 郭哲. 法律职业伦理教程. 北京：高等教育出版社，2018：10.
④ 徐曼. 20世纪初西方伦理学在中国传播特点及影响. 历史教学（下半月刊），2011（12）.
⑤ 曾粤兴. 伦理与法治关系论. 河南省政法管理干部学院学报，2008（4）.
⑥ 郁建兴. 黑格尔伦理实体的自由概念. 社会科学战线，2000（3）.
⑦ 黑格尔. 法哲学原理. 范扬，张企泰，译. 北京：商务印书馆，1961：162-163.

善","善不可被定义"①。元伦理学不直接回答道德行为的内容是什么,而是探究道德行为为什么是善的。规范伦理学则正好相反,规范伦理学更注重应用和实践,强调善与恶、对与错、应当与不应当之间的界限与标准,以指导和约束人们的行为,使之更符合道德评价。② 可见,道德构成了伦理的内容,而伦理则是实践中的道德。

(三) 法律与伦理的联系

法律和伦理有着共同的价值基础。道德是法律与伦理共同的价值基础,伦理以道德为内容,伦理体现道德价值,违反伦理的行为也是不道德的行为;法律不直接以道德为内容,但是良好的法律应符合道德价值的要求,在大多数情况下,法律判决的结果都体现了正义原则或者实质的道德价值。③ 违背道德价值的法律是恶法,自然法学认为恶法非法。富勒将法律与道德的关系比作手段与目的的关系,"目的暂时地指向手段;手段也是对于目的的系统阐述。这一互相作用过程将一直继续直到思想家采取了目的—手段的合题,或者因为承认手段是难以获得的而放弃了目的"④。分析法学派虽然坚持道德与法律的区分,但是仍然认可恶法可以不被服从。哈特认为法律上有效力与法律被服从是两个问题,"承认某个规则有法律效力,在是否要加以遵守的问题上,并不是决定性的关键,而无论政府体系有如何崇高的威严和权威光环,它的命令最终必须接受道德检验"⑤。

(四) 法律与伦理的区别

1. 表现形式不同

法律的形式大多数是由法律明文规定的,以制定法为主,包括法典、判例、习惯法等,法治强调法律的稳定性和统一性,因此法律的变更有着严格的程序要求;伦理的表现形式较为复杂,不仅可以表现为行为准则、行业规则等具体的规范,还可以表现为习惯、风俗、礼仪等观念上的规范。与法律相比,伦理的内容

---

① G.E. 摩尔. 伦理学原理. 陈德中, 译. 北京: 商务印书馆, 2017: (7).
② 刘正浩, 胡正克. 法律伦理学. 北京: 北京大学出版社, 2010: 8.
③ 哈特. 法律的概念. 3版. 许家馨, 李冠宜, 译. 北京: 法律出版社, 2018: 270.
④ 杨长泉. 法律与道德的关系问题——以对自然法学派与分析法学派的论战的解读为视角. 凯里学院学报, 2008 (1).
⑤ 哈特. 法律的概念. 3版. 许家馨, 李冠宜, 译. 北京: 法律出版社, 2018: 276.

具有一定的不确定性，会随着环境、社会，甚至人们观念的变化而不断地变化。

2. 价值层次不同

道德伦理是一个多层次的规范体系，法律体现了最低限度的道德规范的价值，伦理体现了较高层次的道德规范的价值。耶利内克认为，法律所规定的仅仅是道德不可或缺的那部分，而超过法律的部分则是"道德奢侈品"，高层次的道德规范显然高于低层次的道德规范，但是低层次的道德规范的适用效力高于高层次的道德规范的适用效力。[1]

3. 调整范围不同

伦理与法律调整的范围并不完全重合，伦理调整范围一般要比法律调整范围更为宽广。黑格尔认为："无论法的东西和道德的东西都不能自为地实存，必须以伦理的东西为其承担者和基础，因为法欠缺主观性的环节，而道德则仅仅具有主观性的环节，所以法和道德都缺乏现实性。"[2] 伦理调整的对象既包括观念也包括行为，可以表现为对人们内心的价值观念，如忠诚、善良、纯洁、正直等，也可以表现为行为规范，如禁止利益冲突、保守秘密等；法律调整的对象是有意识支配的行为，而不是无行为载体的意识，例如，人的内心活动、邪恶的想法等，都不是法律调整的对象。[3] 但这并不意味着所有由法律调整的都可以由伦理调整，也不意味着法律调整之外都是由伦理调整，正如庞德在其所著的《法理学》中所列举的三类情形：一是为了维持一般性安全中的社会利益，防止冲突并维护法律秩序对私斗的取代，法律必须处理许多在道德上无关紧要的事情；二是法律并不赞许许多它不明确反对的事情，许多侵害都发生在法律的力量所及的范围之外，这些侵害是不易证明的，或者处罚它们的手段对于实施规则和制裁的法律机器来说太难捉摸或太难确定；三是法律不得不在双方当事人于道德上均无瑕疵的情况下处理损失归属问题。[4]

4. 权利、义务不同

同道德一样，伦理亦是一个义务体系，以义务为本位；而法律中的权利和义

---

[1] 刘华. 法律与伦理的关系新论. 政治与法律, 2002 (3).
[2] 黑格尔. 法哲学原理. 范扬, 张企泰, 译. 北京：商务印书馆, 1961：162-163.
[3] 刘华. 法律与伦理的关系新论. 政治与法律, 2002 (3).
[4] 罗斯科·庞德. 法理学：第2卷. 邓正来, 译. 北京：中国政法大学出版社, 2007：260-262.

务是对等的，是法律化、制度化、规范化的权利和义务。[1] 虽然法律和伦理中都存在义务，但两者有着明显的差异：法律义务是一种外在的义务，法律不单独评价一个人的内心想法，只有在对行为进行评价时，法律才会去评价行为背后的动机，因而法律义务的内容只包含了外在行为，动机并不必然包含在法律义务之中。而伦理义务则包含了内在义务和外在义务。康德认为"那种使得一种行为成为义务，而这种义务同时又是动机的立法便是伦理的立法"。伦理义务要求行为应符合道德的要求，而道德又要求一个人的内心动机应是善良的，所以伦理义务实际上包含了内在的动机和外在的行为两个方面。[2]

5. 实现方式不同

法律注重形式正义，法律有着严格的程序规范，当程序正义与结果正义之间存在冲突的时候，法律会选择放弃结果正义以保证程序正义，法律的这种特性使法律结果可能会与伦理要求的结果出现一定程度的不一致[3]；伦理追求实体正义，强调行为要符合道德价值，在伦理规范中没有像法律那样严格的程序规范。法律的实现以国家强制力作为保障，是外力强制；伦理的实现并不以国家强制力为保障，而是依赖行业、团体、组织以及个人的自律，虽然对个人而言伦理也可以表现为外力强制，但在本质上伦理的强制仍是一种内部强制。

二、证据伦理的概念

我们把诉讼中证据运用的伦理问题称为证据伦理（Ethics of Evidence）。关于伦理的作用，大多数关于证据伦理的文献用一种规则分析来探讨这一问题。[4] 但也有学者认为，伦理是一种原则而不是规则，即伦理是指导我们像律师一样生活的道德原则，因为我们在诉讼中必须作出的决策太具有变化性和复杂性而不能只由规则来规制。[5] 我国有学者认为：证据的伦理性，简单地说就是证据是否具有善恶、对错的问题。例如，刑事证据自身存在着善与恶、利与弊的冲突，这是

---

[1] 《法理学》编写组. 法理学. 北京：人民出版社，2010：277.

[2] 付子堂. 法理学高阶. 北京：高等教育出版社，2018：263-264.

[3] 罗斯科·庞德. 法理学：第2卷. 邓正来，译. 北京：中国政法大学出版社，2007：266.

[4] 例如，卡拉·梅西科默（Carla Messikomer）认为律师被教导明确区分"规则"和"道德"，并把伦理看成另外一种规则。Carla Messikomer. Ambivalence, Contradiction, and Ambiguity: the Everyday Ethics of Defense Litigators. 67 Fordham L. Rev., 1998：739, 744.

[5] J. Alexander Tanford. The Ethics of Evidence. 25 Am. J. Trial Advoc., 2002：489-490.

由刑事证据本身所担负的社会功能决定的。刑事证据的功能就是要证实犯罪，起到打击犯罪、惩罚犯罪人的作用，从而保障人民生命财产安全、维护社会安定。对于被害人、社会及整个国家来说，刑事证据的这一功能是一种"善"的表现，具有保障社会整体利益之"利"的作用；而刑事证据的这一功能对于被告人来说却是一种极大的"弊"，对于错误的被告人来说更是"恶"的表现。[1] 本书认为这种观点值得商榷。在诉讼活动中，证据是当事人用于证明某一主张的信息材料，这些材料可以表现为实物、语言或其他能承载信息的载体。有些证据，如证人证言或当事人陈述，可能会具有善与恶的问题，但实物证据本身不具有善恶的问题。证据的伦理性应该是在证据的运用过程中出现的一些与伦理规范相关的问题，因为伦理问题必须涉及与人的关系。一般而言，刑事证据伦理观是指立法者制定的刑事证据法中蕴含的伦理观念、伦理准则，以及刑事证据主体收集、运用证据应具备的伦理素质和应遵循的伦理准则。就刑事证据法中蕴含的伦理观念、伦理准则而言，它包括在制定的刑事证据法条文中体现出人文关怀、以人为本、平等武装、机会均等、言善行直、规则文明、程序公正等内容。就刑事证据主体收集、运用证据应具备的伦理素质和应遵循的伦理准则而论，它包括收集证据时不畏艰辛、迅速及时、不凭厌恶、全面客观、讯（询）问文明、言行适当，以及运用证据时思维严谨、利弊分明、正反兼听、综合判断、务实求真等内容。[2] 只有证据符合特定伦理价值要求，才能达到解决纠纷、惩罚犯罪、保护公民合法利益的目的。

但问题是，在诉讼中，由于一方未能建立起完备的证据可采性基础，对方从技术角度提出反对，使本身具有可采性的证据未能被采纳，是否存在伦理问题呢？回答似乎是否定的。只要这种技术上的反对具有有效的法律理由，一个律师可以通过它打乱对方的一串想法，或分散事实认定者在有害证据上的注意力。只要证据法要求以一定的形式为问题铺垫的基础，一方有权坚持遵循程序规则，即使结果是对方不得不放弃一项合法的证据，但是，为了使对方慌乱而提出无理由的反对，明显是违反伦理的。[3]

一旦伦理成为既定的社会规范，它同时必然是对人和社会发展的一种束缚和

---

[1] 王佳. 论证据的伦理性与构建和谐社会. 阜阳师范学院学报（社会科学版），2005（6）.
[2] 宋志军. 刑事证据伦理初论——以人道伦理观为视角. 法学论坛，2007（2）.
[3] J. Alexander Tanford. The Trial Process：Law, Tactics and Ethics. 3rd ed.. Lexis Nexis, 2002：189.

制约。虽然人们参与伦理观念的创造，但对于大部分人来讲，伦理规范只是其既定的生活框架，是其不得不接受和遵守的。人们的伦理观念是被动接受的结果，而非理性思考的结果。这一点与证据规则非常类似。而且职业伦理准则在很多方面影响到了法律标准。例如，通过非伦理的手段获得的证据会因排除规则的应用而被排除掉。1973 年在美国诉托马斯（US v. Thomas）一案中，法庭就是基于伦理而不是宪法上的理由排除被告人在没有律师在场时的供述来保护被告人的权利的。① 现在的问题是，法律伦理在何种程度上变成法律。换句话说，在何种程度上，法庭在颁布或执行证据规则时，应该服从同样作为证据原理基础的职业伦理准则？把伦理看成一种规则的观念通常容易在"模仿准则"不能清晰地禁止一个有问题的行为时出现。② 有时，法庭感觉到完全被准则所束缚。要回答职业伦理准则是不是法律这样的问题，有必要考虑准则和司法标准之间差异的可能解释。③ 本书认为，伦理准则与法律规则（如证据规则）确实存在很大区别，但伦理准则是一种具有规则功能的准则，因为某些违反伦理准则的行为要承担的后果与违反规则的行为要承担的后果相同。在职业规范中与证据相关的规则一般有三类。第一类由那些设定的标准完全与证据法一致的条款组成。究竟哪一方先于另一方，哪一方从另一方获得智慧，可能都很难分得清楚。第二类由相反的规则组成，即被法庭忽略的那些与证据相关的职业规则。即使第二类规则是为诉讼行为设定标准，法庭仍然把自己的观点应用于正在处理的证据问题中。第三类由法庭不直接适用但多数法庭赞同的那些强调证据规则的职业规则组成。法庭可以通过排除受污染的证据之外的手段或审查、鼓励律师遵循它们，来表明对这些规则的服从。④

这里需要注意的一个问题是，证据规则不可能规制事实认定过程中的所有行为，其必然会留下一些漏洞，由此引发一系列问题：伦理准则是否能够或者应该插手防止任何可见的滥用。假定伦理准则在规范举证行为时应该有一个独立的作用，那么在什么情形下，这种规范才能得到保证呢？存在灵活运用但又不违反证据规则的合法伦理吗？还有其他什么方式能够有效地使证据规则和伦理准则相互

---

① US v. Thomas. 474 F. 2d 110 10th Cir. 1973.

② J. Alexander Tanford. The Ethics of Evidence. 25 Am. J. Trial Advoc.，2002：491.

③ Fred C. Zacharias. Are Evidence-Related Ethics Provisions "Law"？. 76 Fordham L.，Rev.，2007：1325.

④ Fred C. Zacharias. Are Evidence-Related Ethics Provisions "Law"？. 76 Fordham L.，Rev.，2007：1317.

交融？这些关于伦理准则与证据规则之间的关系的问题，引发《福特汉姆法律评论》(Fordham Law Review)于2007年举办了"伦理与证据"学术研讨会。研讨会主要集中讨论了关于伦理准则和证据规则相互关系方面的三个重要问题：(1)伦理准则是否对证据规则的运用（和可争辩的滥用）强加了任何限制？(2)证据规则实行法律上的伦理准则吗？如果不实行，为什么？(3)证据实践中哪些具体领域最需要伦理准则的灌输？[①]

证据立法中多种价值冲突的平衡与制度建构，渗透着国家、社会和立法者对于证据伦理价值的权衡。[②]各国在刑事证据制度上的差异，除法律传统、社会制度、经济发展水平的差异之外，伦理观的不同也是很重要的因素。[③]但是，由于证据法的普遍性，仍然有一些共同遵守的证据伦理规范，其中最主要的就是证据特免权所反映的伦理问题。在证据法中，特免权是指基于特定身份或具有某种法律关系的人享有的就特定事项免于提供证据或阻止他人提供证据的权利。[④]目前国外许多国家都已建立了特免权制度。[⑤]2012年修正后的我国《刑事诉讼法》第188条规定："经人民法院通知，证人没有正当理由不出庭作证的，人民法院可以强制其到庭，但是被告人的配偶、父母、子女除外。"这在一定程度体现了配偶、父母、子女之间作证特免权的精神。

特免权制度旨在保护一些重要的社会关系和利益，如国家与被告人的关系、委托人和受托人之间的关系、亲属之间的关系。这些关系包含了人格尊严、交谈秘密、亲情和公共利益方面的伦理。这些伦理是维系社会价值的重要基础。综观目前世界各国的规定，特免权制度大致可分为刑事诉讼被告特免权、职业关系特免权、亲属特免权和公共利益特免权四大类。

刑事诉讼被告处于与公权对抗的地位，为了平衡诉讼关系，现代法治国家的

---

① Daniel J. Capra. Introduction (Symposium on Ethics and Evidence). 76 Fordham L. Rev., 2007: 1226. 类似的还有在2006年《霍夫斯特拉法律评论》(Hofstra)第34期上刊登的《法律伦理研讨会：对抗制中的律师伦理》(Legal Ethics Symposium: Lawyers' Ethics in an Adversary System). Legal Ethics Symposium: Lawyers' Ethics in an Adversary System. 34 Hofstra L. Rev., 2006: 635 - 1164.

② 关于法律与伦理规则的冲突, see Jane M. Graffeo. Ethics, Law, and Loyalty: The Attorney's Duty to Turn Over Incriminating Physical Evidence. 32 Stanford Law Review, 1980: 977. Julie Peters Zamacona. Evidence and Ethics——Letting the Client Rest in Peace: Attorney-Client Privileges Death of the Client. 21 Ualr L. Rev., 1999: 277.

③ 宋志军. 刑事证据伦理初论——以人道伦理观为视角. 法学论坛, 2007 (2).

④ 吴丹红. 特免权制度研究. 北京: 北京大学出版社, 2008: 11.

⑤ 关于美国证据法中特免权的详细论述, 参见罗纳德·J. 艾伦, 等. 证据法: 文本、问题和案例. 张保生, 王进喜, 赵滢, 译. 满运龙, 校. 北京: 高等教育出版社, 2006: 905 - 1040.

法律赋予检控方证明被告有罪的证明责任，同时也赋予被告不得自证其罪的特免权。在刑事诉讼中强调伦理价值，其意义在于平衡公权力和个人权利之间的关系，制约权力的滥用，同时也有助于从另一个侧面保证真相的准确发现。因为人皆有趋利避害之本性，让被告"自带枷锁"有悖于人性，是对个人价值的蔑视，也是不道德的。① 因此，不得自证其罪的特免权体现了对被告之个人价值的尊重，这些价值包括人的天性、自由和其他基本权利。遗憾的是 2012 年修正后的我国《刑事诉讼法》仍然没有确立这一制度。②

职业关系特免权的范围比较广泛，主要包括律师与委托人之间的、医生与病人之间的、会计师和委托人之间的及专利代理机构与委托人之间的特免权。在西方国家还包括牧师与忏悔者之间的特免权及记者之消息来源的特免权。职业关系特免权旨在尊重职业上的保密义务，因为保密义务是共同的职业伦理准则。如果没有法律上的特免权规定，委托人就不断地纠缠于不同的道德对于医生、律师、

---

① 吴丹红. 特免权制度研究. 北京：北京大学出版社，2008：96.

② 2012 年修正后的《刑事诉讼法》第 50 条中增加了"不得强迫任何人证实自己有罪"。人们均以为 2012 年修正后的《刑事诉讼法》已经确立了"不被强迫自证其罪"。这是对 2012 年修正后的《刑事诉讼法》"不得强迫任何人证实自己有罪"的误解。这种误解主要表现在两个方面。第一，人们普遍混淆了证实与证明的概念。从逻辑的角度来看，证实或证伪是证明的一种结果。证明一词在《现代汉语词典》中的解释是："用可靠的材料来表明或者断定人或事物的真实性"（现代汉语词典. 北京：商务印书馆，1996：1608，1246）。在法律语境下，《布莱克法律大词典》对证明的解释是："（1）用证据来建立或驳斥一个声称的事实；事实认定者头脑中的证据的说服性效果。（2）决定法庭判决的证据。（3）构成法律证据的被证实的文件。"（Black's Law Dictionary. 8th edition. Thomson West，2004：1251）。从诉讼法的角度界定，证明就是国家公诉机关和诉讼当事人在法庭审理中依照法律规定的程序和要求向审判机关提出证据，运用证据阐明系争事实、论证诉讼主张的活动（卞建林. 证据法学. 2 版. 北京：中国政法大学出版社，2007：212）。更一般地说，诉讼中的证明是指对自己提出的主张承担证明义务的诉讼当事人为了通过诉讼活动实现其主张而向事实认定者提出证据的活动（张保生. 证据法学. 北京：中国政法大学出版社，2009：358）。这种证明，人们有时候又称为"司法证明"。由此可见，证明是一个动态的过程，包括提出证明目的、提出证据、履行证明责任、说服论证等环节。一个证明完成后，有两种可能结果：一是证实了证明目的，即证明成功；二是没有证实证明目的，即证明失败。这两种证明结果的确定最终是由具有裁决权的第三方依据证明标准来认定。前面已经论述，不被强迫自证其罪的核心含义是不被强迫自己证明自己有罪，而不得强迫任何人证实自己有罪只规定了任何人不被强迫"证实"自己有罪（这本来就是公诉机关的责任）这样一种情形，不包括不被强迫"证明自己有罪"，更不包括不被强迫"作对自己不利的证言"。言外之意是，不强迫你证实自己有罪，但可以强迫你证明自己有罪（不到证实的程度），更可以强迫你作对自己不利的证言。这与现在的做法有何区别？由此可见，2012 年修正的《刑事诉讼法》中的"不得强迫任何人证实自己有罪"与"犯罪嫌疑人对侦查人员的提问应当如实回答"确实不矛盾。第二，2012 年修正的《刑事诉讼法》中的不得强迫任何人证实自己有罪只不过是对刑事诉讼证明责任的一种诠释，其核心内涵是"任何人不承担证明罪名成立的责任"，并不是人们所认为的"不被强迫自证其罪"。由于控方承担犯罪成立的证明责任已是刑事诉讼的一项基本原则，因此，新刑事诉讼法增加的"不得强迫任何人证实自己有罪"无非是对刑事诉讼证明责任的语义重复。可见，不得强迫任何人证实自己有罪与不得强迫自证其罪有着本质的区别。

牧师的保密要求，纠缠于执业者违反义务该承担什么责任，特定职业者也将无以把握对委托人忠诚的程度和限度。① 例如，如果患者对于自己与医生之间的保密性没有信赖的话，就不会彻底地、坦白地披露自己的健康状况和真实病情，患者也就得不到最好的诊断和治疗。② 律师与委托人之间的特免权强调的是律师忠于当事人或保守当事人机密的伦理责任，产生于两种规范：证据与伦理。③ 美国《职业伦理准则》（Canons of Professional Ethics）第 37 条要求律师为了当事人的利益保守他们之间的秘密。1983 年的《职业行为示范规则》（Model Rules of Professional Conduct）建立了现代律师与委托人之间秘密沟通的伦理标准。我国《律师法》第 38 条也体现了律师与委托人之间特免权的思想。在上面的案例中，反映的都是律师忠于当事人的义务与律师遵守法律的冲突。④

亲属特免权旨在尊重家庭伦理关系，保持家庭的稳定与和谐，也体现了对家庭成员之间的秘密交流的尊重。家庭是社会的细胞，扭曲的家庭关系将成为社会的隐患。孟德斯鸠曾经说过："妻子怎能告发她的丈夫呢？儿子怎能告发他的父亲呢？为了要对一种罪恶的行为进行报复，法律制度竟规定出一种更为罪恶的法律……为了保存风纪，反而破坏人性，而人性正是风纪的源泉"⑤。

公共利益特免权旨在保护国家和社会公共利益。涉及国家安全和国家秘密的信息，一旦泄露，就可能危及国家的安全；涉及政府决策的政治文件信息，一旦披露，就可能使公共机关不能正常运作，难以维系公众对政府行为的信任和支持。

总之，社会对整个诉讼行为所提出的伦理目标只有在合理地维护个人利益的条件下才能圆满地完成。因此，合理、正确地使用证据，能够使证据行为在国家、社会与个人利益之间找到合理的权衡标准，使各方利益达到平衡状态。随着

---

① 吴丹红. 特免权制度研究. 北京：北京大学出版社，2008：122.
② Steven L. Emanuel. Evidence. 4th Edition. Aspen Law & Business, 2001：409.
③ Julie Peters Zamacona. Evidence and Ethics——Letting the Client Rest in Peace：Attorney-Client Privileges Death of the Client. 21 Ualr L. Rev.，1999：280.
④ 从理论上来说，关于律师委托人秘密通信的规则只在法律程序中适用。例如，当律师被要求提供涉及其委托人的证据或证言时，该规则就可以适用。而秘密通信的伦理规则在所有情形下都适用，不仅适用于律师和委托人之间的秘密通信，还适用于所有的信息，不论是否是机密。因此，相比较而言，特免权证据规则的适用范围要窄，保护当事人的机密不在法庭上被律师披露，但不能限制律师在司法以外的环境中披露当事人的秘密。但是，在实际中这种区别是没有意义的；在法庭外，没有类似法庭这样的机构来保证，保守秘密的伦理将被束之高阁。Julie Peters Zamacona. Evidence and Ethics——Letting the Client Rest in Peace：Attorney-Client Privileges Death of the Client. 21 Ualr L. Rev.，1999：283.
⑤ 孟德斯鸠. 论法的精神：下册. 张雁深，译. 北京：商务印书馆，1963：176.

现代法制文明的发展，人权观念已渗透到诉讼法的各个层面，追求诉讼的文明与理性已经成为各国诉讼法追求的基本伦理价值目标。过去那种反伦理的非法取证手段、反程序的证据行为已经慢慢退化，取而代之的是文明、公正、人道的证据观。它体现着保护人权、维护司法尊严、抑制违法取证行为、维护社会整体利益、发扬光大执法道德、彰显法治理念的高尚的伦理价值观。

另外，科学证据运用时产生的伦理问题更为突出。例如，DNA 证据中的人类遗传数据涉及遗传样本或数据的采集、储存和使用，在各个环节上都存在伦理问题。若无法妥善应对这些伦理挑战，科学证据的运用不但达不到预期的效果，反而还会产生更加严重的伦理和法律问题。在使用科学证据时，我们需要谨慎遵循道德标准，因为在如通讯监听、秘密侦查、测谎、DNA 检测等现代技术侦查措施的运用过程中，更加容易产生法律与伦理的冲突。正如考迪尔（Caudill）所说的，一旦我们引入更加精致的科学和专业知识模式，伦理问题和伦理的敏感性就不知不觉地变得非常复杂了。一旦我们失去一个有效方法的力量和严格的规范，专业知识的意义和专家、律师以及法官的行为变得不只是更加肮脏，而是更加紧密相关。[①] 法庭中科学专家证言的伦理问题不仅来自竞争的职业和法律影响，而且来自意见中的适当的和不适当的差异。不适当的差异包括夸大、拒绝提供不利数据，以有利于自己的口吻描述数据以制造虚假印象或者删除合法的怀疑。适当的差异来自人们作为行为科学家自身的观点。[②]

伦理考虑与早期的规范讨论具有很多的相似性而不是巧合。在缺乏提炼或详解的情况下，伦理考虑经常不充分地指导人类活动。在特殊情形下"适当的"伦理教育可能是含糊的，可能存在大范围的鼓励不一致行为的反伦理（counter ethics）。[③] 历史上，伦理决定以两种元伦理传统（metaethical traditions）为基础。按照第一种传统，即实用主义（utilitarianism）或后果主义（consequentionalism），伦理上正确的行为是那些能够产生最令人满意结果的行为。在第二种传统中，道义学对某种行为在道德上的正确性的评价不涉及后果。[④]

[①] David Caudill. Legal Ethics and Scientific Testimony: In Defense of Manufacturing Uncertainty Deconstruction Expertise, and Other Trial Strategies. 52 Villanova L. Rev., 2007: 953.

[②] Philip J. Candilis, et al.. Forensic Ethics and the Expert Witness. Springer, 2007: 5.

[③] Gary Edmond. Supersizing Daubert Science for Litigation and Its Implication for Legal Practice and Scientific Research. 52 Villanova L. Rev., 2007: 920.

[④] Celia B. Fisher. A Relational Perspective on Ethics-in-Science Decisionmaking for Research with Vulnerable Populations. 19 IRB: Ethics and Human Research, 1997: 1.

第二节　证据伦理的内容

一、证据收集伦理

（一）依法收集证据

侦查人员、检察人员、审判人员必须依照法定程序收集各种证据。我国《刑事诉讼法》对于讯问犯罪嫌疑人、询问证人、被害人，勘验、检查，搜查，扣押物证、书证，鉴定等收集证据的方法及其程序，都作了十分明确、具体的规定。严格按照法律规定的程序合法地收集证据，不仅有利于切实保障公民的人身权利、民主权利和其他权利不受侵犯，而且有利于发现并取得能够反映案件真实情况的证据，为正确认定案情和适用法律提供可靠的依据。

依法收集证据的伦理要求体现在取证主体合法、程序合法、方法得当几个方面。主体合法要求证据的调取人除具有合法的身份之外，还需遵循其他法律规定对主体的要求。例如，在调取证人证言时，必须有两名以上司法工作人员调取；司法工作人员制作书证的副本、复制件、拍摄物的照片、录像以及有关证据录音时，制作人不得少于二人；辩护律师向被害人及其近亲属、被害人提供的证人收集与本案有关的材料，必须征得人民法院的准许；生理上、精神上有缺陷或者年幼，不能辨别是非，不能正确表达的人不能作证人等。

程序合法要求证据调取必须符合法定程序或方式。如询问证人时应当事先告知其如实作证的义务及作伪证的后果；询问证人可以到证人的所在单位、住处或者司法机关进行，不得另行指定其他地点；对人身伤害的医学鉴定有争议需要重新鉴定或者对精神病的医学鉴定，应当由省级人民政府指定的医院进行；书证的副本、复制件，视听资料的复制件，物证的照片、录像，应当附有关制作过程的文字说明及原件、原物存放处的说明，并由制作人签名或者盖章；向单位收集、调取的书面证据材料，必须由提供人签名，并加盖单位印章等。

方法得当要求调取证据应当采取正确方法，如：询问证人应当个别和口头进行。严禁对证人采用拘留、刑讯、威胁、利诱、欺骗等非法方法收集证言，也不得先由办案人员具体介绍案情，再暗示证人如何提供证言。询问时，应当全面、如实地对证言内容进行客观记录，不能加入办案人员的主观臆想和个人理解；证言中的矛盾，应当由证人自己作出解释。但在司法实践中有设置"犯罪陷阱"，引诱犯罪的特别例外情况，如在假币犯罪和毒品犯罪中，侦查人员"卧底"或利用"线人"诱惑犯罪行为人进行假币、毒品交易，当场查获而取得证据。严格地讲"引诱犯罪"而获取的犯罪证据存在伦理上的冲突，但这种侦查谋略在侦破一些重特大刑事案件方面又发挥了积极作用。所以，《刑事诉讼法》第152条规定采取技术侦查措施，必须严格按照批准的措施种类、适用对象和期限执行。侦查人员对采取技术侦查措施过程中知悉的国家秘密、商业秘密和个人隐私，应当保密；对采取技术侦查措施获取的与案件无关的材料，必须及时销毁。采取技术侦查措施获取的材料，只能用于对犯罪的侦查、起诉和审判，不得用于其他用途。公安机关依法采取技术侦查措施，有关单位和个人应当配合，并对有关情况予以保密。

（二）尊重他人权利

调查取证必须尊重他人的权利，不得采用威胁方式，不得侵犯他人隐私。这里的他人的权利，不仅包括被取证的人员的合法权利，也包含了在向特定对象取证时，涉及的案外其他人的权利。刑讯逼供是典型的侵犯他人权利的取证行为。1966年12月16日联合国通过的《公民权利和政治权利国际公约》第14条第13款把反对强迫自证其罪确定为一项刑事诉讼国际准则。反对强迫自证其罪规则与被告人、犯罪嫌疑人沉默权的行使又存在着必然的联系。保护被告人、犯罪嫌疑人的沉默权，要求公安、司法人员不得强迫被告人回答问题，自证有罪，司法机关不得因犯罪嫌疑人、被告人行使这一权利而作出对其不利的结论，还要求司法工作人员在对被告人、犯罪嫌疑人进行讯问前必须告知其有权拒绝回答任何问题。

（三）全面、客观、及时收集证据

收集证据要全面、客观、及时。所谓全面就是应当尽可能地全面调取能够证明案件真实情况的一切事实材料。证据形式不仅要穷尽《刑事诉讼法》第50条规定的八种证据形式，还要尽可能地全面调取被告人有罪、无罪、罪轻、罪重的证据材料。

所谓要客观，就是要从客观实际情况出发去收集客观存在的证据材料，要按照客观事物的本来面目去了解它，并如实地加以反映。也就是说，要从不同的角度去收集能证明所有案件事实要素的证据，既不能只收集支持某事实主张的证据而不收集能否定该事实的证据，也不能只收集证明案件主要事实的证据而不收集证明案件次要事实的证据。既不能用主观猜想去代替客观事实，也不能按主观需要去收集证据，更不能弄虚作假去伪造证据。所以，无论是刑事案件，还是民事案件、行政诉讼案件，调查人员在诉讼中，都应该采取实事求是的科学态度，客观、全面地收集一切反映案件真相的证据材料，这样才能正确认识案件事实，为正确处理案件奠定基础。

所谓及时收集证据就是指在第一时间内收集案件相关证据材料。证据的内容会随着时间的推移而发生变化。自然因素和其他客观情况的变化，会导致某些证据自然灭失或变形，有些当事人的记忆也会因为时间的推移而失真。一般来说，离案件发生的时间越近，与案件有关的痕迹、物品就越容易被发现和提取，了解案情的人也就越容易被查找，当事人或证人对案件事实的记忆也越清晰，表达也会越清楚。相反，离案发时间越久，能够证明案件真实情况的物品和痕迹就会发生变化甚至消失，当事人或者证人对案件事实的记忆也会变得越模糊。另外，犯罪分子为了掩盖罪行，可能破坏现场、毁灭罪证；各种自然因素也可能破坏甚至毁灭犯罪现场或犯罪行为造成的痕迹；保留在人们意识中的有关案件真实情况的各种印象，随着时间的推移、记忆的减弱，也可能逐渐变得淡漠或失真；等等。总之，犯罪发生之后，如果不能及时发现、提取证据，并用有效方法加以保全，则证据很可能由于各种复杂的原因而被歪曲，甚至被毁灭。所以，为了获得丰富的、真实可靠的证据，就要求我们必须主动、及时地收集证据。

（四）证据保密

对于承办案件时接触到的证据应当予以保密。对于律师来说，证据保密是一种义务，但同样也是一种权利，即律师作证特免权。特免权是指基于特定身份或具有某种法律关系的人享有的就特定事项免于提供证据或阻止他人提供证据的权利。[①] 在很多案例中，都能反映出律师忠于当事人的义务与律师遵守法律的冲突。[②] 律

[①] 吴丹红. 特免权制度研究. 北京：北京大学出版社，2008：11.

[②] 从理论上来说，关于律师委托人秘密通信的规则只在法律程序中适用。例如，当律师被要求提供涉及其委托人的证据或证言时，该规则就可以适用。而秘密通信的伦理规则在所有情形下都适用，不仅适用于律师和委托人之间的秘密通信，还适用于所有的信息，不论是否是机密。因此，相比较而言，特免权证据规则的适用范围要窄，保护当事人的机密不在法庭上被律师披露，但不能限制律师在司法以外的环境中披露当事人的秘密。但是，在实际中这种区别是没有意义的；在法庭外，没有类似法庭这样的机构来保证。保守秘密的伦理将被束之高阁。Julie Peters Zamacona. Evidence and Ethics——Letting the Client Rest in Peace：Attorney-Client Privileges Death of the Client. 21 Ualr L. Rev.，1999：283.

师与委托人之间的特免权强调的是律师忠于当事人或保守当事人机密的伦理责任，这产生于两个方面：证据与伦理。① 在证据法中，目前国外许多国家都已建立了特免权制度。② 例如，美国《职业伦理准则》（Canons of Professional Ethics）第 37 条要求律师为了当事人的利益保守他们之间的秘密；1983 年的《职业行为示范规则》（Model Rules of Professional Conduct）建立了现代律师与委托人之间秘密沟通的伦理标准。尽管我国古代就有"亲亲相隐"的思想③，但过去一段时间，"大义灭亲"一直在我国司法中占据主导地位。④ 目前的立法中仍没有完整的特免权制度。⑤ 可喜的是，我国《律师法》第 38 条也体现了律师与委托人之间特免权的思想。⑥ 2012 年修正后的《刑事诉讼法》第 46 条（2018 年修正后为第 48 条）也规定，辩护律师对在执业活动中知悉的委托人的有关情况和信息，有权予以保密。

二、证据使用伦理

在一方当事人试图运用证据证明其主张以实现其利益时，伦理问题就会变得突出。证据使用主要包括举证和质证。

---

① Julie Peters Zamacona. Evidence and Ethics——Letting the Client Rest in Peace：Attorney-Client Privileges Death of the Client. 21 Ualr L. Rev.，1999：280.

② 关于美国证据法中特免权的详细论述，参见罗纳德·J. 艾伦，等. 证据法：文本、问题和案例. 张保生，王进喜，赵滢，译. 满运龙，校. 北京：高等教育出版社，2006：905-1040.

③ 例如，孔子在《论语·子路》中就提出了"父子相隐"的思想。

④ 例如，2010 年 10 月河北省高级人民法院通过《〈人民法院量刑指导意见（试行）〉实施细则》，其中规定，为鼓励被告人亲属"大义灭亲"，被告人亲属举报被告人犯罪，提供被告人隐匿地点或带领司法工作人员抓获被告人，以及有其他协助司法机关侦破案件、抓获被告人情形的，"可以酌情减少被告人基准刑的 20% 以下"。2010 年 12 月，最高人民法院发布了《关于处理自首和立功若干具体问题的意见》。根据该意见，犯罪嫌疑人被亲友采用捆绑等手段送到司法机关，或者在不明知的情况下被亲友带领侦查人员前来抓获的，尽管不宜认定为自动投案，但是对这种"大义灭亲"的行为应予以充分肯定和积极鼓励，在量刑时一般应当考虑犯罪嫌疑人亲友的意愿，参照法律对自首的有关规定酌情从轻处罚。在司法实践中，大义灭亲也不乏其例，例如，安徽省砀山县原房产局长刘某辉被妻儿联名举报贪污嫖娼，一审获刑 19 年半。

⑤ 我国目前特免权制度设立的障碍分析，参见吴丹红. 特免权制度研究. 北京：北京大学出版社，2008：219-240.

⑥ 《律师法》第 38 条规定："律师应当保守在执业活动中知悉的国家秘密、商业秘密，不得泄露当事人的隐私。律师对在执业活动中知悉的委托人和其他人不愿泄露的有关情况和信息，应当予以保密。"

(一) 虚假证据

虚假证据又称虚假证据规则（false evidence rule）。作为诉辩者的律师在诉讼中需要遵循的一个义务是不得故意提交明知虚假的证据。根据美国律师协会《职业行为示范规则》3.3（a）的要求，如果律师、律师的委托人或者该律师所传唤的证人在提供某重要证据后，律师进而发现该证据是虚假的，则该律师应当采取合理的补救措施，包括必要情况下就此向裁判庭予以披露。除了刑事案件中被告人的证言，律师可以拒绝提交其合理认为是虚假的证据。[1] 中华全国律师协会《律师职业道德和执业纪律规范（2001 年）》第 22 条规定，律师应依法取证，不得伪造证据，不得怂恿委托人伪造证据、提供虚假证词，不得暗示、诱导、威胁他人提供虚假证据。这些条款实际上既规定了律师不得提交虚假证据的义务，也规定了律师可以拒绝提供虚假证据的权利。这实际上也为律师作为诉辩者设定了最低的伦理标准，即他所知道的所有证据不能是虚假的，包括合理地相信证据为假。根据这一伦理标准，律师如果发现证人在作证过程中有提供虚假的信息、资料或意见的行为，也应该采取合理的补救措施，包括必要情况下就此向裁判庭予以披露。因此，在司法程序中尽管不要求律师在他的执业中对所提出的证据作出保证，但是，律师必须保证不能让审判法庭被律师知道为假的证据所误导。[2]

在英美法律制度中，虚假证据问题由三个不同的问题组成。第一，律师可以故意制造虚假证据吗？第二，如果律师发现证据是虚假的，但并没有故意伪造它，律师可以提交它吗？第三，如果律师太晚发现虚假，并且陪审团已经听到了它，律师可以保持沉默并允许以该虚假证据来决定案件吗？伦理上的答案都应该是"不能"[3]。因此，在刑事诉讼中，当检察官"购买专家"时发现一个专家的结论不能被再生，他们应该注意到专家的证言可能是虚假的。此外，当专家提供的统计学资料没有科学基础或不清楚地依据可靠的技术（诸如头发或咬痕分析）时，检察官应该作为防止错误或误导证言的观察员。即使辩护方没有挑战专家证言，或者法官发现争议是可信性问题而不是可采性问题时，也是这样。[4]

---

[1] 美国律师协会. 职业行为示范规则（2004 年）. 王进喜，译. 北京：中国人民公安大学出版社，2005：68.

[2] Model Rules of Professional Conduct R. 3. 3 cmt. 2 (2006).

[3] J. Alexander Tanford. The Ethics of Evidence. 25 Am. J. Trial Advoc.，2002：510 – 511.

[4] Myrna S. Raeder. See No Evil: Wrongful Convictions and the Prosecutorial Ethics of Offering Testimony by Jailhouse Informants and Dishonest Experts. 76 Fordham L.，Rev.，2007：1420.

【案例 6.1】　资兴 T 公司与蒙自 K 公司管辖权异议之诉纠纷案

2018 年 4 月 11 日，湖南省资兴市 T 公司与云南省蒙自市 K 公司签订了"硫化铅精矿购销合同"，约定 T 公司自 2018 年 4 月 11 日至 2018 年 4 月 30 日向 K 公司提供数量 1 000 吨左右的硫化铅精矿，同时合同约定：任何与本合同有关的争议，应由双方通过友好协商方式解决，若协商后仍不能解决，则应向合同签订地人民法院提起诉讼。

由于双方相距较远，因此选择协商一致后，K 公司制作了合同样本并加盖了公章，将电子版通过微信传送给了 T 公司，T 公司收件后，将电子版合同在郴州市北湖区的办公室打印并盖章，并将该合同扫描传回给了 K 公司。

后因货款纠纷双方产生争议，T 公司在郴州市北湖区提起诉讼，并提交主张 T 公司属于后签署的一方，因此最后盖章的郴州市北湖区为合同签订地，北湖区法院具有管辖权。K 公司提起管辖异议申请，K 公司指出在 T 公司提交的"硫化铅精矿购销合同"第一页的抬头处写明：合同签订地：蒙自市，因此本案应该归属蒙自市人民法院专属管辖。北湖区法院支持了 K 公司的管辖异议申请，裁定移送蒙自市人民法院管辖。

T 公司不服北湖区法院的裁定，向郴州市中级人民法院就管辖异议提起上诉，随上诉状一起提交了一份新的"硫化铅精矿购销合同"，新合同第一页抬头处的合同签订地变为了空白。T 公司称 K 公司向其传送的合同是邀约，上面虽然有"合同签订地：蒙自市"，但 T 公司收件后并不认可，也没有去蒙自签订合同。T 公司将 K 公司传来的合同中"合同签订地：蒙自市"删除后才签字盖章并传回 K 公司。

郴州市中级人民法院遂以合同未约定签订地、一审法院认定事实与客观事实不符为由，撤销了北湖区法院的裁定。

这个案例的原告在起诉时提供了含有合同签订地为蒙自市的购销合同作为证据，但由于双方是通过微信来传递签署的合同，所以双方均没有纸质版的合同原件。但是在上诉过程中，原告擅自将电子版的合同中的合同签订地"蒙自市"三字删除后作为证据提交给上诉法院，误导上诉法官，属于提供虚假证据，违背了证据伦理。

（二）不可采证据

尽管现代证据法明确地允许基于不可采证据的专家意见证言，但提交不可采证据可能违反举证伦理。有学者认为,"律师提供他确信或可能相信是可采的证据是没有问题的。证据不可采又怎么样呢?……提供任何合理的有争议证据是符合伦理的。"[1] 但是,不管是提出"任何不被可采的证据所支持的事项"、故意提供虚假的证据,还是提出无意义的主张或争论,律师都可能违反伦理准则,但前提分别是在可采性上没有合理的信念、虚假的个人知识、主张或争论没有一点诚心诚意基础。例如,对于科学证言,除非一个律师的专家说他的证言是绝对错误,否则,在实践中很难弄清这些准则是如何被违反的。[2] 因此,萨克斯认为,合理的善意信念应该要求当事人引入的专家能够有充分根据地表明专业知识满足可采性标准。[3] 这些旨在防止律师们滥用《联邦证据规则》的伦理要求,在美国《联邦证据规则》修正案中就有所体现。例如,美国《联邦证据规则》第701条的一条修正案设计用于防止律师们通过把专家当作外行证人提交法庭来逃避对专家证言的要求;美国《联邦证据规则》第703条的修正案试图用于阻止律师们通过传唤把传闻作为其意见基础的专家来逃避传闻规则。[4] 这为律师故意向陪审团暴露不可采的证据提供了伦理上的防火墙。另外,按照美国《模范职业行为准则》,律师不应该在审判中间接地提到任何律师自己没有合理地相信是相关的事项,或者将不被可采证据所支持的事项。[5]

(三) 可疑证据(dubious evidence)

西方有学者认为,根据目前的美国宪法,很明显法庭不能解决因类似不诚实的可疑证人引起的问题。当不存在违宪的时候,通过监管力量排除通过违反纪律规则获得的证据也是不可能的。同样地,依靠纯粹的证据教条不能减缓不可靠证人的潮流。因此,即使不可能产生道德警察(ethics police),也应该是时候恢复检察官实践伦理方法的元气了。而澄清有问题的伦理实践、聚焦伦理训练、起草为处理普通的证人问题提供更具体指示的规则和标准,这明显地比只是悲哀地使

---

[1] Steven Lubert. Modern Trial Advocacy: Analysis and Practice. 3rd ed.. National Institute for Trial Advocacy, 2004: 294 - 295.

[2] David S. Caudill. Legal Ethics and Scientific Testimony: In Defense of Manufacturing Uncertainty, Deconstructing Experts, and Other Trial Strategies. 52 Villanova Law Review, 2007: 957.

[3] Michael J. Saks. Scientific Evidence and the Ethical Obligations of Attorneys. 49 Clev. St. L. Rev., 2001: 428.

[4] Daniel J. Capra. Introduction (Symposium on Ethics and Evidence). 76 Fordham L. Rev., 2007: 1225.

[5] Model Rules of Professional Conduct (2002) R. 3.4 (e).

劲绞扭自己的双手更好。① 在缺乏更广泛伦理准则的情形下，律师们被带到了一种位置，即任何可能增加他们赢得诉讼机会的行为是不被明文禁止的，是被允许的，甚至是受鼓励的。② 这势必增加错案的可能性，尤其是可疑证据导致的错案更是很常见。例如，美国布兰顿·梅菲德（Brandon Mayfield）案件的错误就在于可疑的指纹匹配。在该案中，警方过分地依赖可疑的指纹匹配的另一个动因是，旁证非常强烈的证明他和马德里爆炸事件的联系。这些证据包括梅菲德曾经：(1) 和几个被指控犯有资助塔利班罪行的人在同一个清真寺祷告。(2) 帮助组织了穆斯林学生联盟的一个分支机构，这是瓦希巴大学的一个瓦哈比组织。(3) 为杰弗里·利昂·巴特尔（Jeffrey Leon Battle）辩护（巴特尔是非洲裔美国人，改变了信仰并是预备役军人，被指控为"在预备役军中招募人员接受军事训练以对抗美国"）。③ 因此，在刑事诉讼中，检察官不仅要防止犯罪分子逃脱法律的惩罚，也要保证不让无辜的人得到追诉。但要求检察官成为其专家所说的技术上的法官和陪审团产生可靠的结论可能最终被证明是不现实的。因此，应该要求每个检察官采用书面政策（written policy）管制法庭科学或其他专家证言的引入，至少要求检察官提供具体专业知识时应接受必要的训练。也应该建立一种程序，让一个或更多个在法庭科学或社会科学证据方面有经验的检察官审查那些可靠性受到质疑的证据的引入。④

（四）误导事实认定者

在诉讼中，律师运用证据证明其委托人的主张，攻击对方的证据，在这种场景中，一个伦理问题是律师应承担不误导事实认定者的责任。尤其在对证人的交叉询问中，更加不能利用诱导性问题来误导事实审理者。交叉询问的目的是"发现真相"，而不是使虚假的证据变成真实的证据。尽管"已经制定出了一定的伦

---

① Myrna S. Raeder. See No Evil：Wrongful Convictions and the Prosecutorial Ethics of Offering Testimony by Jailhouse Informants and Dishonest Experts. 76 Fordham L.，Rev.，2007：1447.

② J. Alexander Tanford. The Ethics of Evidence. 25 Am. J. Trial Advoc.，2002：489 - 490.

③ 他是俄勒冈州的一位律师，被错误地指控为恐怖主义分子。2004年3月11日，马德里的爆炸事件造成了191人死亡和2 000人受伤，联邦调查局检验了从西班牙的犯罪现场取得的一系列的指纹，并从它的系统中找出了最匹配的20例指纹。梅菲德宣称联邦调查局的检验官进行了背景调查并且得知他皈依了伊斯兰教，并且这一事实造成他们对他的指纹检验中的偏见，最终在逮捕了他之后，对他们家进行了搜查。他在监狱里待了两个星期，直到西班牙当局最后确定了那些指纹是别人的。梅菲德称把他的宗教信仰考虑在内是不合法的，并且法院同意他的主张。关于该案件指纹匹配错误的讨论，See Sandy L. Zabell. Fingerprint Evidence. 13 J. L. & POL'Y，2005：148。

④ Myrna S. Raeder. See No Evil：Wrongful Convictions and the Prosecutorial Ethics of Offering Testimony by Jailhouse Informants and Dishonest Experts. 76 Fordham L.，Rev.，2007：1450 - 1451.

理准则来限制律师使用交叉询问"①，但是关于对对方证人进行交叉询问的伦理规则还不是特别清楚。

在刑事诉讼中，如果检察官要求专家对任何在可靠性方面有潜在致命弱点的证据作证，那么，一旦他们提出这样的证据，就远远超出了检察官的伦理义务的范围。当然，在具体案件中法官仍然可以决定排除那些具有误导性的、不可靠的或过度偏见的证据。换句话说，如果没有言过其实的主张，那么问题就是法官的，而不是检察官的。然而，当特殊的专业知识重复遭到可靠性攻击时，谨慎的检察官在处理时应该使用最可靠的科学证据，适当的规则或政策应该要求他们这样做。例如，假定大量的错误判决是基于头发分析作出的，一个谨慎的检察官不应该引入头发分析，除非它的结果已被线粒体DNA（mtDNA）所证实。有学者认为，如果已被线粒体DNA（mtDNA）证实，只要它不包含没有根据的统计，就没有理由禁止以显微镜为基础的意见证据。另外，如果线粒体DNA排除了被告的嫌疑，有伦理的检察官就不应该引入任何相反的基于分析的意见，因为它可能是不准确的，从而违反了目前的伦理标准。② 然而，在某些有限的情况下对法官撒谎是不违反伦理的。③ 例如，法官问刑事辩护律师："该行为是被告干的还是不是他干的？"在民事案件的强制争端解决会议（compulsory settlement conference）上，法官分别与律师协商，并且打听当事人最低和最高的解决数额。④此外，律师利用法官对狭义可靠性观点的偏好，也不能视为误导法庭。⑤

三、证人作证伦理

（一）普通证人作证伦理

证人作证既是法律问题也是伦理问题。在证人是否应当作证的问题上，各国

---

① Steven Lubert. Modern Trial Advocacy: Analysis and Practice. 3rd ed. . National Institute for Trial Advocacy, 2004: 145.

② Myrna S. Raeder. See No Evil: Wrongful Convictions and the Prosecutorial Ethics of Offering Testimony by Jailhouse Informants and Dishonest Experts. 76 Fordham L. , Rev. , 2007: 1451.

③ Monroe H. Freedman. In Praise of Overzealous Representation: Lying to Judges, Deceiving Third Parties, and Other Ethical Conduct. 34 Hofstra L. Rev. , 2006: 773-777.

④ Monroe H. Freedman. In Praise of Overzealous Representation: Lying to Judges, Deceiving Third Parties, and Other Ethical Conduct. 34 Hofstra L. Rev. , 2006: 773-780.

⑤ David S. Caudill. Legal Ethics and Scientific Testimony: In Defense of Manufacturing Uncertainty, Deconstructing Experts, and Other Trial Strategies. 52 Villanova Law Review, 2007: 968.

普遍将其确立为公民的一项基本义务，例如，英国的证据法认为如果证人可以合法地被要求提供证据，他就属于是可被强制的。① 我国《民事诉讼法》第75条规定："凡是知道案件情况的单位和个人，都有义务出庭作证。"但是仅仅要求证人作证还不够，证言的可靠性才是证人作证的意义所在。而证人证言的内容在很大程度上要受到证人主观因素的影响，这就涉及伦理问题，借助伦理来对证人内心进行适当地引导可以增强证言的可靠性。

1. 证人作证伦理的含义

对证人作证伦理的含义可以从两个方面来理解，一是证人作证要面临的伦理风险，二是法律对证人作证伦理的维护。

（1）证人作证要面临的伦理风险。

有学者从心理学的角度对证人不愿意出庭的原因进行了统计和分析，总结出十种影响证人作证的心理。按照影响力的大小排序，排在第一的是畏惧感，证人出于安全考虑，害怕受到人身威胁和报复；第二是自私心，多一事不如少一事；第三是庇护心，因为证人和当事人关系亲密不愿意提供对其不利的证言；第四是贪利心，证人因被金钱或其他利益所收买不愿意提供证言；第五是报恩心，证人曾受过当事人恩惠，出于报恩心理不愿作证；第六是抵触感，证人对司法工作人员或者司法机关存在抵触心理；第七是报复心，证人与当事人有嫌隙，借机报复；第八是羞耻感，因目击内容有伤风化，证人羞于描述；第九是恻隐心，出于对当事人的同情不愿作证；第十是面子感，证人认为出庭作证和自己的身份地位不符，作证有失面子。②

证人作证中所面临的心理阻碍实质上反映了一般伦理与私人伦理之间的冲突。边沁认为，一般伦理指导人们为他人产生最大能量的幸福，私人伦理指导在个人力所能及的限度内的行为。③ 一般伦理与私人伦理并非完全没有交集，个人行为在满足私人伦理的同时，很可能会与一般伦理的要求背道而驰，而在实现一般伦理过程中也可能会违背个人伦理要求。法律要求证人出庭作证是从司法利益的角度出发，这属于一般伦理的范畴，而证人在决定是否要出庭作证时不仅仅要考虑司法利益，也要考虑他人利益以及个人利益，当存在利益冲突时就会引发伦

---

① 理查德·梅. 刑事证据. 王丽，等译. 北京：法律出版社，2007：517.
② 何家弘. 证人制度研究. 北京：人民法院出版社，2004：93-94.
③ 边沁. 道德与立法原理导论. 时殷弘，译. 北京：商务印书馆，2000：349.

理风险。因此,根据上面的十种情形,可以将证人作证的伦理风险归为两大类:一是因他人利益引发的伦理风险,包括庇护他人、贪图他人贿赂、报答他人恩惠、报复他人、同情他人遭遇等阻碍作证的情形;二是因自己利益引发的伦理风险,包括对自身安全的顾虑、避免麻烦的自私、对司法的抵触、内心的羞耻感、自身的虚荣心等阻碍作证的情形。

(2) 法律对证人作证伦理的维护。

如果一味强求证人要服从出庭作证的法律规定,而对证人所面临的伦理困境视而不见,不仅无益于激发证人主动作证的积极性,也不利于保障证言的可靠性,因此给予证人必要的豁免权利是十分有必要的。法律对证人作证伦理的维护体现在三方面。

一是拒绝作证权。在立法上承认证人可以拒绝作证的做法最早可以追溯到汉代,汉代采纳儒家思想,认为对伦理秩序的维护要重于法律秩序,主张"父为子隐,子为父隐,直在其中矣",因此,汉律确立了"亲亲得相首匿"原则,允许特定身份关系的亲属之间可以免除相互作证的义务,并且不得相互告发。在唐律中这种身份的范围又进一步被扩大到"同居者"之间;我国《刑事诉讼法》中也规定,配偶、父母、子女可以不被强制到庭作证。不仅如此,西方国家也有类似的规定,如古罗马法中规定了亲属之间不得相互告发,否则会失去继承权;法国、德国的诉讼法规定,当证人的证言可能使他的亲属陷入被追诉的风险时,证人有拒绝作证的权利。

二是自证其罪特免权。英美法中证人范围比较宽泛,被告人提供的证言也属于证人证言,被告人享有自证其罪特免权,被告人有权拒绝提供会使自己陷入犯罪的证言,有权拒绝作为反对自己的证人。[①] 我国《刑事诉讼法》第52条规定"不得强迫任何人证实自己有罪",因此在证人的作证可能导致自己陷入被追诉的风险时,证人有权拒绝作证。

三是证人豁免权。证人豁免权实际上是要求证人放弃自证其罪特免权,但作为回报,证人可以获得一定程度的豁免。证人豁免制度有罪行豁免、证据使用豁免等几种类型。罪行豁免是就证人应控方要求提供了自证其罪的证言,那么,就该证言所涉及的事项及相关的行为可以免受指控,如根据德国《刑事诉讼法典》规定,如果被告为控方作证,对消除了犯罪造成的危害有贡献,最高检可以决定

---

① 李培锋,潘驰. 英国证据法史. 北京:法律出版社,2014:116.

对其行为不予追诉。在美国,辩诉交易是刑事制度非常重要的一部分,在辩诉交易中被告人可以通过承诺作出有罪供述以获得撤销指控、降格指控或者从轻判处刑罚等回报。而在证据使用豁免制度下,证人仍有可能受到指控,但是证人所提供的证言不得作为对其不利的证据,如美国1970年《有组织犯罪控制法》规定,联邦机构可以强迫证人作证,也可以就证言所涉及罪名对证人指控,但不得使用证人证言以及证言派生证据作为指控证据。我国立法中并没有规定证人的豁免制度,但在《刑法》中规定了犯罪分子有检举他人犯罪行为的立功表现可以从轻或减轻处罚,刑事被告人虽然不能做自己案件的证人,但是仍然可以作为其他案件的证人,在检举他人犯罪行为时,检举人在被检举案件中的诉讼地位是证人,因此亦可认为是对证人的一种豁免。①

2. 证人作证伦理的内容

(1) 证人应出庭作证。证人作证可以通过两种方式实现:一种是向法庭提交书面证词,另一种是证人亲自出庭作证。② 现代证据法普遍认为证人应当出庭作证,这是因为证人出庭作证是对当事人质证权的保证,对证人进行交叉询问是当事人重要的诉讼权利,当事人通过对证人的询问可以发现证词是否具有可靠性,如果仅凭借书面证词是无法做到这一点的③;此外,证人出庭作证也可以保证证言的完整性,由于语言本身的局限性,书面语言所表达出的含义会因读者的不同而产生差异,书面语言所表达的信息与证人所要表达的信息可能会有所偏差,与书面语言相比,口头语言更能准确传达出证人所要陈述的事实。我国《刑事诉讼法》第61条也规定:"证人证言必须在法庭上经过公诉人、被害人和被告人、辩护人双方质证并且查实以后,才能作为定案的根据。"如果证人拒绝出庭,司法机关可以强制证人出庭,《刑事诉讼法》第193条规定:"经人民法院通知,证人没有正当理由不出庭作证的,人民法院可以强制其到庭。"为了避免证人因出庭作证而招致不利风险,证人出庭作证也拥有获得相应保障的权利。证人有权要求司法机关对其身份保密、为自己及亲属提供人身保护以及获得合理补偿。随着信息技术的发展,部分国家和地区也允许证人通过视频方式出庭作证。

(2) 证人作证前宣誓。英美法上证人宣誓是证人作证的前提,如果证人拒绝

---

① 何家弘. 证人制度研究. 北京:人民法院出版社,2004:266-277.
② 何家弘. 证人制度研究. 北京:人民法院出版社,2004:90.
③ 易延友. 证人出庭与刑事被告人对质权的保障. 中国社会科学,2010 (2).

宣誓就不可以作证,在英国《1989年儿童法》之前,儿童如果不能理解宣誓的意义,就不能作证。① 我国司法中也规定了证人作证必须签署保证书,最高人民法院《关于适用〈中华人民共和国民事诉讼法〉的解释》第120条规定:"证人拒绝签署保证书的,不得作证,并自行承担相关费用。"宣誓或者签署保证书作为一种正式的仪式能够激发证人讲出实情的责任感,也能使证人产生作伪证要受到惩罚的危机感,同时誓词或者保证书也是对证人的一种伦理约束。② 证人宣誓或签署保证书的过程也是对"证人"这一诉讼角色认同的过程,通过宣誓或签署保证书的方式,证人才会由社会角色转变为诉讼中的证人角色。

(3) 证人应如实陈述和禁反言。如实陈述和禁反言是诚信原则的要求,诚信是对证人作证最基本的要求,诚信要求人们不要作出虚假的承诺,并积极地去践行自己的承诺,也即"诚实"和"守信"。如实陈述强调"诚实",禁反言强调"守信"。如实陈述包含两层含义:一是证人应客观、如实地陈述事实和辨认,不得隐匿事实和真相;二是不得捏造事实、伪造证据,作虚假陈述、虚假辨认。③ 我国《刑事诉讼法》第125条规定:"询问证人,应当告知他应当如实地提供证据、证言和有意作伪证或者隐匿罪证要负的法律责任。"禁反言原则要求证人的前后证词应当一致,禁止矛盾证言,证人证言出现前后不一致可能是出于非主观故意的原因造成的,比如记忆错误,也可能是出于主观故意原因造成的。禁反言原则指的是后一种情形。如果违反了禁反言原则,证人证言的可信度会大打折扣。

(二) 专家证人作证伦理

学术上普遍认为科学专家提供的法庭证言正受到复杂的伦理挑战。专家证人把他们自身学科的伦理带入法律系统,一个由不同伦理主宰的系统。④ 对专家们来说,在科学证据的提供过程中,知道伦理准则和知道他们的专业知识一样重

---

① 齐树洁. 英国证据法. 厦门:厦门大学出版社,2002:229.
② 李培锋,潘驰. 英国证据法史. 北京:法律出版社,2014:91.
③ 何家弘. 证人制度研究. 北京:人民法院出版社,2004:127.
④ 例如,精神病学是讨论专家证人伦理问题的一个理想的模式。这至少有三个方面的理由。首先,精神病学的证言来自很多的学科,包括神经病学、生物化学、药理学、心理学、社会学和统计学;其次,它使用临床和科学推理,与政治和社会政策相互交叉;最后,精神病学描述对法律来说非常重要的行为,范围从性侵犯到多动症(hyperactivity)和强迫性意念(obsession)。Philip J. Candilis, et al.. Forensic Ethics and the Expert Witness. Springer, 2007:3.

要。这种不是通过强制力，而是借助于传统习惯、社会舆论和科学家内心信念良心来维系的伦理责任，是科学家道德上的自律。尽管法律制度允许专家在竞争的伦理准则之间使用平衡方法，对科学研究和法庭实践进行更为清晰的区分，但专家证人伦理责任作为一种非国家强制性的责任，必然要求科学家真心诚意地接受它，并且转化为科学家的道德情感、道德意志和道德信念，自觉服从伦理责任的规范。①

如果把科学证据放到法律的语境中，考虑专家证人在司法活动中身份的多重性，专家证人的伦理规范应该增加一条：有责任性，即有责任去思考、预测、评估他们所提交的科学证据所带来的可能的社会后果。专家证人伦理责任，是科学家作为专家证人在庭审过程中出庭作证应负的道德责任。它包含以下几个层次：第一，专家证人伦理意识，即证人伦理思想、观点、情感、信念及其理论。专家证人伦理道德体现科学家正确的价值观，包括人生观、自然观、社会观及科学观。人生观是科学家从事科学检验活动的灵魂，决定着科学家的科学良知和道德理想；自然观是对自然界的基本看法，社会观是指对人类社会的进程及发展的基本看法，科学观是指对科学总的基本看法。第二，专家证人伦理行为，即证人伦理修养、评价、教育等。由于人有自由意志、有控制能力、有预测能力，人能有效地影响外部世界，因此人要对自己的行为负责。由于法律要求也是一种伦理要求，因此科学专家证人的行为受到法律政策的伦理约束。第三，专家证人伦理规范，即处理和协调与法庭科学检验与司法审判的原则和制度。这些伦理责任具体体现在以下几个方面。

1. 专家的资质

获得所要求的资质是所有科学专家必须遵循的基本伦理。资质要求的目的在于保障专家知识领域的专业性程度。这一要求还包括在法庭作证时，专家应准确地以适当方式向他人展示自己的资质。例如，美国精神病与法律研究会（AAPL）《法庭精神病学实践伦理指南》第 5 条规定，法庭精神病学实践中的专业知识应该只限于实际的知识、技巧、训练和经验领域。在该条的注释中强调，在提供专家意见、报告和证言时，精神病学家应该准确地（accurately）和精确地（precisely）提交他们的资格。不同国家对获得这种资质的条件有不同的要求。例如，在我国，全国人大常委会《关于司法鉴定管理问题的决定》规定，司法鉴

---

① 张南宁. 科学证据基本问题研究. 北京：中国政法大学出版社，2013：218.

定人的条件是：(1) 具有与所申请从事的司法鉴定业务相关的高级专业技术职称；(2) 具有与所申请从事的司法鉴定业务相关的专业执业资格或者高等院校相关专业本科以上学历，从事相关工作 5 年以上；(3) 具有与所申请从事的司法鉴定业务相关工作 10 年以上经历，具有较强的专业技能。

2. 客观性

客观真实是事实认定活动追寻的重要目标，也是对专家证人的伦理要求。例如，在交叉询问过程中，当专家被对方律师问到对自己委托人不利但又是客观的问题时，专家应该坚持客观优先。但是，对何为客观性仍存争议。例如，精神病学家同时也是耶鲁法学院的卡茨（Katz）教授认为，公平和真正的客观性是不可能。他推荐训练有素的主观性（disciplined subjectivity）作为一个更现实的目标，允许对人类判断的瑕疵进行开放性的讨论，并对无节制的偏见进行限制。[1] 阿普尔鲍姆认为，法庭精神病学家应该既要提供主观真相又应提供客观真相。精神病学家应该收集表达他们的主观真相的最相关的资料。[2] 由于客观性并非一个容易达到的目标，美国的一些机构使用"力求客观性"（Striving for objectivity）来取代客观性。例如，美国精神病与法律研究会在其《实用伦理指引》法庭精神病学 1991 年的修正版中接受了没有专家真正是公正的观点，转而要求诚实和力求客观性。在 2005 年的《法庭精神病学实践伦理指南》中，第 4 条"诚实和力求客观性"规定，当精神病学家在法律程序中以专家身份出现时，他们应该遵守诚实原则，并且应该力求客观性。尽管他们可能在刑事或民事案件中被一方当事人聘请，精神病学家在进行评估、将临床数据应用于法律标准和发表意见时，应遵守这些原则。[3] 这一原则要求，在提交意见之前，如果可能，必须面谈所有的当事人。也就是说，只根据面谈以外的第三方陈述来判断精神状态是不允许的。在精神病鉴定中，力求客观还要求精神病学家参考精神病学相关的文献，检查所有获得的相关资料，使用易懂的语言，尽可能准确，避免歪曲，适当地得出他们的结论。又如，美国法庭科学技术学会（American academy of forensic sciences）

---

[1] Jay Katz. The Fallacy of the Impartial Expert Revisited. 20 Bulletin of the American Academy of Psychiatry and the Law, 1992: 141-152.

[2] Paul Appelbaum. Psychiatric Ethics in the Courtroom. 12 Bulletin of the American Academy of Psychiatry and the Law, 1984: 225-231.

[3] American Academy of Psychiatry and the Law (AAPL). Ethics Guidelines for the Practice of Forensic Psychiatry, 2005: Article IV.

关于优秀法庭科学实践标准中也要求诚实和力求客观性。① 所以，力求客观性是职业解决客观性和主观性之间斗争的正式尝试，如果客观性是不可达到的，伦理要求专家至少作出诚实的努力去接近它。② 法庭科学家不是律师，他们在法庭经过宣誓揭露真相，他们应该尽最大的努力恪守誓言。总之，力求客观性的基本要求是反对弄虚作假。然而，令人遗憾的是鉴定人弄虚作假在我国的司法鉴定中仍然存在。例如，在笔者代理的湖南省郴州市的一起聚众斗殴案件中，某学院鉴定中心的鉴定人对该案受害人王某眼睛的伤残鉴定就没有遵循客观性原则，在未查眼底和伪盲的情况下，仅凭视神经损伤就得出王某左眼盲的重伤鉴定意见，导致法院错误地将被告人判处重罪。

3. 独立性与中立性

独立性包含两个方面的含义：一是鉴定主体不隶属于任何机构独立开展鉴定工作，二是鉴定活动应由受委托的鉴定人独立完成。中立性是指鉴定主体在进行鉴定活动时不偏向任何一方，忠实于科学与事实，作出客观公正的鉴定结论。③ 这一原则要求专家证人坚持委托内公平和委托外公平的辩证统一，坚持发现真相与权利保护的辩证统一。专家接受委托出庭作证，不仅是为了服务于委托人，也涉及对方当事人的利益。委托内公平涉及科学家与提供其经费支持的委托人之间的利益关系。委托外公平涉及代表委托人利益与尊重客观事实之间的伦理准则。在司法实践中，律师一般从以下几个方面来审查专家证人的中立性：(1) 专家证人在本案的收入是否高于专家证人的一般收入水平；(2) 专家证人与原被告之间的关系；(3) 专家证人所属组织与对方当事人所属组织之间的关系；(4) 专家在诉讼中作证或咨询的范围；(5) 专家证人在以往的诉讼中是否专门替原告或被告作证；(6) 专家证人在每一个案件中是否都提供相同的意见；(7) 专家证人与对方律师之间的关系；(8) 专家证人与本案的审理结果是否存在利害关系。④

4. 诚实和透明

尽管把科学家认为是"客观的"、"超然的（detached）"或"没有感情的"

---

① American Academy of Forensic Sciences Committee on Good Forensic Practice. Standards of Good Forensic Practice. 30（1）Academy News，2000：33.
② Philip J. Candilis, et al.. Forensic Ethics and the Expert Witness. Springer，2007：19.
③ 黄维智. 鉴定证据制度研究. 北京：中国检察出版社，2006：79-80.
④ Maria Vouras, et al.. Examination of Expert Witness. George Mason American Inn of Court，February 23，2000：7.

是一种"时尚",但事实是,成功的科学家对他们的工作充满着热情,并经常偏袒特殊的假设、实验方法和结果的正确性。[1] 应该意识到,可疑的专家证人作虚假证言的概率是很高的。在这中间,可能很难区分缺乏能力的专家和不诚实的专家。雷德(Raeder)给不诚实的专家下的定义包括:(1)检察官"买"来的那些专家拥有广泛的关系网络来寻找与其想要的结论一致的专家;(2)专家使用实际上没有基础的统计比较来描述问题的结果;(3)那些说能找到其同事不能找到或不能复制的信息的专家;(4)对他们的资格或结果撒谎的专家。[2] 科学家的诚实意味着对科学证据的尊重,必须被理解为既是与自身相关联的,也是与他人相关联的。自身的诚实意思是避免自我欺骗,既包括对现有证据用在何处,也包括是否需要用这些证据去推导任何结论。它不要求在面对任何明显相反的证据时摒弃一个有前景的想法,但是它要求认识到证据可能是多么复杂和混乱,要求在所到之处都准备留下良好的信用。诚实的其他要求是专家证人不能提供伪造的、欺骗性的或篡改的资料,而且在报告其工作时应该囊括所有相关证据。所以,诚实和透明的伦理准则对于专家避免伦理上的错误是关键的。当事实支持对方的时候,诚实要求将此告诉聘请的律师,透明要求解释检验是如何进行的。两种伦理行为允许律师对案件作出有见识的决策或与其他专家商量,也使事实审理者作出更好的决策。二者都被尊为科学与法律的核心元素。[3]

5. 保密义务

科学专家在鉴定过程中或在鉴定完成以后(包括诉讼终结后),均需履行保守案件秘密的义务。这种保密义务包括在鉴定过程中或鉴定完成以后,对鉴定可能形成的意见以及鉴定结论应依法提供,不能随意泄露鉴定秘密,以及鉴定人应当保守鉴定活动中知悉的个人隐私。个人隐私是个人人格的重要内容,指的是个人隐蔽的与公共利益无关的有关个人生活、个人领域、个人活动的信息。如法国《民事诉讼法》规定,技术人员的意见,凡是如果被散布即有可能侵犯私生活或任何其他合法权益时,非经法官批准或有利害关系的当事人同意,不得在诉讼外

---

[1] 在认识到这种激情之后,作为部分回应,科学程序本身被设计为试图保护科学的廉正和减少偏见。这中间使用的一些方法是同行评议、要求在结果中对方法、材料和资料进行充分的描述以便他人能够重复同样的实验,并解释那些总是容易遭到挑战、修改、反驳或补强的原因。David Korn. Maintaining the Integrity of Scientific Research. 13 J. L. & Pol'y, 2005:8.

[2] Myrna S. Raeder. See No Evil: Wrongful Convictions and the Prosecutorial Ethics of Offering Testimony by Jailhouse Informants and Dishonest Experts. 76 Fordham L., Rev., 2007:1415.

[3] Philip J. Candilis, et al.. Forensic Ethics and the Expert Witness. Springer, 2007:21.

使用之。严格地说，保守个人隐私还应包括鉴定人接待新闻媒体和撰写科学论文。[1] 美国精神病与法律协会的《法庭精神病学实践伦理指南》第 2 条的保密性条款规定，尊重个人隐私权利和保守秘密应该是进行法庭科学评估时首先要考虑的。精神病学家在法律语境中应该尽可能保守机密，应该特别注意被评估人对医学机密的理解。法庭科学评估要求注意被评估人与保密性有关的合理期限。来自法庭科学评估的信息或报告受应用于具体评估的保密规则的限制，因此任何披露应该被严格限制。[2] 我国司法部颁布的《司法鉴定人登记管理办法》第 22 条第 5 项规定，司法鉴定人应当保守在执业活动中知悉的国家秘密、商业秘密和个人隐私。广义的保密义务还可以延伸到医生与患者之间的保密特权。例如，美国最高法院在贾菲诉雷德蒙（Jaffee v. Redmond）案件中认识到心理治疗工作中保密的重要性，认为精神病学家和其他的心理治疗师不能被强迫在联邦法庭提供证言，如果没有委托人许可而强迫他们提供证言就将涉嫌违反委托人机密。[3] 尤其是负责治疗的精神病学家作为"事实"证人出现时，应该注意对病人隐私信息不必要的披露，作为"专家"提供意见时，应避免对证言作出可能的错误解释。[4]

6. 职业伦理义务

现代科学活动倡导的信条是"科学无禁区，研究有纪律，应用有禁忌"。其中的"研究有纪律"是对科学家而言的，例如不得伪造数据、不得抄袭剽窃和人体实验的知情同意原则等，属于科学家的职业道德。而"应用有禁忌"则是科学应用领域的限制，在科学证据应用中主要是指专家证人的职业道德。学理上称之为职业主义（professionalism）。关于职业主义，学术上仍存争论。有学者认为，目前法庭科学伦理标准和应用于法庭科学工作中的主流伦理理论错误地站在支持狭义的、严格的、旨在减少利益冲突和为法律义务而不是为客户服务的职业角色一边。一些持异议的理论家通过呈现文化作为法庭科学工作中的一个要素来指出这一理论的细微差别，但很少考察法庭科学实践中职业角色之狭义观点的道德意义。[5] 另外，目前的法庭科学伦理理论通常把公正的社会原则、真相和对个人的

---

[1] 常林. 法医学. 北京：中国人民大学出版社，2008：34.
[2] American Academy of Psychiatry and the Law (AAPL). Ethics Guidelines for the Practice of Forensic Psychiatry, 2005: Article II.
[3] Jaffee v. Redmond 518 US (1996) 1.
[4] American Academy of Psychiatry and the Law (AAPL). Ethics Guidelines for the Practice of Forensic Psychiatry, 2005: Article IV (commentary).
[5] Philip J. Candilis, et al.. Forensic Ethics and the Expert Witness. Springer, 2007: 99.

尊重凌驾于慈善（beneficence）和不伤害（nonmaleficence）职业义务之上。① 温尼亚（Wynia）与他的同事们认为，作为一种按照道德关系唯一确定的、既包含商品的分配又包括社会公益公平分配的活动，职业主义是社会结构的稳定力量和社会道德的保护力量，并且它不仅保护脆弱的个人也保护脆弱的社会价值。② 还有学者批评把它定义为"自我监管"（self-regulatory），没有涉及自我监管的道德基础，不能促进职业自治的接受性和合法性，而用具体的特征来定义职业主义会引起批评和怀疑。因此，职业主义应该包含任何含义，它在道德关系中必须拥有清晰的基础。正是道德关系中的这种基础锚定了职业之所以为职业。③ 法庭科学家不仅必须要考虑他们工作中法律上的职责，也要考虑法庭科学活动首先产生的职业伦理义务。法庭科学活动依赖一般的道德基础，包括个人道德和职业道德。我们不能把它们隐藏在法庭科学专家只需简单地保持客观、中立以及排他性与法律制度联盟之虚假主张之后。④ 法庭科学家必须假定对社会更大的责任，甚至与法律、法庭以及整个社会更强的联盟。从某种角度看，法庭科学专家在发表专家证言过程中为社会利益服务，促进司法公正。综合起来，职业伦理义务包含传统职业责任和法庭科学义务的职业主义。⑤ 其中，法庭科学义务的职业主义伦理义务包括以下几个方面：（1）遵守鉴定时限的义务，即按照委托鉴定命令中明确鉴定人完成鉴定任务的时限完成鉴定⑥；（2）从事鉴定的义务；（3）出具书面文书的义务，完成鉴定一般要出具书面鉴定文书，法官或法律另有要求或规定的，也可以口头报告鉴定意见；（4）鉴定人宣誓的义务；（5）依法出庭的义务。

（三）对专家证人的伦理审查

专家伦理存在的问题在很大程度上是由于对伦理标准缺乏共识，因而对我们应该采取什么步骤鼓励更具伦理的行为缺乏一致意见。在诉讼中，专家违反伦理

---

① Philip J. Candilis, et al.. Forensic Ethics and the Expert Witness. Springer, 2007：105.
② M. K. Wynia, et al.. Medical Professionalism in Society. 341 New England Journal of Medicine, 1999：1612.
③ Philip J. Candilis, et al.. Forensic Ethics and the Expert Witness. Springer, 2007：98.
④ Philip J. Candilis, et al.. Forensic Ethics and the Expert Witness. Springer, 2007：99.
⑤ Philip J. Candilis, et al.. Forensic Ethics and the Expert Witness. Springer, 2007：97.
⑥ 因特殊情况，不能按时完成鉴定时，鉴定人须向委托人提出延长鉴定的请求。如有特殊情况需要，此项期限可以根据鉴定人的要求，由法官或指定该法官的主管法院以附理由的决定，加以延长。未在规定期限内提出鉴定报告的鉴定人，可以立即予以替换，被替换的人应就其已进行的调查作出报告。常林. 法医学. 北京：中国人民大学出版社，2008：34-35.

导致的成本是巨大的。这些成本包括排除违反伦理证人，同样重要地，这种成本还反映在事实认定者在得出正确答案方面的能力的降低。[1] 前文已论及关于科学家责任的讨论有不同的角度和层次。其中一种角度是讨论作为科学共同体的成员，在促进科学知识增长过程中科学家应遵循的行为规范。马克斯·韦伯、默顿等人正是从这一角度提出为科学而科学的责任，包括普遍性、公有性、无利益性、系统的怀疑主义、独创性、谦虚、理性精神、感情中立、尊重事实、不弄虚作假、尊重他人的知识产权，等等。科学家的研究工作本身（比如做实验）还应遵守人道主义原则（比如，1949年纽伦堡法典，强调人类被试的实验要遵循知情同意、有利、不伤害、公平、尊重等原则），乃至动物保护和生态保护原则。这些原则在科学证据运用中同样适用。由于科学发展使人拥有的力量越来越大，因此科学家对由这种力量导致的行为后果的责任也相应增加了。但对于专家来说，法律系统在满足其伦理义务方面存在一定的困难。首先，与他们自己选择的工作领域相比，专家被要求为他们的结论采用不同的确证标准；其次，专家在担当与职业伦理所要求的相冲突的角色时，面临着很大的压力。[2] 所以，有学者认为，即使在美国，把科学方法与物理、心理和社会脆弱性一起应用于描述、解释和提高个人地位的研究者们也正遭遇到伦理上的困境，而且目前的联邦规定对此也没有提供完全的答案。在这种工作中，科学和伦理责任似乎经常相互排斥。科学责任涉及通过实验控制对真相进行研究，伦理责任则似乎经常以通过危及这种控制的手段来保护参与者的福利为指引。[3] 那么，在诉讼中法官如何对专家进行伦理审查呢？通常的做法是通过使用审查（sanction）来增强专家的伦理。这些审查来自职业组织、法官、律师，甚至是陪审员。但是这种审查在控制专家行为能力方面的作用是有限的。那么，我们是否有什么更好的方法来解决这个问题？桑德斯认为，最合适的地方就是司法结构本身。我们关注专家伦理是因为专家违反伦理的证言将导致事实认定者失去对案件事实的准确判断。[4] 事实上，很多的职业协会已经为它们的成员制定出了伦理规范。[5] 这些规范都将是对专家进行伦理审查的依据。

---

[1] Joseph Sanders. Expert Witness Ethics. 76 Fordham L. Rev.，2007：1539.

[2] Joseph Sanders. Expert Witness Ethics. 76 Fordham L. Rev.，2007：1539-1540.

[3] Celia B. Fisher. Integrating Science and Ethics in Research with High-Risk Children and Youth. SRCD Social Policy Report 1993，7：1-27.

[4] Joseph Sanders. Expert Witness Ethics. 76 Fordham L. Rev.，2007：1572.

[5] 例如，The WFEO Model Code of Ethics（2001）.

【案例6.2】　　　　　　　罗某春涉嫌滥用职权案

某市保安服务有限责任公司（以下简称"市保安公司"）注册于2007年12月28日，注册资本300万元，谢某出资200万元，叶某忠出资100万元，公司法人代表兼董事长是谢某，总经理是叶某忠，市保安公司是该市唯一一家具有武装押运资质的保安公司。当时国务院规定，国家机关及公务员不能经商办企业，为了顺利办理工商登记，谢某、叶某忠两个自然人股东以非国家公务员身份向工商部门提供虚假股东证明，将市保安公司工商登记为私人公司。谢某、叶某忠是市公安局的正式干警，代表市公安局持股，谢某、叶某忠没有出资，注册资金由市公安局出，公司受益全归市公安局。

2008年至2015年，罗某春先后任该市公安局后勤装备部副政委、政委。2008年12月8日，市公安局党委会议决定委托罗镇春出任市保安公司法人代表，市保安公司纳归市公安局后勤装备部管理。其后，市保安公司将法定代表人由谢华变更为罗某春，谢某、叶某忠将各自名义股份一并转让给罗某春，并签订了股份转让协议，但罗某春没有出资，同样以非国家公务员身份向工商部门提供虚假股东证明，目的是满足工商登记需要，公司性质在工商登记上显示为私人公司，注册资本300万元，法人代表兼董事长为罗某春，谢某为总经理，叶某忠为副总经理，工商登记股东只有罗某春一人。

2010年1月1日实施的《保安服务管理条例》第10条规定，从事武装押运业务的保安公司须具备不低于人民币1 000万元的注册资本，以及必须是国有独资或者国有资本占注册总额51%的公司等条件。为满足相关条例的规定，以便市保安公司能够从事银行武装押运业务，2010年12月7日，罗某春把市保安公司注册资本变更为1 000万元，同时引进银河保安服务有限责任公司、金豹保安服务有限责任公司、诚信保安服务有限责任公司、镇远保安服务有限责任公司开展银行武装押运业务，即依附市保安公司的资质，市保安公司不投入任何资金，由其他四家公司出资负责具体押运业务。2011年2月10日，罗某春向市公安局党委提交了《关于开展押运业务合作的报告》，交给市公安局局长李某，但是李某并没有提交给市局党委开会研究。2011年3月27日，罗某春又向李局长写了一份《关于开展守押业务合作的意见》，就与四家保安公司的合作做报告，李局长当日在该意见上签字同意。2011年3月6日、3月16日、3月25日、7月19日，罗某春代表市保安公司与银河、金豹等保安公司签订了押运合作协议书。押运协议约定：利益分成为4∶6，市保安公司（甲方）占四成，合作公司（乙方）

占六成,以及在"合作期间,乙方所购资产属于乙方所有,如进行改制,乙方所投资产(车辆、办公用品等)全部列入市保安公司资产进行评估核算,由乙方按投资比例享受市保安公司相应股权"。

2015年1月,市保安公司进行改制。

2015年8月,市人民检察院对罗某春立案调查,以滥用职权罪对罗某春提起公诉。其中,滥用职权罪的关键证据为检察机关委托鉴定机构对市安保公司作出的"司法会计鉴定意见书"。"司法会计鉴定意见书"认为罗某春在代表市保安公司引进民营保安公司合伙经营武装押运业务中造成了国有资产流失。理由是依据我国《公司法》第34条"股东按照实缴的出资比例分取红利",而截至2015年1月31日,市安保公司固定资产投入原值10 141 810.64元,无形资产(武装押运专营权)评估值33 771 259.40元,合作公司陆续投入资金10 986 672.00元(固定资产原值10 796 082.94元,其他资产原值190 589.06元)。投入资金合计为10 141 810.64+33 771 259.40+10 986 672.00=54 899 742.04(元)。因此,合作公司投资占比应为10 985 672.00/54 899 742.04=20%,市保安公司占80%。而罗某春在合同中与合作保安公司约定的比例为4∶6,使得四合作保安公司侵占市安保公司权益共计人民币1 369.841 698万元,造成国有资产流失。

在以上案例中,指控罗某春滥用职权所依据的一个重要证据是"司法会计鉴定意见书"。在2011年3月保安责任公司以保安服务许可资质与合作公司合作。由于当时没有对保安服务许可资质进行资产评估,因而无法按双方的投入来计算分配比例。而"司法鉴定意见书"却计算出了一个2∶8的比例。鉴定人依据评估报告,2015年收入近6 000万元,所谓的商誉约3 300万元;2013年的收入4 000多万元,所谓的商誉2 500万元;那么2010年的收入1 000多万元的时候,所谓的商誉最多500多万元。保安公司原有的业务占有大头,具体有多少是用于合作新业务无从得知。同时鉴定人以2015年的评估值来计算2010年的投资比例是错误的。该意见书是这样表述的:"截止到2015年1月31日,市保安公司固定资产投入原值10 141 810.64元,无形资产(武装押运专营权)评估值33 771 259.40元。合作公司投入资产10 986 672.00元。资产合计:10 141 810.64+33 771 259.40+10 986 672.00=54 899 742.04元。按投入资产价值计算投资比例为:各合作公司占10 986 672.00/54 899 742.04×100%=20%,市保安公司占80%。"可见,"司法鉴定会计意见书"是拿民营合作公司2011年投入的10 986 672.00元,来除以2015年1月31日的所有资产总值计算出20%的比例，这显然违背了基本的会计准则。

总体来说，专家最核心的伦理义务是为他们的立场提供充分的、无偏见的确证。[①]在决定专家合理的可靠性时，法官应该起到积极的、自主的、看门的作用，认识到他们在审判中的责任与考虑专家如何在他们自己的职业中经常使用这类不可采证据一样重要。[②]法官对专家证人伦理审查的内容主要是专家的职业伦理准则以及前面论述的专家证人的伦理要求，在此不再赘述。

[①] Joseph Sanders. Expert Witness Ethics. 76 Fordham L. Rev.，2007：1539.
[②] Ronald L. Carlson. Policing the Bases of Modern Expert Testimony. 39 Vand. L. Rev.，1986：582-583.

参考文献

中文文献：

常林主编．法医学．北京：中国人民大学出版社，2008

卞建林主编．证据法学．北京：中国政法大学出版社，2005

卞建林主编．证据法学．2版．北京：中国政法大学出版社，2007

卞建林主编．刑事证明理论．北京：中国人民公安大学出版社，2004

毕玉谦．民事证据理论与实务研究．北京：人民法院出版社，2003

毕玉谦．举证责任分配体系之构建．法学研究，1999（2）

陈嘉映．事物，事实，论证//赵汀阳主编．论证．沈阳：辽海出版社，1999

陈朴生．刑事证据法．台北：三民书局，1979

陈荣宗．民事诉讼之立法主义与法律政策．法学丛刊（140）

陈光中主编．刑事证据法专家拟制稿（条文、释义与论证）．北京：中国政法大学出版社，2004

陈洁然．证据学原理．上海：华东理工大学出版社，2002

陈克艰．上帝怎样掷骰子．成都：四川人民出版社，1987

陈光中主编．诉讼法理论与实践——刑事诉讼卷．北京：人民法院出版社，2001

程春华．民事证据法专论．厦门：厦门大学出版社，2002

刁荣华主编．比较刑事证据法各论．台北：汉林出版社，1984

樊崇义主编．证据法学．4版．北京：法律出版社，2008

樊崇义主编．证据法学．北京：法律出版社，2001

樊崇义主编．刑事诉讼法学研究综述与评价．北京：中国政法大学出版社，

1991

樊崇义主编．刑事诉讼法实施问题的对策．北京：中国人民公安大学出版社，2001

房保国．证人作证豁免权探析．法律科学，2001（4）

付子堂主编．法理学初阶．北京：法律出版社，2015

付子堂主编．法理学高阶．北京：高等教育出版社，2018

郭华．案件事实认定方法．北京：中国人民公安大学出版社，2009

郭哲主编．法律职业伦理教程．北京：高等教育出版社，2018

黄维智．鉴定证据制度研究．北京：中国检察出版社，2006

高家伟，邵明，王万华．证据法原理．北京：中国人民大学出版社，2004

贺红强．诉讼角色视域下的美国非法证据排除规则"善意例外"．中国刑事法杂志，2013

何家弘，刘品新．证据法学．2版．北京：法律出版社，2007

何家弘，刘品新．证据法学．3版．北京：法律出版社，2008

何家弘主编．证据法学研究．北京：中国人民大学出版社，2007

何家弘，张卫平主编．简明证据法学．北京：中国人民大学出版社，2007

何家弘，张卫平主编．外国证据法选译：下卷．北京：人民法院出版社，2000

何家弘，龙宗智．证据制度改革的基本思路//何家弘主编．证据学论坛．北京：中国检察出版社，2000

何家弘主编．证人制度研究．北京：人民法院出版社，2004

何家弘主编．外国证据法．北京：法律出版社，2003

何家弘主编．证据法学研究．北京：中国人民大学出版社，2007

何家弘．对法定证据制度的再认识与证据采信标准的规范化．中国法学，2005（3）

李培锋，潘驰．英国证据法史．北京：法律出版社，2014

李秀林，王于，李淮春主编．辩证唯物主义和历史唯物主义原理．北京：中国人民大学出版社，1990

李学灯．证据法比较研究．台北：五南图书出版公司，1992

李任．从"灋"到"法"——战国至西汉中期"法"字的形体演变及其原因．河北法学，2010（10）

李学宽．论刑事诉讼中的非法证据．政法论坛，1995（2）（6）

刘泊宁．论"善意例外"规则．法学杂志，2013（7）

刘春梅．自由心证制度研究：以民事诉讼为中心．厦门：厦门大学出版社，2005

刘华．法律与伦理的关系新论．政治与法律，2002（03）

刘正浩，胡正克主编．法律伦理学．北京：北京大学出版社，2010

刘金友主编．证据法学．北京：中国政法大学出版社，2001

刘家兴主编．北京大学法学百科全书：诉讼法学、司法制度卷．北京：北京大学出版社，2001

刘晓丹主编．美国证据规则．北京：中国检察出版社，2003

刘立霞，路海霞，伊璐．品格证据在刑事案件中的运用．北京：中国检察出版社，2008

龙宗智．刑事庭审制度研究．北京：中国政法大学出版社，2001

龙宗智．论我国刑事审判中的交叉询问制度．中国法学，2000（4）

凌高锦．证人宣誓制度研究．中共南京市委党校学报，2014（03）

金岳霖．知识论．北京：商务印书馆，1983

江伟．证据法若干基本问题的法哲学分析．中国法学，2002（1）

荆琴，邱雪梅．英国证据法的传闻规则研究//柳经纬．厦门大学法律评论．厦门：厦门大学出版社，2002

彭漪涟．事实论．上海：上海社会科学院出版社，1996

齐树洁．英国证据法．厦门：厦门大学出版社，2002

宋志军．刑事证据伦理初论——以人道伦理观为视角．法学论坛，2007（2）

沈达明．英美证据法．北京：中信出版社，1996

汪建成，孙远．刑事证据立法方向的转变．法学研究，2003（5）

王佳．论证据的伦理性与构建和谐社会．阜阳师范学院学报（社会科学版）．2005（6）

王亚红．论我国刑事诉讼品格证据规则的建立和完善．法制与社会，2019（2）

魏晓娜，吴宏耀．诉讼证明原理．北京：法律出版社，2002

吴丹红．特免权制度研究．北京：北京大学出版社，2008

徐静村．我的"证明标准"观//陈光中，江伟主编．诉讼法论丛：第7卷．北京：法律出版社，2002

徐曼．20世纪初西方伦理学在中国传播特点及影响．历史教学，2011（12）

杨荣馨主编．民事诉讼法原理．北京：法律出版社，2003

杨长泉．法律与道德的关系问题——以对自然法学派与分析法学派的论战的解读为视角．凯里学院学报，2008（01）

杨宇冠．非法证据排除规则的例外．比较法研究，2003（3）

杨宇冠．非法证据排除规则研究．北京：中国政法大学，2002

易延友．证人出庭与刑事被告人对质权的保障．中国社会科学，2010（2）

易延友．英美法上品格证据的运用规则及其基本原理．清华法学，2007（2）

余茂玉，曾新华．关于排除传闻证据的理由、范围和意义的思考．渤海大学学报（哲学社会科学版），2008（1）

郁建兴．黑格尔伦理实体的自由概念．社会科学战线，2000（3）

张保生．证据规则的价值基础和理论体系．法学研究，2008（2）

张保生．证据法学．北京：中国政法大学出版社，2009

张保生主编．证据法学．2版．北京：中国政法大学出版社，2014

张保生，王进喜，张中，等．证据法学．北京：高等教育出版社，2013

张保生主编．《人民法院统一证据规定》司法解释建议稿及论证．北京：中国政法大学出版社，2008

张南宁．科学证据基本问题研究．北京：中国政法大学出版社，2013

张南宁．事实认定的逻辑解构．北京：中国人民大学出版社，2017

张桂勇．论对非法证据的排除．中国人民大学学报，1996（5）

张卫平．交叉询问制：魅力与异境的尴尬．中外法学，2001（3）

曾粤兴．伦理与法治关系论．河南省政法管理干部学院学报，2008（4）

周叔厚．证据法论．3版．台北：三民书局，1995

朱立恒．传闻证据规则研究．北京：中国政法大学，2006

中文译作：

［奥］维特根斯坦．逻辑哲学论．郭英，译．北京：商务印书馆，1962

［英］罗素．逻辑哲学论·导论．北京：商务印书馆，1962

［德］拉伦茨．法学方法论．陈爱娥，译．北京：商务印书馆，2004

［美］理查德·A．波斯纳．证据法的经济分析．徐昕，徐钧，译．北京：中国法制出版社，2002

[美]安德森,等.证据分析.张保生,等译.北京:中国人民大学出版社,2012

[美]罗纳德·J.艾伦,等.证据法——文本、问题和案例.张保生,王进喜,赵滢,译,满运龙,校.北京:高等教育出版社,2006

[美]欧文·拉兹洛.系统、结构和经验.李创同,译.上海:上海译文出版社,1987

[美]米尔建·R.达马斯卡.漂移的证据法.李学军,等译.北京:中国政法大学出版社,2003

[英]尼尔·麦考密克.法律推理与法律理论.姜峰,译.北京:法律出版社,2005

[法]法国刑事诉讼法典.余叔通,谢朝华译.北京:中国政法大学出版社,1997

[德]德国刑事诉讼法典.李昌珂,译.北京:中国政法大学出版社,1995

[美]罗纳德·J.艾伦.刑事诉讼的法理和政治基础.张保生,李哲,艾静,译.证据科学,2007(1,2)

[美]戴维·伯格兰.证据法的价值分析.张保生,郑林涛,译.证据学论坛,2007(2)

[德]拉德布鲁赫.法学导论.北京:中国大百科全书出版社,1997

[美]达马斯卡.比较法视野中的证据制度.吴宏耀,魏晓娜,等译.北京:中国人民公安大学出版社,2006

[奥]路德维希·维特根斯坦.论确实性.张金言,译.桂林:广西师范大学出版社,2002

[英]罗素.人类的知识——其范围与限度.张金言,译.北京:商务印书馆,1983

[德]汉斯·普维庭.现代证明责任问题.吴越,译.北京:法律出版社,2000

[美]乔恩·R.华尔兹.刑事证据大全.何家弘,译.北京:中国人民公安大学出版社,1993

[美]美国联邦刑事诉讼规则和证据规则.卞建林,译.北京:中国政法大学出版社,1996

[美]摩根.证据法之基本问题.李学灯,译.台北:台湾世界书局,1982

［德］黑格尔. 法哲学原理. 范扬，张企泰，译. 北京：商务印书馆，1961

［英］G. E. 摩尔. 伦理学原理. 陈德中，译. 北京：商务印书馆，2017

［英］哈特. 法律的概念. 3版. 许家馨，李冠宜，译. 北京：法律出版社，2018

［美］罗斯科·庞德. 法理学：第2卷. 邓正来，译. 北京：中国政法大学出版社，2007

［法］孟德斯鸠. 论法的精神. 张雁深，译. 北京：商务印书馆，1963

［美］美国律师协会. 职业行为示范规则（2004年）. 王进喜，译. 北京：中国人民公安大学出版社，2005

［英］理查德·梅. 刑事证据. 王丽，等译. 北京：法律出版社，2007

［英］边沁. 道德与立法原理导论. 时殷弘，译. 北京：商务印书馆，2000

［英］詹妮·麦克埃文. 现代证据法与对抗式程序. 蔡巍，译. 北京：法律出版社，2006

［美］巴巴拉·J. 夏皮罗. 对英美"排除合理怀疑"主义之历史透视//王敏远编. 公法：第4卷. 北京：法律出版社，2003

［加］道格拉斯·沃尔顿. 品性证据：一种设证法理论. 张中，译. 北京：中国人民大学出版社，2012

［美］路易斯·卡普农. 美国传闻证据规则的理论基础. 曹慧，译. 中国刑事法杂志，2012（12）

［日］谷口安平. 程序的正义与诉讼. 王亚新，等译. 北京：中国政法大学出版社，1996

［日］兼子一，竹下守夫. 条解民事诉讼法. 东京：弘文堂，1986

［美］史蒂文·F. 莫罗，詹姆斯·R. 费格利罗编. 对方证人. 北京：中国人民大学出版社，2013

［美］托马斯·A. 马沃特. 庭审制胜. 7版. 北京：中国人民大学出版社，2012

［日］新法律学辞典. 董潘舆，等译. 北京：中国政法大学出版社，1991

［美］约翰·斯特龙等. 麦考密克论证据. 汤维建，等译. 北京：中国政法大学出版社，2004

辞典：

牛津法律大词典. 李双元等译. 北京：法律出版社，2003

汉语大字典．湖北，成都：湖北辞书出版社，四川辞书出版社，1992

现代汉语词典．北京：商务印书馆，2002

牛津法律大辞典．北京：光明日报出版社，1988

中国社会科学院语言研究所词典编辑室编．现代汉语词典．北京：商务印书馆，2006

法学词典编辑委员会编．法学词典．上海：上海辞书出版社，1989

柴发邦主编．诉讼法大词典．成都：四川人民出版社，1989

外文文献：

Adrian Keane, the Modern Law of Evidence, 7th ed., Oxford University Press, New York, 2008

American Academy of Forensic Sciences Committee on Good Forensic Practice, "Standards of Good Forensic Practice", 30 (1) Academy News, 2000

American Academy of Psychiatry and the Law (AAPL), Ethics Guidelines for the Practice of Forensic Psychiatry, 2005: Article Ⅳ

Amina Memon, Aldert Vrij, Ray Bull. Psychology and Law: Truthfulness, Accuracy and Credibility, 2nd, ed., John Wiley & Sons Ltd., 2003

Asch, S. E., Forming Impressions of Personality, Journal of Abnormal and Social Psychology, Vol. 41, 1946

Black's Law Dictionary, 8th edition, Thomson West, 2004

Carla Messikomer, "Ambivalence, Contradiction, and Ambiguity: The Everyday Ethics of Defense Litigators", 67 Fordham L. Rev., 1998

Celia B. Fisher, "A Relational Perspective on Ethics-in-Science Decisionmaking for Research with Vulnerable Populations", 19 IRB: Ethics and Human Research, 1997

Celia B. Fisher, Integrating Science and Ethics in Research with High-Risk Children and Youth, SRCD Social Policy Report, 1993

Cross on Evidence, 7th edition, Colin Tapper (ed.), Butterworths, London, 1990

David Hricik, Law School Basics: A Preview of Law School and Legal Reasoning, Nova Press, 1998

Daniel J. Capra, Introduction (Symposium on Ethics and Evidence), 76 Fordham L. Rev., 2007

David P. Bergland, Value Analysis in the Law of Evidence, Western State Law Review, 1973

David A. Schum. The Evidential Foundations of Probabilistic Reasoning, Northwestern University Press, Evanston, 2001

David Caudill, "Legal Ethics and Scientific Testimony: In Defense of Manufacturing Uncertainty Deconstruction Expertise, and Other Trial Strategies", 52 Villanova L. Rev., 2007

David Korn, Maintaining The Integrity of Scientific Research, 13 J. L. & Pol'y, 2005

Douglas Walton, Legal Argumentation and Evidence, The Pennsylvania State University Press, Pennsylvania, 2002

Douglas Walton, Relevance in Argumentation, Lawrence Erlbaum Associates, Inc., Publisher, Mahwah, New Jersey, 2004

Douglas Wlton & Nanning Zhang, The Epistemology of Scientific Evidence, Artificial Intelligence and Law, 2013, 21 (2)

Douglas Wlton & Nanninng Zhang, An Argumentation Interface for Expert Opinion Evidence, Ratio Juris, 2016, Vol. 29

Fred C. Zacharias, "Are Evidence-Related Ethics Provisions 'Law'"? 76 Fordham L. Rev., 2007

Gary Edmond, "Supersizing Daubert Science for Litigation and Its Implication for Legal Practice and Scientific Research", 52 Villanova L. Rev., 2007

Green, D. M., & Swets, J., Signal Detection Theory and Psychophysics, New York, Wiley, 1966

Hardy v. Merrill, 56 N. H. 227, 22 Am., 1875

Irving J. Klein, Law of Evidence for Criminal Justice Professionals, 4th edition, Wadsworth Publishing Co., 1997

Jaffee v. Redmond 518 US, 1996

Jane M. Graffeo, "Ethics, Law, and Loyalty: The Attorney's Duty to Turn Over Incriminating Physical Evidence", 32 Stanford Law Review, 1980

Jay Katz, "The Fallacy of the Impartial Expert Revisited", 20 Bulletin of the American Academy of Psychiatry and the Law, 1992

John Henry Wigmore, Evidence, John T. McNaughton rev., 1961

John H. Wigmore, A Students' Textbook of the Law of Evidence, The Foundation Press, 1935

John H. Wigmore, The Principles of Judicial Proof, Little, Brown and Co., Boston, 1931

John Jay Mckelvey, Handbook of the Law of Evidence

Jovan Brkic, Legal Reasoning: Semantic and Logical Analysis, Peter Lang Publishing, Inc., New York, 1985

J. Alexander Tanford, "The Ethics of Evidence", 25 Am. J. Trial Advoc, 2002

J. Alexander Tanford, The Trial Process: Law, Tactics and Ethics, 3rd ed., LexisNexis, 2002

Joseph Sanders, "Expert Witness Ethics", 76 Fordham L. Rev., 2007

Josè H. Kerstholt and Janet L., Jackson, "Judicial Decision Making: Order of Evidence Presentation and Availability of Background Information", Applied Cognitive Psychology, Vol. 12, 1998

Julie Peters Zamacona, "Evidence and Ethics——Letting the Client Rest in Peace: Attorney-Client Privileges Death of the Client", 21 Ualr L. Rev., 1999

Kenneth R. Foster and Peter W. Huber, Judging Science: Scientific Knowledge and the Federal Courts, the MIT Press, Cambridge, Massachusetts, London, 1999

"Legal Ethics Symposium: Lawyers' Ethics in an Adversary System", 34 Hofstra L. Rev., 2006

Lewis, C. I., An Analysis of Knowledge and Valuation, La alle, Ill., Open Court, 1946

Maria Vouras, et al., "Examination of Expert Witness", George Mason American Inn Of Court, February 23, 2000

Michael J. Saks, "Scientific Evidence and the Ethical Obligations of Attorneys", 49 Clev. St. L. Rev., 2001

Michael Jerome and Mortimer Adler, "The Trial of an Issue of Fact", Columbia Law Review, Vol. 34, 1934

Miller, N. & Campbell, D. T., "Recency and Primacy in Persuasion as a Function of the Timing of Speeches and Measurements", Journal of Abnormal and Social Psychology, Vol. 59, 1959

Model Rules of Professional Conduct R. 3. 3 cmt. 2, 2006

Moede, W. Die Richtlinien der Leistungs-Psychologie, Industrielle Psychotechnik, 4, 1927

Monroe H. Freedman, "In Praise of Overzealous Representation: Lying to Judges, Deceiving Third Parties, and Other Ethical Conduct", 34 Hofstra L. Rev., 2006

Moscovici, S. & Zavalloni, M., "The Group as a Polarizer of Attitudes", Journal of Personality and Social Psychology, Vol. 12, 1969

Mueller, Christopher B. and Laird C. Kirkpatrick, Modern Evidence: Doctrine and Practice, Little, Brown and Co., Boston, 1995

Myers, D., & Bishop, G. D., "Discussion Effects on Racial Attitudes", Science, Vol. 169, 1970

Myrna S. Raeder, "See No Evil: Wrongful Convictions and the Prosecutorial Ethics of Offering Testimony by Jailhouse Informants and Dishonest Experts", 76 Fordham L., Rev., 2007

Nancy Pennington and Reid Hastie, The Story Model for Juror Decision Making, In Reid Hastie, ed., Inside the Juror, Cambridge University Press, 1993

Newell Blakely, Article IV: Relevancy and Its Limits, 30 U. Hous. L. Rev., 1993

Over, D. E. & Evans, J. St. BT., "Rational Distinctions and Adaptations", Behavioral and Brain Sciences, Vol. 23, 2000

Patterson, Lyman Ray, "The Types of Evidence: An Analysis", Vanderbilt Law Review, Vol. 19, 1965

Paul Appelbaum, "Psychiatric Ethics in the Courtroom", 12 Bulletin of the American Academy of Psychiatry and the Law, 1984

Paul F, Rothstein, Evidence: State and federal Rule, West Publishing Co., 1982

Pennington N. & Hastie R., "Explaining the Evidence: Test of the Story Model for Juror Decision Making", Journal of Personality and Social Psychology, Vol. 62, No. 2, 1992

Peter Tillers and David Shum, "Hearsay logic", Minnesota Law Review, 1992

Philip J. Candilis, et al., "Forensic Ethics and the Expert Witness", Springer, 2007

Quine W. V. & Ullian, J. S., The Web of Belief, McGraw-Hill, Inc., 1978

Richard Gott and Sandra Duggan, Understanding and Using Scientific Evidence, SAGE Publications, 2003

Simon Greenleaf, Treatise on the Law of Evidence, 2nd, ed., Boston, 1844

Richard May, Criminal Evidence, 2nd edition, Sweet & Maxwell, London, 1990

Roberts, Graham B., "Methodology in Evidence-Facts in Issue, Relevance and Purpose", Monash University Law Review, Vol. 19, 1993

Rolando del Carmen, Criminal Procedure and Evidence, Harcourt Brace Jovanovich. INC, 1980

Ronald L. Carlson, "Policing the Bases of Modern Expert Testimony", 39 Vand. L. Rev., 1986

Rupert Cross & Nancy Wilkins, An Outline of the Law of Evidence, 5th edition, Butterworth & Co. (Publishers) Ltd., London, 1980

Sandy L. Zabell, "Fingerprint Evidence", 13 J. L. & POL'Y, 2005

Sheldon Margulies & Kenneth Lasson, Learning Law: The Mastery of Legal Logic, Carolina Academic Press, 1993

Steven Lubert, Modern Trial Advocacy: Analysis and Practice, 3rd ed., National Institute for Trial Advocacy, 2004

Steven L. Emanuel, Evidence, 4th edition, Aspen Law & Business, 2001

Stone v. Earp, 331 Mich. 606, 50 N. W. 2d 172, 1951

Strong, John William, McCormick on Evidence, 4th edition, St. Paul, ed., West Publishing Co., 1992

Terence Anderson, David Schum, William Twining, Analysis of Evidence, Cambridge University Press, 2005

Andrews & Hirst, Criminal Evidence, 2nd edition, Sweet & Maxwell, London, 1992

Twining, W., Theories of Evidence: Bentham and Wigmore, Stanford University Press, Stanford, 1985

Vrij, A., Telling and Detecting Lies, In N. Brace & H. L. Westcott (eds.), Applying Psychology, Milton Keynes, Open University, 2002

Walace v. Moss, 121 Ga. App. 366, 174 S. E. 2d 196, 1970; Stape v. Civil Serv. Comm'n of City of Philadelphia, 404 Pa. 354, 172 A. 2d 161, 1961

Weeks v. United States, 232 U. S. 383, 1914

Wigmore, Evidence in Trials at Common Law, 5 J. Sec. 1367, at 32, Chadbourn rev. ed., 1974

Wynia M. K. et al., "Medical Professionalism In Society", 341 New England Journal of Medicine, 1999

Zhang Nan-ning & Tang Ling-yun, On the Validity of Legal Argument. The Uses of Argument: Proceedings of a Conference at McMaster, David Hitchcock, ed., Ontario, 2005

关键词索引

B

被害人陈述　7，9，22，27，86，173，188，189，194-196

被告人供述和辩解　7，9，27，28，145

D

电子数据　7，19，31，32，85，92，146，153

对质　7，12，13，107，112，149，162-164，173-176，201，247

F

法庭科学　214，243，249-251，253，254

法院取证　18

G

观察灵敏度　95，96，98，102，103，113

高度盖然性　61，65

概括　13，19，20，55，56，59，60，74，95，137，146，152，212

故事　51，52，54，105，124-126，132，137

故事模型　50，51，156

L

逻辑法则　59

J

经验性　39，40，56

经验推论　55-57，59，79

举证时限　18，159

交叉询问　7，9，104，105，150，151，161，164-172，175-183，204，207，210，211，214，218，243，244，247，250

鉴定意见　7，9，19，28-30，32，85，88，89，93，132，145，146，163，217，218，251，254，257

举证　13－16，18，21，26，44，47，55，65，105，121，132，143－147，150，151，159，160，163－165，189，192，196，198，220，231，239，242

举证期限　123，159，160

经验法则　48，55，56，59，60

K

可信性　3，18，20，21，27，49，71，90－96，103－108，112－114，131，147，152，167，171，173，175，204，206，219，240

可靠性　3，6，7，21－23，28，30，33，39，58，90，91，150，163，167，174，175，202，214，215，218，243－247，258

勘验、检查、辨认、侦查实验等笔录　30

M

命题　5，10，39，42－45，47，56，61，74，75，79，101，102，116，136，178，179，226

P

排除合理怀疑　61－63，65，94，101

R

认证　3，13，14，18，20，33，78，127，144，153，161，162，217，246

S

书证　7－9，13，16，19，22，25，26，47，85－88，91，92，132，145－147，151－153，170，189，192，195，236

事后补救措施　17，218－220

似然性　58，75，79

视听资料　7，9，19，31，85，145，146，148，153，159，236

司法认知　163

事实　2－11，13－17，19－21，23－25，27，28，31－33，35－67，73－85，87，90，93－99，101－108，111－113，115－117，120，121，124－128，131－134，136，137，140，142，144－159，161－167，169－171，173－181，191，192，194，197－202，204－212，214，217－222，230，231，233，237，238，241，243，247，248，250－253，255

客观事实　10，41，124，128，238，241，251

主观事实　40，41

法律事实　10，41，56，124

案件事实　2－10，19－21，23－25，27，31，32，41，42，44，47，48，52，58，60，62，63，66，73，75，79，84，85，87，

94，95，99，101，102，105，116，124-127，132，133，137，140，142，144，148，150，152，155，159，163，164，166，167，169，170，174-176，181，202，206，217-219，237，238，255

最终待证事实　10，44，45，56，78，133，136

次终待证事实　44，45，56，80，133，136

中间待证事实　44，45，56，133

证据性事实　9-11，42-44，56，79，166，175

基础事实　42，43，46

推断性事实　42，43，56，79

争议事实　36，42，44，47，48，76，83，105，145，207，217

事实认定　3，4，6，10，11，13，14，16，19，20，33，35，41，42，44，46-48，50，52-55，57-63，65，66，73，74，76-79，81，90，95-97，101，103-105，108，116，149，154，155，157，173，214，230，231，233，243，250，255

T

推定　39，42，43，91，120，163

弹劾　103-109，112-114，167，187，208，219

W

物证　1，7-10，13，16，18，19，22，24，25，30，64，85-88，91，92，145，146，151-153，170，171，186，189，195，196，230，236

X

行政诉讼证明责任　18

刑讯逼供　17，28，34，86，87，121，185，188-190，192-196，237

心理归纳　57-59

信念修正　50

信念确证　59，60，62，66

Z

质证　7，9，13，14，18，19，21，43，44，68，70，80，105，115，126，128，144，146，151，153，161-167，176，177，192，197-199，201，203，204，239，247

自由心证制度　48，50

正誉　103，105-108

证据　1-34，36-38，41-45，47-66，68-71，73-109，112-128，131-134，136，137，140，142-169，171，173-177，184-211，213-222，225，229-249，252，253，255，257，258

证据法　5-7，11-14，16-19，

41，42，55，71，79，94，116，118，121，122，147，149，150，152，161，162，185，194，199-201，203-205，209，211，217，219，230-232，239，241，245，247

证据制度　17，120，121，232

证据规则　4，7，11-14，16-19，30，42，73，75，77，78，82，86，87，105-107，112，118-120，150，152，165，167，168，177，185，200，202，203，207-211，231，232，234，238，242

证据的相关性　3-5，21-23，33，71，73-76，78-82，115，163，220，222

证据的客观性　4，71

证据的合法性　4，21，22，83，84，86，115，189

证据的可采性　21，22，33，71，86，153，217

直接证据　8，117，132，219，220

间接证据　8，19，117，132，157，206，219，220

原生证据　8，9

派生证据　8，9，247

言词证据　6，8，9，91，93，94，99，102，173-175，185，186，189，196

实物证据　7-9，18，30，152，171，186，196，230

事实性证据　9，10

证据能力　5，6，13，20-23，33，34，47，71，76，86，87，163，198

证据排除　17，77，81，123，185，186，205，207

证据分析　71，101，184，225

非法证据　5，19，21，22，86，121，123，184-199，218

品性证据　16，105，106，112，113

传闻证据　16，43，123，177，199-205，211，214，218

科学证据　9，28，57，235，243，244，248，249，252，253，255

虚假证据　240，241

不可采证据　241，258

证据组织　124-128，131，142，144，157，161

证据清单　128，156-159

证据提出的顺序效应　153-155

有形证据　6，90-92

证据保全　18

证据伦理　225，229，230，232，236，241

证据属性　18，71，115

证明力　3-6，13，17，18，20，21，23-25，27，30，33，34，50，53，60，71，73-76，78，88，96，97，107，108，112，114-122，132-134，147，163，175，204，206，

215，217-220

证明主体　18，48，146

证明对象　4，18，42，43，74，79，82，127，153，158，159，161

证明责任　13，18，145-147，149，176，186，222，232，233

证人证言　7-9，19，22，26，27，47，85，86，93-96，99，103，104，112，113，132，145-150，152，161，162，165-169，171，173，175，176，188，189，194-196，201-204，209，210，218，230，236，245-248

证人资格　147，213

证人的诚实性　95，97，98，103-107，112，113

真实性　3，4，7，9，16，21，22，24，25，27，30，31，33，39，40，47，49，61-64，68，70，75，85，90-94，101，107，108，110，115，146，147，152，153，163，174-176，200，202-204，207，208，233

客观真实　27，33，41，55，66，145，177，250

法律真实　41，42

自认　105，107，125，218，220-222

专家证人　211，213-215，217，218，248-254，258

作证特免权　13，17，122，149，232，238

职业伦理　231，233，234，239，253-255，258

案例索引

案例 1.1 张某等人涉嫌寻衅滋事案 1

案例 1.2 中国某银行诉王某、韩某等金融借款纠纷案 14

案例 1.3 汤某诉长沙月湖置业有限公司房屋买卖合同纠纷案 25

案例 1.4 周某诉路桥集团财产损害赔偿纠纷案 29

案例 1.5 周某涉嫌诈骗、敲诈勒索、强制猥亵、强迫卖淫、介绍卖淫案 32

案例 2.1 华兴建设公司诉东方置业建筑工程施工合同纠纷案 35

案例 2.2 陈某南诉清水山庄工伤事故纠纷案 46

案例 2.3 张某铭涉嫌故意杀人案 64

案例 2.4 广东永康药业有限公司诉广东汉方医药有限公司买卖合同纠纷案 66

案例 3.1 谭某诉育人中学合同纠纷案 71

案例 3.2 林某劲涉嫌故意杀人、贩毒案 83

案例 3.3 新城物业公司涉嫌盗窃案 89

案例 3.4 上海添蓝制衣公司诉 Andrew Lee 合同纠纷案 92

案例 3.5 谭某岷诉正配建筑石料用灰岩有限公司股东会决议效力纠纷案 109

案例 3.6 希玛公司诉杨某、马某借贷担保纠纷案 114

案例 4.1 天池建设诉腾飞集团建设承包合同纠纷案 128

案例 4.2 麟辉公司诉力邦湘博公司建筑施工合同纠纷案 133

案例 4.3 王某涉嫌受贿案 137

案例 4.4 刘甲等人涉嫌贩毒案 140

案例 4.5 王某诉扬州市某置业公司

"容"字侵权案 143
案例 5.1　王某涉嫌受贿
　　　　　案（续）　190
案例 5.2　林某劲涉嫌故意杀人、贩
　　　　　毒案（续）　192
案例 5.3　张某杰涉嫌参加黑社会性
　　　　　质组织罪案　193
案例 5.4　林某劲涉嫌故意杀人、贩
　　　　　毒案（续）　200
案例 5.5　A 公司涉嫌传销案　215

案例 5.6　湖南康拜恩公司诉葛洲坝
　　　　　公司合同纠纷案　221
案例 5.7　杨某军涉嫌故意伤害
　　　　　案　223
案例 6.1　资兴 T 公司与蒙自 K 公司
　　　　　管辖权异议之诉纠纷
　　　　　案　241
案例 6.2　罗某春涉嫌滥用职权
　　　　　案　256

后　记

我从事法律工作并非偶然。

1994年我报考了中南大学（当时为中南工业大学）的法律系自然辩证法专业的硕士研究生。后来我才发现自然辩证法的"法"与法律中的"法"不是一回事。尽管如此，基于对法律的向往，我于1996年参加了全国律师资格考试，并获得了律师资格，正式开启了我的法律之路。

2007年，我来到中国政法大学证据科学研究院从事博士后研究，在张保生老师的带领下，开始了我对证据科学的探索。2008年，在张保生老师的支持下，我来到伦敦大学学院跟随著名证据学家威廉·特文宁教授学习证据分析理论。当时使用的课本就是特文宁教授与他人合著的《证据分析》一书。博士后出站后，我回到湖南天地人律师事务所从事法律实务。其间在湖南大学法学院屈茂辉院长的帮助下，受聘为法学院实务教授，为研究生讲授"证据法"课程。同时应律生学院创始人、湖南师范大学法学院王葆莳博士的邀请为青年律师讲授"证据分析与质证"课程。这一路走来，我对证据分析有了更深入的认识和体会。感谢老师们一路对我的帮助和指导！

本书的出版倒是有点偶然。2017年我出版了博士学位论文《事实认定的逻辑解构》（中国人民大学出版社）。在与出版社编辑杜宇峰老师的讨论过程中，她提议我再写一本侧重实务方面的书。她的提议与我多年来心中的一个想法不谋而合。于是我就开始了本书的写作。感谢杜宇峰老师和中国人民大学出版社的其他编辑对本书的出版提供的帮助和辛苦的编辑工作！

在本书出版之际，我必须要对我的家人说一声谢谢！尤其是我的妻子唐凌云女士，她放弃了自己的事业，全身投入还在读小学的儿子张瑞恪的生活和教育之中，这才使我能空出时间全心写作。

　　为了能更加清晰地解释本书介绍的相关问题和方法，在本书的写作过程中，我使用了与同事合办的大量案例，其中使用最多的就是我与本书合著作者曾妤婕律师合办的案例。曾妤婕律师是我遇见的为数不多的具有独立创新思维的青年律师。她的加入，使我有足够的信心将本书交付出版。

　　本书介绍的证据分析方法基本上是我们办案经验的总结，不一定正确，也不一定适合每个人。但如果能对读者有哪怕一点启发，我们也就心满意足了。我们非常高兴广大读者对我们提出批评和建议。

张南宁

2020 年 8 月 1 日

于长沙·楷林国际

图书在版编目（CIP）数据

证据分析与组织：问题、案例与方法/张南宁，曾妤婕著．--北京：中国人民大学出版社，2023.1
（中国律师实训经典．高端业务系列）
ISBN 978-7-300-31064-0

Ⅰ.①证⋯ Ⅱ.①张⋯ ②曾⋯ Ⅲ.①证据-研究 Ⅳ.①D915.130.4

中国版本图书馆CIP数据核字（2022）第184115号

中国律师实训经典·高端业务系列
证据分析与组织
——问题、案例与方法
张南宁　曾妤婕　著
Zhengju Fenxi yu Zuzhi

出版发行	中国人民大学出版社		
社　　址	北京中关村大街31号	邮政编码	100080
电　　话	010-62511242（总编室）		010-62511770（质管部）
	010-82501766（邮购部）		010-62514148（门市部）
	010-62515195（发行公司）		010-62515275（盗版举报）
网　　址	http://www.crup.com.cn		
经　　销	新华书店		
印　　刷	天津鑫丰华印务有限公司		
规　　格	170 mm×240 mm　16开本	版　　次	2023年1月第1版
印　　张	18　插页1	印　　次	2023年1月第1次印刷
字　　数	307 000	定　　价	75.00元

版权所有　　侵权必究　　印装差错　　负责调换